Maria von Welser

# Kein Schutz – nirgends

# Maria von Welser

# Kein Schutz – nirgends

## Frauen und Kinder auf der Flucht

LUDWiG

Die Verlagsgruppe Random House weist ausdrücklich darauf hin,
dass im Text enthaltene externe Links vom Verlag nur bis
zum Zeitpunkt der Buchveröffentlichung eingesehen werden konnten.
Auf spätere Veränderungen hat der Verlag keinerlei Einfluss.
Eine Haftung des Verlags für externe Links ist stets ausgeschlossen.

*Bildnachweis:*
Bildteil Türkei:
S. 1, 3, 4: © Peter Müller/BILD-Zeitung
S. 2: © Maria von Welser
Bildteil Libanon: © Maria von Welser
Bildteil Lesbos: © Maria von Welser

Verlagsgruppe Random House FSC® N001967

Originalausgabe 06/2016

Copyright © 2016 by Ludwig Verlag, München,
in der Verlagsgruppe Random House GmbH,
Neumarkter Straße 28, 81673 München
Redaktion: Angela Stangl
Umschlaggestaltung: Hauptmann & Kompanie
Werbeagentur, Zürich
unter Verwendung eines Fotos von Peter Müller/BILD-Zeitung
Satz: Leingärtner, Nabburg
Druck und Bindung: CPI books GmbH, Leck
Printed in Germany
ISBN: 978-3-453-28080-9

www.Ludwig-Verlag.de

# INHALT

**PRÄLUDIUM** .................................... 11

Wo sind die Frauen und Kinder abgeblieben?
Warum ich dieses Buch schreibe .................. 11

**BUCH 1 – DIE SYRERIN – 1. TEIL** ............... 23

*Der Alltag ist die Hölle – ihr bleibt nur noch die Flucht* ........ 23

*Wie alles begann – der Krieg in Syrien und seine Geschichte* ..... 28

*Das Drama der syrischen Flüchtlinge aus Aleppo –
gestrandet vor der türkischen Grenze* ........................ 34

*Von den syrischen Rebellentruppen bis in den Sudan:
Myriam ahnt nicht, was auf sie zukommt* ..................... 39

*Die lebensgefährliche Route durch die libysche Wüste* ........ 43

*Weder Miryam noch die Kinder können schwimmen* ........... 51

*Die Lage der syrischen Frauen* ............................. 55

*Bilanz des Grauens: Die größte Flüchtlingskrise
des 21. Jahrhunderts* ..................................... 57

*Die Not der Kinder – Syriens verlorene Generation* ........... 58

**BUCH 2 – TÜRKEI** ............................ 61

*Auf der Suche nach den vergessenen Frauen und Kindern
in den Flüchtlingslagern im Osten der Türkei* ................. 61

*Auch hier helfen Frauen Frauen* .......................... 64

*Erst nach zehn Stunden öffnet sich die Grenze
zur Türkei* ................................................ 69

*Sklavenhandel im 21. Jahrhundert* ....................... 72

*Mit einem Selbstmordattentat ändert sich alles* .............. 77

*Sie wollen heim nach Kobane* ............................. 78

*Harsche Attacken* ........................................ 80

*Wie eine Jesidin in der Verwaltung von Mardin
ihren Mitmenschen helfen will* ............................. 84

*Sie wollen auf keinen Fall in ein türkisches Dorf,
sie wollen nach Europa* .................................... 87

*Kämpferische Jesidinnen* .................................. 89

*Wenige Monate später* .................................... 92

    Die türkische Politik, die Kurden und die Auswirkungen
    auf die Flüchtlinge ...................................... 93

    Das Ende der Politik der »offenen Tür« .................. 97

    Das neue EU-Abkommen ................................ 104

# BUCH 3 – LIBANON .................................. 107

*Menschenunwürdige Umstände im Libanon:
die Situation der Frauen und Kinder im Bekaa-Tal* .......... 107

*ITS Nummer 004* ......................................... 114

*Die große Angst vor dem Winter* .......................... 117

*Viele Frauen träumen noch von ihrem »alten« Aleppo* ........ 119

*Der Fahrer auf der Matratze* ............................... 122

*Zauberwort: Alemania* .................................... 125

*Die Hälfte der Flüchtlinge sind Kinder* ..................... 126

*So viele Flüchtlinge fürchten den IS* .................... 127
*Die folgsamen Zweitfrauen aus Syrien* ................. 130
*Warum Laila so starke Kopfschmerzen hat* ................. 132
*Besuch in Tripoli, dem Tor nach Europa* ................. 135
*Statt der Syrer machen sich die jungen Libanesen auf und davon* .................................................. 138
*Bürgerkrieg im Kleinen* ................................ 141
*Der jüngste Sohn ist die große Hoffnung* .................. 143
*Nur ein Buch? – Das reicht nie für alle unsere Geschichten!* ..... 145

## BUCH 4: JORDANIEN .............................. 151

*Das kleine Königreich erstickt an der Flüchtlingszahl* .......... 151
*Die hübschen Syrerinnen sind auch hier sehr begehrt* .......... 155
*Die Araber brausen mit den SUVs durch die Wüste* ......... 158
*Warum hungernde Syrer zurück in die Heimat gehen* ........ 160

## BUCH 5: ERITREA ................................. 165

*Sie hat ihre Flucht mit ihrem Körper bezahlt* ................ 165
*Die Ehemänner verschwinden auf Nimmerwiedersehen* ........ 169
*Bisher hat der eritreische Präsident keine Versprechen gehalten* ... 172
*Zwei Mädchen aus Eritrea schaffen es alleine bis nach München* ... 174
*Vom Horror auf hoher See* ............................. 175
*So berechnen die Schleuser ihre Preise* ..................... 177
*Die Toten eines Wochenendes im Mittelmeer* ............... 178
*Die Rolle der deutschen Marine* ........................ 179

## BUCH 6: LESBOS ... 181

*Das östliche Mittelmeer: Grab oder Brücke nach Europa?* ... 181

*Enttäuschung bei den Helfern – das Flüchtlingsboot wird von der Küstenwache aufgebracht* ... 187

*Orangefarbene Schwimmwesten – ein Mahnmal für die Ertrunkenen* ... 189

*Janna hat Syrien nur wegen ihrer Kinder verlassen* ... 193

*Die Helfer agieren am Strand hochprofessionell* ... 198

*In Kara Tepe warten vor allem Frauen und Kinder auf die Chance, ihren Männern nachzureisen* ... 201

*Verscharrt: die Toten aus dem Meer* ... 205

*Nach dem EU-Abkommen herrscht erst mal Chaos in Griechenland* ... 209

*Aus dem eisigen griechischen Warteraum doch noch nach Europa?* ... 212

*Die neuen Fluchtwege sind nichts mehr für Frauen und Kinder* ... 214


## BUCH 1: DIE SYRERIN – 2. TEIL ... 217

*Ende gut, alles gut? Endlich in Europa – Wo werden Miryam und ihre Kinder landen?* ... 217

*Erster Eindruck: Chaos auf dem Hamburger Bahnhof* ... 222

*Erst mal abschotten, um zu überleben* ... 227

BUCH 7: Das Jahr 2015: Was in Deutschland geschah ...... 233

*Deutschland wird zum »Weltmeister der Herzen«* ............ 237
*Das Asylrecht wird verschärft* ........................ 240
*Im Internet überschlagen sich die Gerüchte* ................ 246
*Das gute Beispiel Passau* ............................. 249
*Diese Frau schließt keine Grenze: Alle kennen Angela* .......... 255


MEIN GANZ PERSÖNLICHES SCHLUSSWORT:
Europa muss die syrischen Nachbarländer unterstützen,
und wir Deutschen sollten nicht so viel Angst haben ....... 265


DANKE! ........................................ 271
ANMERKUNGEN .................................. 275
QUELLEN- UND LITERATURVERZEICHNIS ........... 283

# PRÄLUDIUM

## Wo sind die Frauen und Kinder abgeblieben? Warum ich dieses Buch schreibe

Auf meiner Reise in die Flüchtlingslager dieser Welt begleitete mich immer wieder die Frage: Wieso sind die flüchtenden Frauen und Kinder ohne Schutz? Und: Wo sind denn all ihre Männer, ihre Väter und Brüder? – Wie ich inzwischen weiß, ist das eine längere und bittere Geschichte. Mit diesem Buch möchte ich sie erzählen. Auch, damit sie nicht vergessen wird.

Denn erinnern wir uns: Als die ersten Bilder von Flüchtlingen im Frühjahr 2015 über die Fernsehbildschirme flimmerten, rieben wir uns doch in Deutschland ungläubig die Augen. Wir saßen ja alle warm und sicher in unseren Wohnzimmern. Aber wir sahen Tausende von Menschen, wie sie aus kleinen Booten herauskletterten. Wie sie sich wackelig, ängstlich und zögernd die Gangways der großen Schiffe in Italien herunterwagten. Manchmal wenigstens in wärmende Decken gehüllt und mit Wollmützen auf dem Kopf. Später berichtete die EU-Grenzschutzagentur Frontex, dass in Italien fast siebenmal so viele Männer angekommen seien wie Frauen. Siebenmal!
 Aber: Das war für uns ja noch so weit weg. Flüchtlinge, das haben wir begriffen, verlassen in Afrika Not leidende Länder oder Diktaturen, fliehen in Syrien vor einem Krieg, suchen Schutz aus dem unsicheren Afghanistan. Nur wer da genau ankommt, darüber waren wir uns wohl noch nicht so ganz im

Klaren. Hatten wir doch jahrelang die EU-Nachbarn Italien und Griechenland mit den Flüchtlingsströmen nur allzu gerne allein gelassen. Außerdem schien Deutschland monatelang wie paralysiert von ganz anderen Themen: von der Griechenland-Krise und ihren Folgen. Vom Mob von Heidenau und von der Frage, wo wir am besten den Sommerurlaub verbringen. Alles ganz normal. Fast.

Erst die Fotos der schier endlosen Menschenschlangen in der Sommerhitze auf der Balkan-Route bis Passau, die Bilder der kauernden Menschen auf den Bahnhöfen von Budapest und Wien, die verzweifelten Gesichter der Flüchtlinge am Stacheldraht von Mazedonien – erst diese Bilder haben uns aufgeschreckt. Ich habe mir damals die Szenen sehr genau angesehen und fast nur Männer, Väter, Söhne und Brüder entdeckt. Ganz selten habe ich auf den Fotos von den engen Booten oder von den Schlangen vor einem Zaun, einer Behörde oder einer Toilette eine Frau gefunden. Wo sind sie bloß geblieben in diesem Flüchtlingssommer 2015? Es kam mir so vor, als gäbe es keine Not leidenden Frauen und Kinder, als wäre der Bürgerkrieg in Syrien, als wären die Gesellschaften in Afghanistan, Eritrea und im Irak reine Männerwelten. So wird wohl auch der Flüchtlingssommer 2015 in Deutschland als eine Massenflucht junger Männer in den Geschichtsbüchern beschrieben werden: Zwei Drittel der Asylanträge in dieser Zeit stellten Männer. Mehr als 70 Prozent von ihnen sind, so vermerkt das Bundesamt für Migration und Flüchtlinge (BAMF) später, jünger als 30 Jahre. Unter den 14- bis 34-jährigen Flüchtlingen sind sogar drei Viertel der Migranten Männer.

Die Frage nach den Frauen und Kindern treibt mich um. Ich lese von den Tausenden Frauen und Kindern, die vor der Terrormiliz Islamischer Staat aus Nordsyrien und dem Nordirak fliehen mussten. Dazu berichtete UNICEF Deutschland in Rundbriefen seinen Komitee-Mitgliedern von den schlimmen

Lebensumständen für Frauen und Kinder in den Flüchtlingslagern in Jordanien und im Libanon. Ich weiß zudem aus vielen Jahren der Recherche sowohl im Krieg auf dem Balkan als auch in Tschetschenien und in Ruanda: Vor allem Frauen und Kinder sind in Kriegen akut gefährdet. Systematische Vergewaltigungen werden längst als strategische Kriegswaffe eingesetzt, die Entführung von Mädchen und ihr Verkauf an Kämpfer oder an Internet-Bieter ist eine der grausamen Methoden der IS-Terroristen.

Aber ich kenne auch diese Zahlen: Weltweit sind 60 Millionen Menschen auf der Flucht, und laut den Vereinten Nationen ist jeder zweite Flüchtling weiblich. Sie fliehen entweder im eigenen Land aus ihrem Heim, ihrem Haus wegen kriegerischer Auseinandersetzungen oder retten sich in ein anderes Land. Tatsache ist in diesem 21. Jahrhundert: Noch nie haben so viele Menschen ihre Heimat verlassen müssen. Wo sind dann nach diesem Sommer 2015 die Frauen?

Ich beginne in den Ländern zu recherchieren, die bisher die meisten Flüchtlinge beherbergen: in der Türkei, im Libanon, in Jordanien. Denn genau dort sitzen sie fest, die Frauen, Mütter und Großmütter mit ihren Kindern. Dabei wird mir schnell klar, dass der große Flüchtlingstreck der syrischen Männer in dem Augenblick begann, als das Welternährungsprogramm der Vereinten Nationen (WFP) seine bisherigen monatlichen Zahlungen von 26 Dollar pro Flüchtling halbierte auf nur noch 13 Dollar. Schlichtweg, weil viele Länder nicht eingezahlt haben. Denn das Programm lebt ausschließlich von freiwilligen Zahlungen und besitzt keine Grundfinanzierung der UN-Organisationen. So fehlte das Geld für Millionen syrischer Flüchtlinge. Ein Desaster für die Betroffenen. »Die Einstellung der Nahrungsmittelhilfe wird die Gesundheit und Sicherheit dieser Flüchtlinge gefährden und weitere Spannungen, Instabilität und Unsicherheit in den Aufnahmeländern verursachen«, so mahnte schon 2014 die Direktorin des Programmes, Ertharin Cousin, in New York.[1] Mit den Aufnahmeländern sind die Türkei, der Libanon und Jordanien gemeint.

Damals haben sich wohl viele Flüchtlingsfamilien gesagt: Hier in den Lagern nahe unserer einstigen Heimat haben wir keine Zukunft mehr. Lieber steigen wir in Schlauchboote auf dem Mittelmeer, als hier zu verhungern. Das wenige noch vorhandene Geld in den Familien wurde zusammengekratzt und in die Flucht des »starken« Mannes, in den Sohn, den Vater investiert. Auf dass er die gefährliche Reise schafft in einen sicheren Staat in Europa. Um dann von dort aus die Familie nachzuholen. Eine nachvollziehbare Entscheidung, denn ein Mann kommt allein eher durch als mit der ganzen Familie im Schlepptau.

Meine erste Station auf der Suche nach den Frauen und Kindern ist die Türkei. Das Land mit seinen 78 Millionen Einwohnern hat bis 2016, ohne zu klagen, 2,8 Millionen Flüchtlinge aufgenommen. Überwiegend syrische Familien. Vor allem aber Frauen und Kinder. Ich reise also nach Diyarbakir, in die kurdische Hauptstadt im Osten des Landes. Insgesamt sind es 25 Zeltstädte, die die Türkei bis dahin entlang der syrischen und irakischen Grenze mithilfe ihres Militärs aufgebaut hat. Die Jesidinnen aus dem irakischen Sindschar-Gebirge sind dorthin geflohen. Ihre Männer sind entweder tot oder noch im Kampf. Einige befinden sich auch auf dem Weg nach Europa. In den großen, aber im Sommer unglaublich heißen Militärzelten erzählen sie mir ihre traurigen Geschichten. Von ihren Tränen um die im Krieg Getöteten. Von ihrem Kummer um die von den IS-Milizen entführten Töchter und über ihre Angst, hier im kurdischen Teil der Türkei zurückzubleiben. Denn das habe ich immer wieder gehört: Vor 100 Jahren haben die Jesiden als christliche Gemeinschaft genau in dieser Region der Türkei einen schrecklichen Genozid durch die Muslime erlitten.

Sie fragen mich immer wieder: »Warum nimmt uns Deutschland nicht auf? Warum nur die Syrer?« Damals kursierten die Selfies der Bundeskanzlerin mit den syrischen Flüchtlingen im weltweiten Netz. Ich begegne aber auch tapferen syrischen Kurdinnen, die nahe ihrer zerstörten Heimatstadt Kobane in Lagern untergekommen sind und so bald wie möglich wieder zurückwollen über die Grenze. Auch wenn dort noch Krieg herrscht. Viele von ihnen sind sogar dazu bereit, ihre Kinder den Großmüttern zu überlassen, um selbst gegen den IS zu kämpfen. So wie viele andere Irakerinnen auch, die sich zum Teil den kurdischen Peschmerga angeschlossen haben, um mit in den Kampf gegen den IS zu ziehen. Diese Frauen haben Mut, sie geben nicht auf und nehmen die Waffen selbst in die Hand. Aufregende Geschichten haben sie alle miteinander zu erzählen.

Die Situation der im Libanon zurückgebliebenen Frauen und Kinder ist dagegen viel hoffnungsloser. Das Land mit seinen 5,8 Millionen Einwohnern hat bis zum Januar 2015 die Grenzen zum Nachbarstaat Syrien offen gehalten. Inzwischen aber sind die Grenzstationen geschlossen, und die rund 1,2 Millionen registrierten Flüchtlinge bleiben im Libanon auf sich alleine gestellt. Denn das kleine Land schafft es finanziell nicht, den Menschen so etwas wie organisierte Lager oder schützende Zelte zur Verfügung zu stellen. Das müssen die Flüchtlingsfamilien selbst organisieren. So leben sie in selbst gebastelten Unterkünften aus Pappe, Papier, ein wenig Holz und Plastikplanen. Oder in engen, dunklen Räumen mit Schimmel an den Wänden und dünnen Matten auf dem kalten Boden. Es ist zum Erbarmen. Ich sehe, dass die Hilfsorganisationen tun, was ihnen möglich ist. Aber die Geschichten der Frauen und ihrer Kinder bereiten mir schlaflose Nächte. Vor allem die Ausweglosigkeit ihrer Situation ist erschütternd.

Was auch überall sichtbar wird: Vergewaltigung, Zwangsheirat und Zwangsprostitution sind an der Tagesordnung in den Lagern. Vor allem, wenn die Männer fehlen. Familien bieten den Frauen und Kindern Schutz. Ohne Männer verlieren sie diese Sicherheit. Da helfen dann nur Zusammenschlüsse von starken Frauen, die sich gemeinsam wehren und füreinander einstehen. Das habe ich im Libanon gesehen, und das gilt auch für Jordanien.

Dort ist der Frauenhandel inzwischen zu einem guten Geschäft geworden. Die Araber lieben es, sich eine Syrerin als Zweit- oder Drittfrau zu kaufen. Dafür sind sie in Jordanien bereit, bis zu 10 000 Dollar auszugeben. Syrerinnen sind nicht nur schön, sondern angeblich auch sanfter als die Araberinnen. Das haben mir die Libanesinnen selbst erzählt. Zudem erlaubt der Koran eine Zweit-, Dritt- oder Viert-Frau.

Oft ist es jedoch die dramatisch schlechte wirtschaftliche Lage ihrer Familie, die Flüchtlingsfrauen in die Prostitution zwingt. Das funktioniert in den Lagern genauso wie außerhalb in den Städten. Tatsache ist aber auch: Das kümmert weder die Regierungen der Gastländer noch die Gesellschaft. Da rührt keiner auch nur einen Finger. Dabei ist die Lebenssituation all der Mütter und ihrer Kinder menschenunwürdig. Warum die Vereinten Nationen es nicht schaffen, die Flüchtlinge besser zu versorgen, ist mir in dieser reichen Welt ein Rätsel. Damit sich keine Frau verkaufen muss und kein Vater seine Tochter gegen Dollar einem fremden Mann überlässt.

Waren es 2015 noch überwiegend Männer, die als Flüchtlinge in Deutschland angekommen sind, wendet sich das Blatt in den ersten Monaten des Jahres 2016. Da kommen sie, die Frauen und Kinder. Auch vor dem Hintergrund, dass mit der Verabschiedung des deutschen Asylpakets II Anfang des Jahres die Gefahr droht, dass ein Mann seine Familie nicht mehr nachholen darf. 55 Prozent der allein im Januar über Griechenland eingereisten

Migranten waren Frauen und Minderjährige, berichtet der UNHCR. Noch dramatischer: 36 Prozent der Flüchtlinge, die die gefährliche Fahrt auf Gummibooten von der Türkei nach Griechenland auf sich nehmen, sind Kinder. Das sind die Zahlen von UNICEF, dem Kinderhilfswerk der Vereinten Nationen.

Weil ich es mit eigenen Augen sehen will, reise ich auf die kleine Insel Lesbos, wo der erste der von der EU errichteten »Hotspots« funktionieren soll und die meisten der überwiegend syrischen und afghanischen Flüchtlinge ankommen. Mir kommen die Tränen, als die Menschen mit ihren Babys im Arm, durchnässt und total durchgefroren, im Winter am Strand ankommen. Tausende freiwillige junge Helfer warten auf sie und versorgen sie mit warmer Kleidung, einem heißen Tee und ein wenig Trost. Das Registrieren funktioniert tatsächlich bereits, und schon 24 Stunden später stehen ein-, zweitausend Menschen an, um mit der Fähre das griechische Festland zu erreichen. Ich stehe an der Gangway und kann nur eines: viel Glück wünschen auf diesem Weg. Sie sind alle so froh, hoffen, dass sie es jetzt endlich nach der langen Flucht geschafft haben in ein sicheres Leben. Nur – ich lese auf meinem iPhone, dass zur gleichen Zeit Mazedonien die Balkan-Route dichtmacht. Dass sich im Grenzlager Idomeni täglich mehr Flüchtlinge in Schlamm und Dreck und bei eisiger Kälte sammeln. Schon wieder zeichnet sich ein Drama ab. Zudem haben sich die Europäer mit der Türkei in einem Abkommen über die Sicherung der europäischen Grenzen geeinigt: So sollen die Flüchtlinge nach dem 20. März aus Griechenland wieder in die Türkei zurückgeschickt werden. Wenn sie keinen Asylantrag im europäischen Griechenland gestellt haben.

Das alles aber muss erst noch funktionieren. Denn eines ist immer sicher: Die Flüchtlinge werden auch in Zukunft kommen. Denn der Krieg in Syrien ist nicht zu Ende. Die Situation in Afghanistan, im Irak und in Pakistan wird nicht sicherer. Das Leben in Eritrea bleibt für die Bürger gefährlich. Noch nie in der Geschichte der Menschheit haben sich fliehende Menschen aufhalten lassen. Flucht ist Teil dieser Welt und wird es immer bleiben. Nach dem Zweiten Weltkrieg sind zwölf Millionen Vertriebene aus dem Osten in Deutschland angekommen, untergekommen und integriert worden. Auch mein Mann war ein »Flüchtlingskind«. Seine Mutter ist mit ihrem sechsjährigen Sohn und ihrem Neugeborenen in einem Kinderwagen über Dresden geflohen und im bayerischen Garmisch-Partenkirchen gelandet. Ihr Ehemann war viele Jahre in russischer Kriegsgefangenschaft. Die Integration dieser Mutter und ihrer Kinder ist gelungen, wie die all der Millionen Flüchtlinge und Vertriebenen. Damals eine Aufgabe, die viel schwieriger zu lösen war als heute. Bedenkt man nur die schiere Zahl, die materielle Not dieser Zeit und die Unsicherheit der politischen Umstände. Auch wenn heute die Flüchtlinge aus ganz anderen Teilen dieser Welt zu uns kommen. Der Historiker Andreas Kossert schreibt in seinem Standardwerk über die Vertriebenen, ihre Flucht und den Empfang von der »Kalten Heimat«. Damals. Aber letztlich ist es doch gelungen. Warum soll es dann nicht möglich sein, heute die 1,3 Millionen Flüchtlinge aus dem Jahr 2015 zu integrieren?

Dabei bedürfen Frauen und Kinder natürlich des besonderen Schutzes. Schon im Juli 2015 lese ich die ersten Berichte, dass weibliche Flüchtlinge häufig Opfer von Übergriffen sind in Gemeinschaftsunterkünften. Es gibt dort körperliche Gewalt, sexuelle Belästigung. Auch Vergewaltigungen, die oft nicht angezeigt werden von den Frauen, weil sie Angst haben vor den Behörden. Alleinreisende Frauen werden zum Beispiel aber auch ganz simpel von den Waschmaschinen in den Einrichtungen verdrängt und aus den Küchen vertrieben. Das ist unsäglich und darf so nicht weiter passieren. Aber die Gesellschaft in Deutschland ist sensibilisiert. Auch und gerade nach den Übergriffen von Tausenden maghrebinischen Asylbewerbern, die in der Silvesternacht vor den Bahnhöfen in Köln, Hamburg und in anderen deutschen Städten gezielt junge Frauen sexuell bedrängten und ihnen die Handys stahlen. Auch das ist unsäglich und darf einfach nicht mehr geschehen. Deshalb aber alle männlichen Flüchtlinge zu verdächtigen wäre in dieser Flüchtlingsdebatte falsch und nicht hilfreich. Denn »Flüchtlinge begehen in Deutschland nicht mehr Straftaten als die einheimische Bevölkerung. Das geht aus einer Lageübersicht des Bundeskriminalamts (BKA) und der Bundesländer für das Jahr 2015 hervor.«[2] Auch wenn Pegida und AfD anderes behaupten.

Weil es aber immer auch die einzelnen Schicksale sind, die uns besonders berühren, habe ich für dieses Buch die Geschichte von Miryam aufgeschrieben. Sie ist Syrerin und mit ihren fünf Kindern geflüchtet. Heute leben sie in einem Containerdorf für Familien in Hamburg, in drei Zimmern, mit einem kleinen Bad und einer Küche. Wie sie das alles geschafft haben, durch die Linien der Rebellen in Syrien, dann über den Sudan, durch die libysche Wüste nach Tripolis und von dort über das Mittelmeer – das ist beeindruckend. Und, wie ich denke, ein positives Beispiel für die Stärke der syrischen Frauen.

Miryam hat es mit ihren vier Mädchen und ihrem kleinen Sohn geschafft. Aber Hunderte anderer Familien betrauern den Tod ihrer Kinder auf der Flucht. Denn jeden Tag sind seit September 2015 durchschnittlich zwei Flüchtlingskinder im östlichen Mittelmeer ertrunken. Vor den Augen ihrer Eltern. Das sind bis heute mehr als 420 tote Kinder. UNICEF vermutet gar, dass die Zahl viel höher ist, da viele Körper nicht gefunden werden. Rund 300 000 Kinder sind bereits 2015 mit ihren Müttern nach Deutschland gekommen. In den ersten Monaten des Jahres 2016 war mehr als jeder dritte von den 80 000 Flüchtlingen, die bis Ende März auf den griechischen Inseln mit den Schlauchbooten angekommen sind, minderjährig: 28 800. Da kommen Herkulesaufgaben auf die Länder, auf die Kommunen zu. Denn Flüchtlingskinder müssen immer in erster Linie als Kinder behandelt werden, mit eigenen Rechten – wie das ja auch in der UN-Kinderrechtskonvention festgeschrieben steht. Das heißt: Sie bedürfen des besonderen Schutzes. Da alarmiert mich die Meldung, dass angeblich Tausende der in Europa angekommen Flüchtlingskinder verschwunden sind. Sie sind einfach weg. Europol spricht von mindestens 10 000 Kindern, die in der EU unauffindbar sind.[3] In Deutschland seien es 5 835.[4] Sie könnten in den Händen von Banden gelandet sein, durch Kinderarbeit ausgebeutet werden, im Prostitutionsgeschäft missbraucht werden. Das ist für jedes Kind ein Albtraum, für Europa eine Schande. Hier wurden Kinder nicht beschützt. Vor allem die allein reisenden. Die, die von den Familien losgeschickt wurden, um es bis in das vermeintlich sichere Europa zu schaffen. Sie sind zwischen 15 und 17 Jahre alt und stammen überwiegend aus Eritrea, Somalia und Syrien, wie die Hilfsorganisation »Save the Children« berichtet.

Kinder werden aber auch von den Familien alleine vorgeschickt, weil die Eltern die Hoffnung haben, dass die unbegleiteten Jugendlichen nach Abschluss des Asylverfahrens ihre Eltern nachholen können. Das ist derzeit strittig in der Politik. Dabei wäre es fatal, hier an wenigen jungen Flüchtlingen ein Exempel statuieren zu wollen, nur um den Flüchtlingsstrom einzudämmen. 2015 haben gerade mal 105 unbegleitete minderjährige Flüchtlinge subsidiären Schutz in Deutschland erhalten. Und nur um die geht es im Asylpaket II.

Da alle diese Schicksale letztlich auch mit der politischen Entwicklung in Deutschland verbunden sind, weil vieles von dem Geschilderten nur so begreifbar wird, ziehe ich am Ende dieses Buches Bilanz: »Was 2015 in Deutschland geschah«, so heißt es am Schluss dieses Buches. Die Kanzlerin spielt dabei eine zentrale Rolle. »Die Frau, die keine Grenzen schließt« heißt dieses Kapitel über Angela Merkels Haltung, über ihre Aussagen und

Interviews. Weil vor allem sie es ist, die den Frauen und Kindern nach der Flucht Schutz gewährt in Deutschland.

Bevor Sie sich den »Menschen-Geschichten« in diesem Buch zuwenden, möchte ich uns alle an die wunderbare, politische Philosophin Hannah Arendt erinnern. Sie schreibt bereits 1951 nach ihrer Flucht aus Deutschland vor den Hitler-Schergen: »Historisch beispiellos ist nicht der Verlust der Heimat, wohl aber die Unmöglichkeit, eine neue zu finden.« Und weiter formuliert die jüdische Emigrantin voller Weitsicht und Klugheit: »Es war kein Raumproblem, sondern eine Frage der politischen Organisation.« So hoffe ich, dass wir heute in Deutschland den Flüchtlingen eine neue Heimat geben können, dass die Politik es hinbekommt mit der Organisation und dass die Geschichten in diesem Buch schon bald Geschichte sind.

# BUCH 1

## Die Syrerin – 1. Teil

*Der Alltag ist die Hölle – ihr bleibt nur noch die Flucht*

Sie hält ihre blutende Tochter im Arm. Akilah, die 17-Jährige, hat es schlimm erwischt. Einmal mehr haben Assads Schergen in diesem Herbst 2014 Fassbomben über Kafer Sosseh, den Vorort von Damaskus, abgeworfen. Hier, im Osten der Hauptstadt, ist der Widerstand gegen die Regierung zu Hause. Miryam weiß das, aber es hat ihr bisher wenig bedeutet. Denn die 35-jährige Mutter kümmerte sich nicht um Politik, sondern um ihre Familie. Um den gerade mal vierjährigen Amir, um die vier Töchter Olcay (6), Kalila (12), Djamila (16) und eben Akilah. Aber jetzt ist sie sicher: Sie muss hier weg. Raus aus diesem Chaos. Ihre fünf Kinder retten. Alles hinter sich lassen. Jetzt gleich. Sonst verblutet ihre Tochter. Mit der Nachbarin trägt sie Akilah auf eine Schubkarre, zieht sie durch den Staub, den Dreck. Nur drei Straßen weiter gibt es ein Krankenhaus. Schnell, schnell. Miryam ist panisch. So viele Menschen drängen sich vor dem großen Tor. So viele Verletzte. Sie sieht in den Himmel. Hofft, dass nicht schon wieder ein Helikopter anfliegt und diese üblen Kanister mit Sprengstoff und Metallteilen abwirft. Miryam entdeckt einen befreundeten Arzt. Er übernimmt Akilah, und die Mutter holt erleichtert ein wenig Luft. Der Arzt schickt sie nach Hause zu den anderen Kindern. In den Straßen hat sich der Staub ein wenig gelegt. Wenn Akilah wieder rauskommt aus dem Krankenhaus, dann packt Miryam die Sachen. Da ist sie sich jetzt sicher. Denn der syrische Präsident Baschar al-Assad bekämpft in seinem Land sein eigenes Volk. Er lässt unverändert die international geächteten Fassbomben abwerfen. Sie fallen ungesteuert aus großer Höhe auf die Zivilbevölkerung herunter. Beim Aufprall auf dem Boden verursachen sie gewaltige Explosionen. Verletzen die Menschen mit den kleinen Metallsplittern am ganzen Körper. Zeitweise sind es täglich Dutzende dieser Geschosse, die auf die Gebiete rund um Aleppo, Daraa und vor allem in den Vororten von Damaskus niedergehen. Ganze Stadtviertel werden so dem Erdboden gleichgemacht. Wie jetzt ihre bisherige Heimat Kafer Sosseh. Später werden die Flüchtlinge in Deutschland immer wieder beteuern, dass sie vor Assads Fassbomben geflohen sind – und nicht vor der Terrormiliz des IS. Das berichtet auch Miryam.

Mit Miryam sitze ich inzwischen in Hamburg in einer Familienunterkunft. Ein weißes Tuch bedeckt züchtig ihr Haar. Die weite Strickjacke umhüllt ihren zierlichen Körper. Eine schöne Frau. Mit ihrem offenen Gesicht sieht sie mich, die fremde Deutsche, freundlich an. Sie ist bereit, die Geschichte ihrer Flucht zu erzählen. Will alle Fragen beantworten, damit ich es auch verstehe. Aber ihre Stimme zittert bereits, wenn sie von ihren Eltern erzählt, ihren Freunden. Denn wo in ihrem Damaszener Vorort einst Märkte, Schulen, Kliniken und Wohnhäuser standen, sind nur noch Schneisen des Todes und der Zerstörung geblieben. Die Eltern leben noch dort. Aber unter schlechtesten Bedingungen. Das mobile Telefon ist Miryams letzte Verbindung zur Heimat, zur Familie und den Freunden. Sie erzählt mir auch, dass die Fassbomben zwar beim Fallen als leises Surren zu hören seien, dass aber erst kurz vor dem Aufprall klar ist, wohin genau sie den grauenvollen Tod tragen. Das war auch das Unglück für Akilah, die gerade Obst und Gemüse auf dem Markt kaufen wollte. Sie hörte zwar das Surren, erzählt sie später, suchte aber unglücklicherweise auf der falschen Straßenseite Schutz.

Stockend berichtet Miryam weiter. Sie ist zur Hälfte Syrerin, zur anderen Hälfte Palästinenserin. Ihr Mann hat als Friseur gut verdient, konnte die siebenköpfige Familie ernähren. Bis 2011 nach dem Arabischen Frühling der Krieg in ihrer Heimat ausbrach. Ihr Haus wurde bombardiert und schlimm beschädigt. Sie blieben dennoch in den Ruinen. Reparierten Löcher und Mauern notdürftig. Das erschien ihnen allen damals noch sicher. Miryam kramt in ihrer großen Tasche nach einem Taschentuch. Aber vor allem nach Akilahs Verletzungen sind sich die Eltern einig: Die Mutter und die Kinder müssen fliehen. Nur: wie? Und woher das Geld nehmen? »Inzwischen hatten die Truppen von Assad unser ganzes Stadtviertel abgesperrt, meinen Mann verhaftet und in ein Militärcamp gesteckt – und Akilah konnte ich nicht aus dem Krankenhaus holen, weil ständig weitere Bomben in unserem Stadtteil fielen.«

Und gerade deshalb wird Miryam jetzt aktiv. Verkauft das zerstörte Haus, den Grund. Alles für einen Schleuderpreis, aber egal. Verkauft all den Goldschmuck, den ihr ihre Eltern traditionsgemäß als Mitgift und für schlechte Zeiten zur Hochzeit geschenkt haben. Sie verschleudert die Küchengeräte, die Betten der Kinder, das Sofa und die Sessel aus dem Wohnraum – denn ihr ist klar: Sie wird viel Geld brauchen, wenn sie die Flucht mit den Kindern schaffen will.

Aber bis es so weit ist, leidet die Mutter mit den Kindern jeden Tag. Selbst beim Brotanstehen fallen von oben Assads Bomben auf die Menschen, und aus den nahe gelegenen Bergen schießen gleichzeitig die syrischen Rebellen. Es ist die Hölle. Die Schulen in Miryams Stadtviertel sind geschlossen. Im ganzen Land sind mindestens zwei Millionen Kinder ohne Schulunterricht. Miryam redet mit Freunden, mit zuverlässigen Nachbarn. Wie komme ich an einen Schlepper? Wie kommen wir hier raus?

Früher, ja früher war alles gut in ihrer Heimat. Kinderreichtum bedeutete gesellschaftliches Ansehen. Viele Kinder zu haben galt als muslimische Lebenspflicht. Vor dem Krieg lag die Geburtenrate bei 3,5 Kindern je Frau. Miryam lag mit ihren fünf Kindern weit darüber. Und hatte genug zu tun. Wer im Haushalt was machte – das war bei ihnen in der Ehe klar geregelt. Miryam kochte, wusch, kaufte ein und wechselte die Windeln der Kleinen. Sie sagt heute: »Mein Mann hat mich nie herumkommandiert. Wenn ich meine Pflichten aus seiner Sicht nicht erfüllt habe, etwa wenn kein Essen gekocht war, wenn er nach Hause kam, hat er sich darüber nicht beschwert.« Ob das wirklich stimmt, wer weiß es?

Sie erzählt weiter: »Eine berufstätige Mutter bei uns im Viertel, im Land – das war ganz normal. Vor allem unter dem wachsenden Druck, Geld verdienen zu müssen. Denn viele Familien konnten ohne ein zweites Einkommen nicht überleben.« Für Miryam aber war alles in Ordnung so. Sie musste mit den fünf Kindern nicht zusätzlich arbeiten. Denn das Geld, das ihr Mann verdiente, reichte aus.

Von der Politik, erinnert sie sich auch, gab es seit jeher wenig Unterstützung für Frauen und Familien. Berufstätige Frauen hatten nur in Sonderfällen Anspruch auf Mutterschaftsurlaub. Zwar konnten Beamtinnen, wie eine ihrer Schwägerinnen, bei vollem Gehalt drei Monate zu Hause bleiben, doch in der Privatwirtschaft stand nur sozialversicherten Arbeitnehmerinnen eine Babypause zu. Und von denen gab und gibt es bis heute nur sehr wenige. Auch existierten kaum staatlich organisierte Möglichkeiten zur Kinderbetreuung. Kindergarten? Kinderhort? – Fehlanzeige. Damals – und erst recht, seit der Krieg das Land und seine Menschen im Würgegriff hält. Die Straße war in Syrien schon immer der bevorzugte Kinderhort. Auch für Miryams Kinder. Aber daran ist schon lange nicht mehr zu denken. Denn heute gerät selbst das tägliche Einkaufen zu einem lebensgefährlichen Unterfangen.

Täglich kommt inzwischen die Polizei zu Miryam. In das einst hübsche und ruhige Neubaugebiet, weit weg vom verstaubten, quirligen Durcheinander, das im Zentrum von Damaskus auch während des Krieges herrscht. Die Polizei kontrolliert die Pässe der Familie. Sie verlangen sie in barschem Ton zu sehen. Wollen wissen, ob die Familie sie noch hat – oder ob sie wie Tausende andere die Flucht vorbereitet. Denn die syrischen Schlepper verlangen mit den Anzahlungen auch die Pässe. Angeblich zu ihrer eigenen Sicherheit. Und als Beweis, dass die Menschen wirklich fliehen wollen. Auf der Straße vor Miryams Haus finden nun ständig heftige Schießereien zwischen den Assad-Truppen und den aufständischen Syrern statt. Tagelang kann sie mit ihren Kindern das Haus nicht mehr verlassen. Wenigstens geht es Akilah wieder besser. Sie kann sie aus dem Krankenhaus nach Hause holen. Das junge Mädchen ist schwach, die Wunden sind noch nicht verheilt, nur mit Pflastern verklebt. Miryam schläft jede Nacht eng aneinandergeschmiegt mit all ihren fünf Kindern auf dem Boden: Neben Akilah liegt Djamilah, dann Kalila und Olcay. Amir, der Kleine, darf ganz nah im Arm der Mutter kuscheln. Sie hoffen so, nicht von irgendwelchen Querschlägern getroffen zu werden. Miryam holt tief Luft, wenn sie sich an diese Situationen erinnert. Sie sagt aber auch: »Ich bin meinem Nachbarn Mohammed bis heute dankbar. Er hat mich mit einem Mann zusammengebracht, der uns erst mal hier rausholte und zu den Rebellentruppen führte. Damit wir nicht mehr in akuter Gefahr durch die Bomben leben mussten.«

Miryam zahlt ihm 25 000 Lira für sich und ihre Kinder. Das sind rund 200 Euro. Sie weiß, dass das erst der Anfang ist. Aber jetzt erst mal: raus aus dem umkämpften Vorort von Damaskus. Nachts, im Dunkeln. Sie hofft, dass es nur ein Übergang ist, ein erster Schritt vor der richtigen Flucht. Nur für eine kurze Zeit. Aber es wird ein Jahr und drei Monate dauern, bis Miryam mit den Kindern weiterkommt. Dann werden die Kinder schon wieder ein Jahr älter sein: Akilah 18, Djamila 17, Kalila 13, Olcay sieben und der kleine Amir fünf.

»Nur für meine Kinder gehe ich hier weg, ich selbst hänge nicht mehr am Leben. Aber meine Kinder sollen eine Zukunft haben.« Miryam weiß, dass sie mit ihnen nie mehr in das »Happy Land«, den Vergnügungspark von Damaskus gehen wird. Achterbahn fahren, ins Schwimmbecken rutschen und Zuckerwatte bis zum Schlechtwerden essen – das ist vorbei. Die bunten Lichter der Karusselle versinken in ihrer Erinnerung. Die Treffpunkte ihrer Jugend gibt es längst nicht mehr. Pizza Hut und Kentucky Fried Chicken sind verschwunden. Zara, ihr Lieblingsklamottenladen, ist verbarrikadiert. Viele Nachbarn sind schon weggezogen. Die besten Freunde über Nacht verschwunden. Nur über WhatsApp erfährt sie immer mal wieder, wo sie sich inzwischen verstecken. Ihr Mann hat ihr nachts immer wieder zugeflüstert, dass wohl nur noch eine Flucht die Familie retten kann. Sie haben zu lange gewartet. Denn nach einer solchen Nacht holten Assads Soldaten ihn im Morgengrauen ab. Zum Kämpfen. Zwangsrekrutiert. Wie Tausende von Syrern im eigenen Land.

## *Wie alles begann – der Krieg in Syrien und seine Geschichte*

Miryams Geschichte ist nur eine von Hunderttausenden.

Wir vergessen in Europa leicht, wie alles angefangen hat mit dem Krieg in Syrien. Warum bis heute über vier Millionen Syrer aus ihrer Heimat geflohen sind, über 500 000 Menschen allein in Europa Asyl erbeten haben, im Land selbst acht Millionen Menschen ihre Häuser, Wohnungen verlassen mussten und irgendwo anders Unterschlupf gesucht und gefunden haben. Wohlgemerkt: in Syrien selbst. In ihrer Heimat. Schlimm daran ist, dass die Hälfte von ihnen Kinder sind. Außerdem kamen bis 2016 über 470 000 Menschen in diesem Bürgerkrieg ums Leben. Erschossen, gefoltert, umgebracht, von Fassbomben zerfetzt oder von Chemikalien für den Rest ihres kärglichen Lebens gezeichnet.

Am Anfang dieses Bürgerkrieges standen friedliche Demonstrationen von Syrern, die in keinem europäischen Medium auch nur mit einer Zeile oder einer Minute Sendezeit Widerhall fanden. Obwohl längst klar war, dass Syrien zu einem brutalen Überwachungsstaat geworden war, in dem sich verschiedene Geheimdienste und mafiöse Gruppierungen Macht über Geld, Wirtschaft und Unternehmen verschafft hatten. Das alles gebilligt und gefördert vom Präsidenten Baschar al-Assad. Ein Alevit, der die Vetternwirtschaft zu seiner Regierungsform erklärte. »Wasta«, Beziehungen, das Zauberwort für Erfolg und Reichtum. Aber der Großteil der Menschen hatte nichts davon, besaß kein »Wasta«. So geriet der Graben zwischen den wenigen Reichen und sehr Einflussreichen auf der einen Seite zu den Bitterarmen auf der anderen Seite immer größer.

Der Anlass, dass Tausende Syrer wütend und mutig gegen ihren Präsidenten und sein System auf die Straße gingen, war »Kindergekritzel«. Schuljungen sprühten 2011 in Daraa im Süden Syriens, aus Spaß und weil es gerade »in« war, erst Herzen und dann regierungskritische Graffiti an Hauswände. Sie hatten das im Fernsehen gesehen, in Berichten aus Tunesien, Ägypten und Libyen nach dem Arabischen Frühling. Der Militärgeheimdienst von Baschar al-Assad reagierte brutal: Die gefürchteten Männer inhaftierten 20 Schulkinder, folterten sie über Wochen grausamst und brachten einige von ihnen um. Das Regime fühlte sich nicht nur zu dieser Zeit umgeben von Verschwörern, die einen Umsturz des Regimes anstrebten. Die Reaktionen auf Kritik an der Regierung waren entsprechend gnadenlos, sobald auch nur der Ansatz einer Verschwörung vermutet wurde. Mit den zu Tode gefolterten Kindern begann der Krieg. Zynisch ließ der Geheimdienst damals verbreiten: »Macht einfach neue.« Und meinte damit Kinder. Die Botschaft war an ihre trauernden und verzweifelten Eltern adressiert. Das war zu viel. Das hielten die Bürger nicht mehr aus. Sie zogen im ganzen Land auf die Straße. Nicht mehr friedlich, nein, mit Waffen. Jetzt war Bürgerkrieg. »Assad, hau ab«, skandierten die Demonstranten. Der reagierte mit brutaler Gewalt. Das geht bis heute so.

Dieser Bürgerkrieg führt de facto zu einer Teilung des Landes: Über die Hälfte des Staatsgebietes kontrolliert jetzt die Terrororganisation Islamischer Staat. Auch wenn sie inzwischen das umkämpfte Palmyra wieder räumen mussten, vertrieben von Assads Truppen und den russischen Bombern. Die Regierungstruppen halten bis April 2016 unverändert die Hauptstadt Damaskus und elf der 13 Provinzhauptstädte, zusammen mit den dicht besiedelten Gebieten im Westen des Landes. Der Rest wird von Rebellengruppen wie der Freien Syrischen Armee, der Islamischen Front, der Kurdischen Miliz und dem al-Qaida-Ableger Al-Nusra-Front kontrolliert. Von den einst 22 Millionen Menschen sind nur noch 16 Millionen im Land geblieben. Wer kann, der geht. Wohin auch immer. Von den im Land Zurückgebliebenen brauchen 12,2 Millionen Menschen inzwischen dringend humanitäre Hilfe. Davon sind die Hälfte Kinder. Es gibt nicht mehr genug zu essen, keine Hilfe bei Krankheiten, kaum sanitäre Einrichtungen, und 25 Prozent der Schulen sind zerstört. Rani Rahmo von den SOS-Kinderdörfern berichtet, dass Kinder inzwischen Gras essen, um überhaupt etwas im Magen zu haben. Die Hälfte der Krankenhäuser ist zerstört. Zynisch, wer hier behauptet, man könne ja die Syrer auch wieder zurückschicken. Es herrsche schließlich nicht überall Krieg. Der Direktor der SOS-Kinderdörfer in Syrien ist sehr aufgebracht darüber: »Besonders dramatisch ist die Situation außerhalb Damaskus. Dort leben die Kinder in ständiger Angst vor Bombardements. Sie sind traumatisiert. Wenn das so weitergeht, werden sich bis zu zwei Millionen Syrer auf den Weg nach Europa machen. Die Passbehörde in Damaskus wird jetzt schon überrannt. 5000 Menschen stehen dort täglich an.«[5]

Das ist aber erst der Beginn. Denn in den ersten Kriegsjahren sieht die Welt scheinbar unbeteiligt von außen zu. Ein arabischer Twitterer fasst die Situation bitter und zynisch zusammen: »2011 – das macht uns Sorgen, aber wahrscheinlich nicht so schlimm. 2012 – es ist schlimmer geworden, aber nicht so schlimm, dass wir uns darum kümmern müssen. 2013 – jetzt ist es richtig schlimm, aber machen wir es nicht noch schlimmer, wenn wir uns einmischen? 2014 – es ist noch viel schlimmer geworden. Wir sollten eingreifen, aber wir haben keine Ahnung, wie. 2015 – es ist so schlimm, dass jede Hilfe zu spät käme. Wir hätten 2011 etwas unternehmen müssen.«

Tatsache ist: Die Syrer fliehen vor allem vor den Truppen, Bomben, Angriffen und Raketen ihres Präsidenten Assad. Nicht vor den IS-Terrormilizen. Nicolas Henin, französischer Journalist, war zehn Monate Geisel des IS. In seinem Buch *Der IS und die Fehler des Westens,* das er über seine Gefangenschaft geschrieben hat, betont er: »Der Westen denkt, es gäbe in Syrien die Alternative Islamischer Staat oder Assad. Dabei ist der IS nur das Symptom – der Grund der schrecklichen Zustände ist das Regime.«

Und einer, der seit Jahrzehnten im Nahen Osten arbeitet, ist der britische Chemiewaffenexperte Hamish de Bretton-Gordon. Er sagt: »Wenn die internationale Gemeinschaft ihre Politik gegenüber Syrien nicht signifikant verändert, könnte die Zahl der Flüchtlinge, die nach Europa strömen, bis Ende 2016 fünf Millionen erreichen.« Und weiter: »Das Flüchtlingsproblem ist ein direktes Ergebnis unserer Tatenlosigkeit, insbesondere angesichts des Chemiewaffenangriffs auf Vororte von Damaskus im August 2013, bei dem bis zu 1 500 Menschen ums Leben kamen.«[6]

Was hindert die Regierungen in den Vereinigten Staaten und in Europa daran einzugreifen? Frieden zu schaffen und den Menschen wieder eine Zukunft zu ermöglichen? Sicher, Syrien war schon immer ein umkämpftes Land. Ein Zankapfel der Großmächte. Dazu reich an Kultur aus den Zeiten, als sich die Griechen und Römer, die Araber, Türken oder die Kreuzfahrer die Köpfe dort einschlugen, aber dann doch auch wieder Tempel, Paläste, Burgen oder ganze Städte aufbauten.

Auch heute sind sich die militärischen Kontrahenten außerhalb Syriens alles andere als einig über ihre Ziele. Nur dass sie die Terrormiliz des Islamischen Staates bekämpfen wollen und müssen, das ist Konsens. Die Russen und die Iraner wollen das Regime Baschar al-Assad retten und damit ihre eigene Position in Syrien und in der Region. Die Türkei und die sunnitischen Golfstaaten wollen Assad stürzen, weil er mit dem Iran paktiert, der für sie die konkurrierende feindliche schiitische Regionalmacht ist. Die Vereinigten Staaten von Amerika unter Präsident Barack Obama, Frankreich unter Präsident François Hollande und andere westliche Staaten wollen militärisch vor allem den IS bekämpfen. Seit sich Russland 2015 in den Krieg eingemischt hat, seinen Freund Assad unterstützt, indem seine Truppen vor allem die Rebellengruppen bombardierten, seitdem sind Europa und USA wieder nahe zusammengerückt gegen Wladimir Putin. Weil der höchst raffiniert angibt, die Terrormiliz IS zu bombardieren. Was nachweislich nicht stimmt.

Das führt zu einem fatalen Ungleichgewicht in diesem Krieg. Ablesen lässt sich das unter anderem am Drama um die Stadt Aleppo. Über 100 000 Syrer flohen Anfang 2016 in Richtung türkische Grenze. Die Türkei aber hat die Grenzen geschlossen und richtete Flüchtlingslager ein, noch auf syrischem Boden. Am 16. März 2016 dann verkündet der russische Präsident überraschend, sich aus Syrien zurückzuziehen. Sein Ziel sei erreicht. Wenige Tage nachdem am 27. Februar eine Waffenruhe eingetreten ist. Brüchig, aber immerhin. Doch die Welt fragt sich: Welches Ziel haben die Russen mit ihrem Eingreifen tatsächlich erreicht? Der IS besetzt unverändert ein Drittel des Landes, agiert mit Bombenattentaten in der Türkei und in Nordafrika. Das Flüchtlingsdrama für Millionen Menschen ist keineswegs zu Ende. Trotz der Einigung der Europäer am 18. März mit der Türkei. Denn die durchschnittliche Dauer einer Flucht beträgt zweieinhalb Monate. Bis also weniger Syrer fliehen werden, ist es noch ein langer Weg. Sie schaffen es noch, auf schwierigen Pfaden herauszukommen aus dem geplagten Kriegsland. Dazu kommt, dass in Homs und Aleppo noch mindestens 500 000 Menschen eingeschlossen sind. Dass die Hilfstransporte schon im ganzen Land schwer durchkommen, ganz zu schweigen davon, dass sie kaum noch die eingeschlossenen Regionen erreichen.

### Syrien. Zahlen, Daten, Fakten

- 22 Millionen Einwohner hatte Syrien bis zum Ausbruch des Bürgerkrieges
- Seit 2011 sind vier Millionen Flüchtlinge in den Nachbarländern bei den UN registriert
- 470 000 Syrer haben bis jetzt ihr Leben im Krieg verloren
- 8,2 Millionen Syrer sind im eigenen Land auf der Flucht, davon die Hälfte Kinder
- Sie alle brauchen humanitäre Hilfe, Lebensmittel und medizinische Unterstützung
- Vermutlich hat Syrien seit Beginn des Krieges nur noch 16 Millionen Einwohner
- Diejenigen Syrer, die in den von den Kriegsparteien unkontrollierten Regionen leben, sind vollkommen auf die Hilfe von Nichtregierungsorganisationen (NGOs) angewiesen

- Das Assad-Regime hat große finanzielle Probleme, unter anderem weil nur noch geringe Einkommen aus Steuern und sonstigen Abgaben eingehen
- Der Öl-Export ist gestoppt. Er machte vor dem Bürgerkrieg ein Fünftel des Staatshaushaltes aus
- Der Staat druckt Geld, um zu überleben, und erhält vom Iran Kredite, um die Öl-Raffinerien weiter zu betreiben
- Das Durchschnittseinkommen eines syrischen Bürgers beträgt nur noch 100 US-Dollar im Monat

## *Das Drama der syrischen Flüchtlinge aus Aleppo – gestrandet vor der türkischen Grenze*

Ganz bitter ist die Situation unverändert für die 100 000 syrischen Flüchtlinge, die seit Beginn des Jahres 2016 festsitzen an der türkischen Grenze. Geflohen aus der seit drei Jahren heftig umkämpften Handelsmetropole Aleppo. Geflohen vor den Attacken der russischen Piloten, aber auch vor Assads Fassbomben. Safiye Mahmut, eine 26-jährige Mutter von drei Kindern, ist vollkommen verzweifelt. Sie glaubt nicht mehr daran, dass sie noch einmal zurückkehren kann. »Meine Stadt liegt in Schutt und Asche«, erzählt sie und fügt hinzu, ganz pragmatisch: »Ich bin dafür, dass wir hierbleiben.« Wir – damit meint sie sich selbst und ihre drei Kinder. Ihr Mann kämpft bei den syrischen gemäßigten Rebellen. Die Kinder stecken noch in Sommerklamotten. Der Regen auf dem Weg zur Grenze hat ihnen allen die Schuhe aufgeweicht. Sie frieren, haben Hunger und sind total verängstigt.[7] Ein Bild zum Erbarmen.

Safiye war Teil eines Flüchtlingstrecks: Mit Tausenden anderen Syrern machte sie sich auf den Weg zur türkischen Grenze. Zu Fuß wanderte sie so schnell als möglich mit den Kleinen von

Aleppo auf der großen Verbindungsstraße zur Grenze. Etwa 68 Kilometer. Sie hat es noch hinüber in die Türkei geschafft. Gelandet ist sie jetzt in Demirciler, einem Stadtviertel von Kilis. Das ist eine kleine Stadt, aber inzwischen ein großes Symbol in diesen ersten Tagen des Jahres 2016. Denn Kilis beherbergt so viele Flüchtlinge, wie die Stadt Einwohner hat: 130 000. Der Bürgermeister Hasan Kara ist überzeugt, dass Europa von seiner Stadt lernen könne, was Solidarität wirklich bedeutet: »Wir teilen gerne«, sagt er. »Aber jetzt, nach drei Jahren reicht es. Wir können nicht mehr«, führt er aus. Seine Stadt brauche jetzt dreimal so viel Wasser wie vor dem Bürgerkrieg, fünfmal so viel Müll falle an, in vielen Wohnungen lebten drei, manchmal vier syrische Familien. »Ich brauche 10 000 neue Wohnungen, neue Müllautos, neue Kläranlagen«, fordert der 47-jährige Bürgermeister. Von der EU. Die sei jetzt am Zug. Schon mit 100 Millionen Euro sei ihm geholfen.[8] 100 Millionen – das sind wenig mehr als drei Prozent der von der EU damals noch versprochenen drei Milliarden Euro. »Peanuts«, möchte man sagen …

Wenige Kilometer weiter südlich, auf der anderen Seite der Grenze in Syrien am Grenzübergang Öncüpinar, sitzen noch einmal rund 70 000 Flüchtlinge fest. Die, die es nicht »hinüber« geschafft haben. Zu denen der türkische Präsident Recep Tayyip Erdogan gesagt hat: »Die Grenze des Fassungsvermögens ist erreicht. Die Neuankömmlinge werden in Lagern auf der syrischen Seite der Grenze aufgenommen.« Für die Zelte, die türkische und internationale Hilfsorganisationen dort aufgestellt haben, ist längst kein Platz mehr. Die Menschen schlafen trotz Regen und Kälte auf Pappkartons im Freien. Sie wollen alle so schnell wie möglich raus aus Syrien. Aber in der Türkei ist nichts mehr zu hören von einer Politik »der offenen Grenzen«. Das ist vorbei. So harren die Menschen jetzt in den notdürftig eingerichteten Zeltlagern aus, zum Teil schlafen sie bei Temperaturen von knapp über null Grad auf der Straße.

Nur wenn es Hilfstransporter über die Grenze schaffen, kommen Decken, Lebensmittel und Milch. Es ist eine menschliche Katastrophe. Und es gibt kaum einen, der hilft in dieser Welt. Nur Verletzte und Kranke werden von den türkischen Grenzbeamten hereingelassen. Sie landen nach der ärztlichen Behandlung wenigstens nicht wieder auf der syrischen Seite, sondern in türkischen Containerdörfern, die seit Anfang 2016 für 20 000 Syrer an der Grenze entstehen. Man richtet sich auf einen langen Krieg mit vielen Verwundeten und Flüchtlingen ein.

Ununterbrochen flog zudem bis Mitte März die russische Luftwaffe Angriffe. Sie treffen dabei nicht, wie eigentlich versprochen und angekündigt, die Terrormiliz Islamischer Staat, deren Truppen östlich von Aleppo stehen. Sondern sie bombardieren die Dörfer entlang der einzig verbliebenen Versorgungsroute zwischen Aleppo und der türkischen Grenze. Quasi die Lebensader zur einstmals größten Stadt Syriens. Wirtschaftszentrum, Weltkulturerbe. Heute geteilt zwischen Regime und Rebellen. Die russischen Bomber unterstützen die Regierungstruppen des Präsidenten Assad, der zusammen mit der libanesischen Schiiten-Miliz Hisbollah, mit Offizieren der iranischen Revolutionsgarden sowie schiitischen Söldnern aus dem Irak und Afghanistan gegen die einst aufmüpfigen Bürger Aleppos kämpft. Der Kreis wird immer enger. Aleppo ist bald komplett eingekesselt. 350 000 Menschen leben noch in dem von den gemäßigten Rebellen kontrollierten Teil der Stadt. Im anderen, im westlichen Teil, haben sich die Regierungstruppen von Assad verschanzt. Dort lebt etwa eine Million Menschen. »Im Zentrum der Stadt selbst gibt es keine Stellungen der Freien Syrischen Armee«, erzählt ein junger Arzt in einem Krankenhaus in Aleppo, »nur noch Zivilisten.« Noch 30 Ärzte helfen in der zerbombten Stadt. Immer wieder gibt einer auf und versucht zu fliehen. Waren es am Anfang noch leichte Wunden, Folgen von

Tränengas und Schlagstöcken, wurden die Verletzungen immer schlimmer, seit das Regime von Assad die gefürchteten Fassbomben abwirft. Inzwischen ist es der reine Horror. Alle zwei, drei Stunden fliegen Kampfjets Angriffswellen über die Stadt, sie zielen auf alles, was noch nicht zerstört ist. Auf Wohnhäuser, Schulen, Kliniken. Der Arzt erzählt: »Hatten wir vorher zehn Schwerverletzte am Tag, so sind es heute bis zu 50.«[9] Und fatalerweise greifen die Russen vor allem dann an, »wenn die Kinder auf dem Schulweg sind«. Wie zynisch und menschenverachtend.

Syrische Kriegsbeobachter fürchten, dass Aleppo und seine Bewohner bald vollkommen abgeschnitten sein könnten von jeglichen Hilfstransporten. Wie schon die Städte Madaya, Darayya oder Talbiseh. Das wäre eine noch größere humanitäre Katastrophe. Zur Erinnerung: Sarajewo und seine damals 300 000 Einwohner haben 1992 im bosnischen Krieg drei Jahre lang nur mithilfe einer NATO-Luftbrücke überlebt. 1994 kam es zum Friedensvertrag im kanadischen Dayton und wenigstens zu einem Ende des Krieges. Bis heute.

Eine Luftbrücke nach Aleppo zu den bald komplett eingeschlossenen Menschen ist jedoch in Syrien nicht möglich, solange der Luftraum den Bombern der Russen und auch den Flugzeugen der Amerikaner gehört. Denn trotz des groß angekündigten Abzugs der Russen sind Bomber, Piloten und Waffen an der Westküste von Syrien verblieben. Die ersten Friedensgespräche von Genf sind schon wieder Geschichte. Das hat jetzt erst mal nicht geklappt. Denn nicht mal auf einen Luftkorridor haben sich die Kriegsgegner zu Beginn einigen können. Geschweige denn auf eine Sicherheitszone, in die Zivilisten fliehen könnten. Da bleibt nur die Hoffnung auf einen zweiten Verhandlungsanlauf. Die Vereinten Nationen jedenfalls wollen nicht aufgeben, dürfen nicht aufgeben.

Ein Silberstreif am Horizont ist die Ende Februar 2016 vereinbarte Waffenruhe. Wenn sie auch brüchig scheint, erstmals kommt ein Großteil der Hilfslieferungen wieder durch zu den notleidenden Menschen im Land – und in Genf gibt es einen neuen Verhandlungstermin. Hoffnungsschimmer am Horizont, immer wieder.

Vor allem wegen der zwar international geächteten Streubomben muss es zu einer Einigung kommen. Denn die sind nicht nur aufgrund ihrer örtlichen und augenblicklichen Explosionskraft eine große Gefahr für die Menschen. Viele der enthaltenen Submunitionen der Bomben explodieren gar nicht, wenn sie auf den Boden aufschlagen. Sie gehen erst hoch, wenn man sie berührt. Oft sehr viel später, auch noch Jahre nach einem Krieg. Die Menschenrechtsorganisation Human Rights Watch prangert darum unermüdlich immer wieder diese Art der Kriegsführung an. Die Bilder von Bloggern aus Syrien demonstrieren eindringlich die Explosionswucht der Streubomben und zeigen die Opfer: meistens Kinder, die diese Munition aufheben. Weil sie glauben, etwas vermeintlich Verwertbares gefunden zu haben.

Inzwischen schottet sich auch die Türkei weiter gegen die syrischen Flüchtlinge ab. Während die geflohenen Bürger aus Aleppo schlecht versorgt und in großer Not vor der türkischen Grenze ausharren, baut die Regierung auf der türkischen Seite massive Betonmauern statt Stacheldraht. Die Mauern sollen der Abschluss der von den Türken geforderten »Schutzzone« sein, die verhindert, dass die syrischen Kurden das Grenzgebiet unter ihre Kontrolle bringen. Denn die Kurden fürchtet die Türkei mehr als Tausende von Flüchtlingen aus Syrien. Und mehr als die Terroristen des sogenannten Islamischen Staates. Der Hintergrund: Wenn die Türkei die Flüchtlinge nicht in ihr Land lässt, so schafft sie faktisch auf der syrischen Seite ihrer Grenze eine Zone, die von der Weltgemeinschaft beschützt werden muss. Eine raffinierte Idee, wenn man bedenkt, dass die mögliche Errichtung eines Kurdenstaats den türkischen Politikern schlimmer erscheint als ein zerbombtes Syrien mit Millionen Flüchtlingen.

Schon im Frühjahr 2016 entstehen auf der türkischen Seite Großküchen, Großbäckereien, siedeln sich kleine Handwerksbetriebe an. Damit die Flüchtlinge »drüben« auf der syrischen Seite versorgt werden können. Zu diesem Zeitpunkt ist Miryam schon längst in Europa gelandet.

*Von den syrischen Rebellentruppen bis in den Sudan: Myriam ahnt nicht, was auf sie zukommt*

Ein Jahr und drei Monate muss Miryam mit den Kindern bei den Rebellen in den Bergen bleiben. Oft ohne Strom, mit kaum etwas zu essen. Dazu tagelang kein Wasser. Und immer wieder Angst vor einschlagenden Granaten, Bomben. In ständiger Sorge um ihre Kinder. Es fällt Miryam sichtlich schwer, ihre Fluchtgeschichte weiter zu erzählen. Wie sie dann endlich von einem Freund bei den Rebellen abgeholt wird, die fünf Kinder im Schlepptau. Immer noch kein Kontakt zu ihrem Mann, keine Nachricht von ihm. Ist er als Zwangsrekrutierter noch im Yousef Deip Camp? Oder schon woandershin verlegt worden? Wird er gefoltert? Lebt er noch? Kann sie ihn freikaufen? Angeblich, so behaupten die Freunde ihres Mannes bei den Anti-Assad-Kämpfern, bräuchte sie dafür 500 000 syrische Pfund. Rund 2 000 Euro.

Die will sie erst mal nicht ausgeben. Zu unsicher ist das Ganze. Oft hat sie gehört, dass zwar an das Assad-Regime gezahlt wurde, die Männer aber nicht freigekommen seien. Denn Assad gehen die Soldaten aus. Viele desertieren, weigern sich, für ihn zu kämpfen – gegen das eigene Volk. Da kommt so schnell keiner raus aus der Militärfessel.

Für Miryam und die Kinder geht es endlich weiter. Erst mal zu einem kleinen ehemaligen Militärflughafen nahe Damaskus. 125 000 Pfund wird der Flug kosten, 500 Euro, für alle sechs. Ziel ist Khartoum, die Hauptstadt des Sudan. Man würde dort auch Arabisch sprechen, wurde Miryam versichert.

Jedes Kind und die Mutter dürfen einen Rucksack mitnehmen. Das Geld, das ihr zur Verfügung steht nach all den Verkäufen in Damaskus, packt sie in die Unterhose. Eine warme Jacke pro Person, einmal Unterwäsche, Turnschuhe – das ist alles.

Dazu die Pässe, noch ein wenig Gold – man weiß ja nie –, Bankunterlagen, die Verkaufsurkunde ihres Hauses und ein paar Fotos aus den guten Zeiten. Die zeigt mir Miryam später in Hamburg. Schweren Herzens hat sie Bettdecken und warme Kleidung in Syrien zurückgelassen. Auch den dicken Wintermantel. Obwohl ihre Nachbarin noch geraten hatte: »Zieh ihn an, egal wie heiß es draußen ist – du weißt nie, wie es kommt.« Und noch einen Rat gibt ihr die erfahrene, ältere Freundin mit: »Man kehrt nie so schnell nach Hause zurück, wie man hofft.« Noch dazu, sagt sich Miryam, wo es ja gar kein Zuhause mehr gibt. Weitere Fotos ihrer Familie hat sie sich noch auf ihr Handy geladen, vom Haus, von den Kindergeburtstagen, den Einschulungen. Und: ihr Hochzeitsfoto. Wenngleich sie, das kommt aber erst sehr viel später heraus, nicht unbedingt eine glückliche Ehe geführt hat.

Was sie alle im Sudan dort erwarten würde? Keine Ahnung hatte sie, sagt Miryam und schüttelt dabei heute lachend den Kopf. Khartoum ist ihr Ziel. Das sagt ihr noch der syrische Helfer, bevor sie mit den Kindern die Gangway hinauf in die kleine Turboprop-Maschine steigt. Der Sudan ist eine streng islamische Republik. Insgesamt leben dort rund 40 Millionen Menschen, davon allein acht Millionen in der Hauptstadt. Der Sudan gehört zu den ärmsten Ländern in Afrika. Vielleicht ist gerade deshalb Khartoum vor dem Hintergrund des Krieges in

Syrien zu einem Umschlagplatz für Flüchtlinge geworden, die sich eine Flucht leisten können. Für Miryam ist es ganz sicher kein sicherer Ort. Khartoum ist eine Männerwelt, dazu der Dreh- und Angelpunkt des weltweiten Schlepperwesens. Und eine brutale Gesellschaft. Frauenrechte? Davon redet im Sudan niemand. Ganz im Gegenteil. Es gilt die Scharia. Was geschieht, wenn eines der Kinder im Sudan krank wird, ängstigt sich Miryam noch im Flugzeug. Hoffentlich bleiben alle gesund. Sie atmet tief durch und beruhigt sich damit, dass vor allem Akilah jetzt wieder stabil ist. Und wenigstens ist sie selbst nicht erneut schwanger. Denn sie hat gehört, dass die Frauen im Sudan reihenweise bei der Geburt sterben. Ähnlich wie in Afghanistan. Das Sterberisiko bei einer Geburt liegt im Sudan bei 1 zu 31. Und ist damit eines der höchsten auf der Welt.

Lange, verhüllende Gewänder sollen sie und ihre vier Töchter anziehen, hatte man ihr geraten, das sei ganz wichtig! Denn Frauen sind im Sudan Ware. Sie sind nichts wert, aber sie haben einen Geldwert. Sie werden entführt und verkauft. Aber auch ausgepeitscht, wenn sie es nur wagen, europäische Kleidung oder gar Hosen zu tragen.

Auch solle sie sehr auf ihre hübschen Töchter aufpassen. Denn eine Vergewaltigung ist im Sudan keine Straftat. Wenn Frauen im Sudan vergewaltigt werden, dann gehen sie erst gar nicht zur Polizei. Schon gar nicht vor Gericht. Weil die Richter immer eine Teilschuld bei der Frau sehen und die Frauen im schlimmsten Fall sogar selbst eingesperrt werden. Quasi als Bestrafung, weil sie den Mann angeblich verführt haben zu einer Vergewaltigung. Aber noch viele andere Gesetze diskriminieren Frauen und schieben sie ins Abseits. Dorthin also fliegt Miryam mit ihren vier Töchtern und ihrem kleinen Sohn.

Sie weiß sich züchtig zu verschleiern, das hat man ihr eingeschärft. Gleich nach der Landung muss sie die ersten Bestechungsgelder zahlen, für das Flughafenpersonal, für die Grenzpolizei. Das wusste sie schon vorher. In einem klapprigen Taxi fährt man sie und ihre Kinder fast zwei Stunden durch die Stadt, hinaus in eine ländliche Gegend. Sie heißt El Grief. Die erste Anlaufstation für alle Neuankömmlinge aus den Nachbarländern wie Darfur, dem Südsudan, Eritrea, Somalia, Äthiopien und dem Tschad. Die Liste der Länder, aus denen die Menschen flüchten, ist lang.

Die kleine syrische Familie bezieht einen Stall neben einem Bauernhof, das ist ihr neues »Zuhause«. Ein zerfallenes Gemäuer, eine Mischung aus Flüchtlingslager und Ruinenstätte. Ohne Strom und sauberes Wasser. Miryam beißt die Zähne zusammen und beruhigt ihre Kinder. Wie Tiere hätten sie da gelebt, erzählt sie heute. Und ihre Kinder? Die lernten schnell, die anderen Tiere nachzuahmen, freundeten sich mit ihnen an und waren bald so dreckig, dass sie kaum mehr von ihnen zu unterscheiden waren. Also alles ganz normal. Vor allem aber konnten sie dort ruhig schlafen, wenn auch auf hartem Beton. Keine Bomben und keine Schüsse. Heute kann sie das lachend erzählen, aber »damals wünschte ich mir oft in der Nacht, dass wir in Syrien alle gestorben wären«, sagt sie mir. Sie schüttelt sich und will am liebsten die Erinnerungen an das Leben im Stall in Khartoum verdrängen. Wenn das denn ginge ... Eines hat sie sich dabei stets in ihrem tiefsten Inneren immer wieder gesagt: »Ich will meine Kinder retten«, nur das habe ihr durch diese Zeit geholfen. Dabei stehen ihr die schlimmsten Etappen noch bevor. Was Miryam nicht ahnt. Gott sei Dank. Oder auf Arabisch: »Al-hamdu lillah!«

Eine andere syrische Familie mit Kindern haust nebenan, ebenfalls in einer stallähnlichen Hütte. Sie kommen aus Aleppo, aus dem Stadtteil Salah Al-Din, das ist genau an der Front zwischen Opposition und Regierungstruppen. Die Kinder spielen mit Miryams Kindern »Scharfschütze«. Das scheint zu helfen, um mit ihren Erlebnissen umzugehen. Denn die Heckenschützen Aleppos machen sich einen Spaß daraus, Frauen, Kinder und alte Menschen ins Visier zu nehmen. Sie zielen zwischen die Füße der Kinder. Offizielle Zahlen aus dem Jahr 2015 sprechen von 389 Kindern, die allein innerhalb von zwei Jahren erschossen wurden.

Beim Spiel in Khartoum ducken sich die Kinder zwischen den Ställen. Einer zielt, die anderen müssen schnell davonlaufen. Sie dürfen nie aufschauen, denn, so erzählen die Kinder aus Aleppo, du darfst dem Schützen nie direkt in die Augen sehen. Nachts, wenn Ruhe einkehrt in den beiden Ställen in Khartoum, hört Miryam oft Schreie und Weinen von nebenan. Da ist sie froh, dass sie ihre Kinder gerade noch rechtzeitig aus ihrem umkämpften Stadtviertel bei Damaskus bringen konnte und jetzt hoffentlich auf dem Weg in eine sichere Zukunft ist. Denn die Mutter weiß, dass gerade Kinder auf verstörende Ereignisse intensiv reagieren. Das kennt sie von den syrischen Familien in ihrer Nachbarschaft, nachdem die Bomben, Granaten und Schüsse fielen. Von ihrem Mann hört sie nichts. Den Gedanken an ihn hat sie jetzt auch verdrängt. Wichtig sind jetzt die Kinder. Und die nächste Etappe. Wann? Miryam ist auf den Schleuser angewiesen. So was wie »nächste Woche« hat er gemurmelt. Aber zuverlässig klang das nicht. Auch die andere Familie wartet und hofft. Bei 40 Grad Hitze im Sudan.

## *Die lebensgefährliche Route durch die libysche Wüste*

Miryam weiß, dass Libyen ihr nächstes Ziel sein wird. Die Balkanroute hatte sie schon in den ersten Gesprächen über eine mögliche Flucht in Kafer Sosseh abgelehnt. Die Kosten wären noch höher gewesen, und mit fünf Kindern und als Frau alleine haben ihr davon sowieso alle abgeraten. Jetzt also geht es weiter, in Richtung nordafrikanische Küste. Von Khartoum aus sind das 2 500 Kilometer Luftlinie. Auf so etwas Ähnlichem wie Straßen gibt es zwei Routen: die durch den Tschad, durch den Niger und Mali ist 6 500 Kilometer lang. Die andere entlang des Nil nordwärts durch Ägypten und am Mittelmeer entlang 4 200 Kilometer. Der Google Routenplaner rechnet dafür 125 Stunden, mehr als fünf Tage reine Fahrtzeit.

Der Schleuser aber fährt durch die Wüste. Ganz hinauf in den Nordwesten des Sudan, dahin, wo zwischen Ägypten und dem Tschad eine kleine direkte Grenze zu Libyen besteht. Diese Route ist für die Schleuser die sicherste. Wenige Städte und Oasen, kaum Kontrollen. Miryams Verbindungsmann, auch der nennt sich Mohammed, kommt vorbei auf dem Bauernhof und sagt nur: »Morgen ganz früh. Es sind 20 Flüchtlinge auf der Ladefläche des Autos. Jeder darf einen Rucksack mitnehmen – und genug Geld.«

An Schlaf ist nicht zu denken. Nur die Kleinen, Olcay und Amir, träumen selig neben ihrer Mutter. Der Schleuser kommt schon um vier Uhr nachts, noch mit abgeblendeten Scheinwerfern, die Ladefläche des Pick-up ist gedrängt voll. Wo, fragt sich Miryam, hat sie da noch Platz mit den Kindern? Die Nachbarsfamilie aus Aleppo ist noch nicht dran. Die schlafen fest, sie hat ihnen nichts gesagt. Also heißt es jetzt: Rauf mit den Kindern, sie selbst zieht sich als Letzte auf die dreckige Ladefläche. Die anderen murren, rücken nur auf energisches Schieben der beiden Fahrer zur Seite. Die besten Plätze, vorne hinter der Fahrerkabine, sind besetzt. Dort kann man sich auch ein wenig anlehnen. Weiter hinten findet man nur Halt, wenn man die Hand nicht von der klappbaren Reling nimmt. In ihren Rucksack hat Miryam zwei Fünfliter-Wasserkanister gepackt und Strickjacken für die Nächte in der Wüste. Sie hofft, dass die ausreichend wärmen und dass das Wasser sie alle am Leben hält. Jetzt betet sie, zum ersten Mal seit Langem. Miryam ist nicht sehr gläubig. Aber vor dieser Reise hat sie Angst – und sie hofft, dass Allah ihr und den Kindern zur Seite steht. Bevor sie auf den Pick-up gestiegen ist, hat der eine der beiden Schleuser noch 10 000 Dollar von ihr kassiert. Für den Rest der Reise. So war das vereinbart. Jetzt hat sie nicht mehr viel. Das Gute daran: Miryam muss jetzt nicht mehr so viel Geld verstecken.

Wie lange sie wohl unterwegs sein werden? Die Syrerin erinnert sich nicht mehr an die Landkarte, die sie im Erdkundeunterricht in der Schule mal angesehen hatten. »Sieben Tage und sieben Nächte«, sagen ihr die anderen auf dem Pick-up, die anscheinend besser informiert sind. Einige haben dicke Holzstöcke dabei. Die klemmen sie zwischen ihre Taschen und Wasserkanister, auf denen sie kauern. Der Stock dient ihnen quasi als Sitz. Nützt aber nur, wenn man auf der langen Fahrt keine Sekunde den Griff lockert. Denn sonst fällt man um, mitsamt dem Stock. Wenn einen keiner festhält, fällt man von der Ladefläche hinunter, in die Wüste. Kaum ein Fahrer hält deswegen an. Doch nicht wegen eines einzelnen Flüchtlings. Miryam und die fünf Kinder stehen sieben Tage auf der Ladefläche und sieben Nächte im Sand bevor. Dann übernimmt sie der nächste Schlepper. Werden sie das packen?

Miryam ahnt nicht, dass gerade Frauen auf dieser Route sehr gefährdet sind. Die Vereinten Nationen schreiben, dass fast alle Frauen auf dieser Flüchtlingsroute sexuell angegriffen oder vergewaltigt werden. Dass Tausende von Kindern als Kindersoldaten oder Sexsklaven den Schleuserbanden viel Geld bringen. Auch hier werden Menschen zur Ware, sind zum Verkauf geeignet. Umso schlimmer, dass Frauen nicht zu übersehen sind auf dieser Route. Und zudem Mangelware. Da scheint es zu helfen, dass sich Myriam und ihre Töchter mit ihren Tüchern bis auf einen kleinen Sehschlitz vor den Augen verhüllen, als trügen sie einen Hidschab. Sich zusammenkauern, in der Hoffnung, dass sie keiner entdeckt. An jeder nur möglichen, willkürlich errichteten Kontrollstation kassieren Polizisten und

Grenzbeamte, aber auch Soldaten und andere Milizionäre die Flüchtlinge ab. Dann müssen sie von der Ladefläche klettern, jedes Mal 40 Euro zahlen. Auch Miryam. Sechs mal 40 Euro – das sind 240 Euro. So viel hatte sie zum Glück noch bei sich. Wer sich weigert oder nicht zahlen kann, riskiert, mit Stöcken, Gürteln und Schläuchen verprügelt zu werden. Miryam versucht, ihren beiden Kleinen die Augen zuzuhalten, damit sie diese Grausamkeiten nicht sehen müssen. Außer ihrem Geld verlangen die Beamten an den Checkpoints Schmuck und Uhren von den Flüchtenden. Wer nicht freiwillig hergibt, was er hat, wird am Weiterfahren gehindert. Und das ist schlimmer als alle Schläge. Denn die Lastwagen brausen einfach weiter durch den staubigen Sand. Wohin, das weiß keiner. Ob der nächste sie dann mitnimmt? Mehr als unsicher. Vor allem, wenn die Flüchtlinge kein Geld mehr haben, um zu bezahlen.

Die Frauen trifft es oft noch schlimmer, erinnert sich Miryam. Sie werden in die Hinterzimmer der Stationen gezerrt, vergewaltigt und geschlagen. Es ist eine höchst gefährliche, für viele tödliche Route durch die Wüste. Vor allem, wenn man als Frau alleine reist. Manche Flüchtlingsorganisation hält die Route durch die Sahara für ebenso gefährlich wie die Route durchs Mittelmeer. Wie viele Menschen tatsächlich unterwegs in der Wüste liegen bleiben, in diesem riesigen Nirgendwo, das könnten nur die Schlepper selbst beantworten, sagt Maliki Hamidine von der Internationalen Organisation für Migration in Agadez in Niger. Aber Miryam kommt durch. Sie und ihre vier Töchter halten sich ständig irgendwie an und in den Armen. Umklammern den kleinen Amir. Stützen sich, wenn es ruckelt und schwankt, wenn der Fahrer so schnell über eine Welle düst, dass alle vier Reifen kurzfristig in der Luft schweben. Momente der panischen Angst. Wo sie alle auf der Ladefläche nur die Luft anhalten und hoffen, sie landen wieder sicher im Sand.

Die Schleuser, die sich beim Fahren abwechseln, starten in Khartoum an einem Montagabend. Ganz bewusst, weil sich auch jeden Montagabend die Konvois des Militärs und der Polizei auf den Weg machen Richtung Norden. Dadurch ist es sicherer, sie fahren quasi in deren Windschatten. Sicherer auch vor den unzähligen Banditen-Banden, die seit der immens angewachsenen Flüchtlingswelle durch die Sahara ziehen. Die Folge dieser »Sicherheit« sind allerdings höhere Zahlungen an die neu errichteten »Checkpoints«. Letztlich wollen eben alle etwas davon abhaben, wenn Menschen schon bereit sind, mehrere Tausend US-Dollar für den Weg nach Europa auszugeben. In ein besseres Leben. Später, nach ihrer Flucht, würden sie schließlich reich sein. Das ist zumindest die Überzeugung derer, die zurückbleiben in der Wüste. Sie kassieren die Gelder. Die Flüchtlinge, denken sie, bekommen ein neues Leben.

Später, viel später, in Deutschland, erzählt Miryam vor allem von ihrer Angst um ihre Kinder auf der Fahrt durch die Wüste. Dass eines herunterfallen könnte, dass der Fahrer dann nicht hält. Was er schon angedroht hat. Inzwischen haben sich die zwanzig Menschen auf dem Pick-up ein wenig näher kennengelernt. Die Erwachsenen sind bereit, die Kinder in die Mitte der Ladefläche zu setzen. Sie kümmern sich um sie, wenn eines weint, Hunger bekommt oder Durst hat. Miryams Angst schwindet ein wenig. Aber nie in der Nacht. Wenn der riesige Sternenhimmel über ihr leuchtet, blitzt und blinkt. Wenn sie mit den Kindern ganz eng zusammen rund um einen Reifen im Sand lagert und unglaublich friert. Der Kontrast ist fast nicht auszuhalten. Tagsüber immer noch Temperaturen von 45 Grad – und nachts Minusgrade. Nur wer je in der Wüste übernachtet hat, kennt diesen dramatischen Absturz der Temperatur. Alles tut ihr weh, die Hände vom ewigen und verkrampften Festhalten an der Ladefläche, an der Reling oder am Stock des Nachbarn. Der Rücken von den Schlägen durch die tiefen Schlaglöcher auf der Straße. Der Hals von Sand und Staub, die sie einatmet. Die Knie und Beine von der stundenlangen, unbeweglichen Position auf dem Auto. Dazu versucht sie immer wieder mindestens zwei Kinder im Arm zu haben, die Großen helfen sehr. Nur Akilah, die Älteste, die in Damaskus so schwer bei einem Bombenangriff verletzt wurde, hat schon am zweiten Tag starke Schmerzen. Aber Miryam sind bereits die Schmerztabletten ausgegangen. Es tut ihr so leid.

Sieben Tage, sieben Nächte, so lange dauert sie tatsächlich, die Fahrt vom Sudan in die Hauptstadt Libyens. Dort angekommen, sind sie so entkräftet, dass sie es kaum herunter von der Ladefläche schaffen. Alles schmerzt, die Augen sind verkrustet und voller Sand. Aber alle wissen: Eine Dusche wird es jetzt nicht geben. Nur ein wenig Zeit, eine Pause. Sie sind immerhin angekommen, haben gefühlt hundert Checkpoints hinter sich gebracht. Konnten an einigen immer wieder Wasser nachfüllen in ihre Kanister, es gab auch Reis und Fladenbrot. Jetzt setzen sie die beiden Fahrer ab vor den Toren von Tripolis. Dort müssen sie in einen alten Bus umsteigen. Sie sehen nichts von der einst so schönen Stadt. Die Fensterscheiben sind verdreckt, und ihre Augen sind immer noch total verklebt.

Tripolis ist mit 1,8 Millionen Einwohnern zwar die größte Stadt in Libyen, aber nicht die einzige Hauptstadt. Denn zwei verfeindete Regierungen kämpfen um die Vorherrschaft, die eine sitzt in Tobruk, zusammen mit dem Parlament, die andere in al-Baida, dort befindet sich die Regierung. Das alles interessiert Miryam und ihre Kinder nicht. Sie wollen nur weiter, weiter auf ein Boot und hinaus auf das Mittelmeer und Richtung Europa. Die Mutter landet mit den fünf Kindern und 15 anderen Frauen in einem einzigen Zimmer. In einem verfallenen Haus. Sie dürfen hier nicht mehr raus, wird ihnen eingeschärft. Einmal am Tag kommt ein junger Mann mit dem Motorrad und bringt Wasser und etwas zu essen. Meist ist es wieder Fladenbrot und Reis. Die Duschen und Wasserleitungen funktionieren nicht. Die Betten sind ungemacht und stinken. Wie viele darin schon geschlafen haben mögen – Miryam wagt gar nicht daran zu denken. Jetzt erst mal: ausstrecken. Ein wenig zur Ruhe kommen. Sie legt sich ihr Tuch vor die Nase, damit sie den Gestank nicht zu sehr riechen muss. Die Kinder schmiegen sich an die Mutter.

Libyen gilt heute als ein »failed state«, als ein gescheiterter Staat. Bis 2011 noch herrschte der Diktator Muammar al-Gaddafi. Aber seit dem Ende seines Regimes durch einen Bürgerkrieg und eine internationale Militärintervention wird das Land von Kämpfen rivalisierender Milizen erschüttert. Seit 2014 herrscht Bürgerkrieg. Auch die Terrormiliz IS kämpft um die Macht im Land. Dazu kommen die Geflüchteten zu Tausenden an, denn niemand kontrolliert sie in Libyen. Die dortige Ölindustrie könnte eine neue Einnahmequelle werden, nachdem die IS-Terroristen in Syrien und im Irak unter Druck geraten sind. Früher sorgte der grausame Diktator tatsächlich für Ordnung. Denn die EU zahlte ihm Millionen Dollar, damit er Flüchtlinge, die sein Land erreicht hatten, mit zweifelhaften Methoden von der Küste fernhielt. Manche der Flüchtlinge fanden Arbeit, etwa als Gärtner oder Haushaltshilfe. Viele Libyer konnten sich das leisten, auch dank des Geldes, das die Erdölreserven des Landes erbrachten. Doch jetzt ist Gaddafi tot, und die Grenzen sind offen. Für alle.

Vor diesem chaotischen Hintergrund ist es leicht für die Schleusermafia, Hunderttausende Migranten für Tausende von Dollars durch die Wüste und dann auf die Boote zu verfrachten. Das Netzwerk ist unglaublich erfolgreich, fein verästelt und macht, so alle Fachleute, heute mehr Umsatz als der bisherige weltweite Waffenhandel oder das Geschäft mit Drogen. Vor allem deshalb, weil die Migranten die Schleuser als Helfer, als Freunde, als unabdingbare Unterstützer betrachten, um die Flucht zu überstehen. Kein Migrant will und wird je einen

Schleuser verraten. So unmenschlich sie sich auf der Fluchtroute auch verhalten mögen. So gewalttätig sie die Flüchtlinge in überladene Boote zwingen und dann dort ihrem Schicksal überlassen. Die Schleppermafia ist der wahre Gewinner dieser Migrantenflut.

Während Miryam versucht, ihre Kinder bei Laune zu halten, sich nicht über die katastrophalen hygienischen Verhältnisse aufzuregen, laufen Nacht für Nacht vor der Küste Libyens kleine Fischerboote aus. Mit zwanzig, dreißig Flüchtlingen an Bord, die dann weiter auf See auf die größeren Kutter treffen. Einhundert, zweihundert Menschen steigen dann um, lassen sich klaglos auf engstem Raum zusammendrängen und angeblich sicher nach Italien bringen. Die Regierung in Tobruk stimmt ja inzwischen der EU zu und will in einem »positiven Dialog« den Flüchtlingsstrom stoppen. Aber diese Männer in der vermeintlichen Regierung sind nicht wirklich handlungsfähig. Will die EU wirklich etwas erreichen, müssen sie auch mit den Machthabern in Tripolis verhandeln. Was noch schwieriger ist. Denn die Kämpfe in Bengasi, einer anderen Hafenstadt, und in Tripolis nehmen zu. Die EU-Mission, gedacht zur Stärkung des Grenzschutzes in Libyen, muss sich darum ins benachbarte Tunesien zurückziehen. Der Einsatz gegen die Schlepper in Libyen ist also erst mal gescheitert. Von einer libyschen Unterstützung ist nicht mehr die Rede. Freie Fahrt für Schlepper und Flüchtlinge. Miryam kann das nur recht sein.

Libyen. Zahlen, Daten, Fakten

- Libyen liegt am Mittelmeer und grenzt im Osten an Ägypten und den Sudan, im Süden an den Niger und den Tschad und im Westen an die Maghreb-Staaten Tunesien und Algerien
- Nach dem Ende des Gaddafi-Regimes durch einen Bürgerkrieg und

eine internationale Militärintervention erschütterten rivalisierende Milizen das Land
- Die beiden Allianzen der offiziellen Regierung sowie die Terrororganisation »IS« kämpfen um die Macht im Land
- Hauptstadt ist Tripolis (von Amts wegen), Tobruk ist Parlamentssitz, al-Baida ist Regierungssitz
- Das Land hat sechs Millionen Einwohner
- 85 Prozent des Landes nimmt die Wüste Sahara ein
- 30 Prozent der Bevölkerung sind unter 15 Jahre alt
- Islam ist Staatsreligion
- Das Land war bisher verhältnismäßig frauenfreundlich, aber in den letzten Jahren nimmt die Verschleierung der Frau zu
- Libyen hat das höchste Pro-Kopf-Einkommen des afrikanischen Kontinents
- Libyen hat die größten Erdölreserven Afrikas
- Es besteht allgemeine Schulpflicht bei kostenlosem Unterricht für Sechs- bis 15-Jährige
- Die Analphabetenrate der Frauen liegt bei 29 Prozent, die der Männer bei acht Prozent
- Universitäten gibt es u. a. in Tripolis und Bengasi
- Die Vereinten Nationen sehen Libyen seit 2015 kurz vor einem wirtschaftlichen Zusammenbruch

## *Weder Miryam noch die Kinder können schwimmen*

Miryam hat auf den Rat der Freunde in Syrien hin ihre Flucht in diese Jahreszeit gelegt: auf Ende September. Noch nicht die Zeit der schweren Herbststürme auf dem Mittelmeer. Aber auch nicht mehr zu heiß in der Wüste. Was sich als Gerücht erwiesen hat. Doch die Meeresroute zwischen Nordafrika und den italienischen Inseln gilt in dieser Zeit tatsächlich als vergleichsweise ruhig. Anders als die Überfahrten von der Westküste der Türkei auf die griechischen Inseln. Da schlagen die Wellen höher, da ist die Gefahr des Kenterns viel größer. Das alles hat Miryam bereits in Damaskus erfahren, als sie die Flucht geplant hat. Jetzt weiß sie, dass sie wieder nachts abgeholt werden, sich im Dunkeln im dichten Gehölz am Strand verstecken müssen, damit sie die libyschen Polizeipatrouillen nicht finden. Ganz leise müssen sie sein, das erklärt sie auch den beiden Kleinen immer wieder. »Der Schlepper sagte, die Überfahrt dauert nur eine Nacht und zwei Tage«, erzählt sie mir später in Deutschland. Alles nicht wahr. Es sind schließlich 320 Kilometer bis Lampedusa. Übers Meer ... Am Strand Garabulli schützen sandige Hänge und dichtes Gestrüpp die Flüchtlinge vor den Blicken der Patrouillen draußen vor der Küste. Es ist die italienische Marine, die hier vor der Küste Streife fährt und Boote aufbringt. Aus Angst vor einer Verhaftung durch die Italiener überlassen inzwischen viele Schlepper ihr Boot sogar von Anfang an ganz den Flüchtlingen.

Aber nicht so bei Miryam und ihren Kindern. Einmal mehr kommt alles anders als geplant. Erst muss sie noch mal zahlen: 2500 US-Dollar für die Überfahrt. »Das hier ist jetzt ganz sicher, keine Angst«, schwört der Mann, der ihr das Geld abknöpft. Wird das letzte Geld noch bis Europa reichen? Sie muss ihm noch einhundert Dollar geben für die Verpflegung auf dem Schiff: Brot, Thunfischdosen und Milch für die Kinder soll es geben. Um zwei Uhr kommt der Bus, sagt er noch und zieht wieder ab. In diesem Milieu verabschiedet man sich wohl nicht, denkt die allein reisende Mutter. Sie wird ihn sowieso nicht wiedersehen. Wieder so ein Mann, wie überhaupt das ganze Geschäft ein Männergeschäft ist. Frauen tauchen dabei überhaupt nicht auf.

Mehrere Busse sind es, die vor dem verfallenen Haus halten. Schnell, schnell müssen sie alle einsteigen. Überwiegend Frauen aus Miryams Haus. Die Männer sind schon aus anderen Häusern abgeholt worden. Es ist kalt am Strand. Sie ducken sich in die pikenden Sträucher. Miryam hält Amir fest im Arm. Er zittert und hat Angst. Im Dunkeln tauchen Gestalten auf. Scheuchen sie auf kleine Fischerboote. Sie stolpern, fallen in den Sand. Aber der ist wenigstens weich. Durch das flache Wasser waten sie zu den kleinen Schiffen, steigen hinein. Der libysche Fischer wirft den Außenbordmotor an und tuckert hinaus auf das dunkelschwarze Meer. Miryam und den Kindern wird ganz schlecht. Angst packt sie, schnürt ihnen die Luft ab. Sie waren alle noch nie auf einem See, geschweige denn auf dem Meer. Sie können alle nicht schwimmen. Von Schwimmwesten war auch nie die Rede bei den Männern. Denn: Es gibt schlicht keine. Die Schleuser haben nur immer wieder versichert: »Alles wird gut, es ist total sicher.«

Nach bereits zehn Minuten erreichen sie ein größeres Schiff. Über eine Strickleiter müssen sie hinaufklettern an Bord. Jetzt weint Amir. Bis zu diesem Augenblick hat er sich mit seinen fünf Jahren unglaublich tapfer gehalten. Ein großer Mann nimmt ihn auf seinen Arm und klettert die Leiter mit ihm zusammen nach oben. Unten steht noch Miryam und holt tief Luft. Jetzt sie, als Letzte. Die Männer sind alle schon oben, die Kinder sowieso. Oben angekommen, sieht sie sich an Deck um. Da kauern mit Sicherheit 300 Menschen im Dunkeln. Geduckt, ängstlich, frierend. Einige versuchen sich gegenseitig zu wärmen. Miryam sucht einen windgeschützten Platz an der Reling. Sie zieht die Kinder um sich herum fest heran. Das beruhigt sie ein wenig. Der große, dunkelhaarige Mann in der Kajüte wirft den Motor an, sie tuckern los. Noch weiter hinaus aufs Meer. »Zwei Nächte und drei Tage waren wir unterwegs«, mehr will Miryam später nicht von dieser Reise auf dem Mittelmeer erzählen. Nicht mehr von ihrer panischen Angst sprechen, als der vermeintliche Kapitän angeblich die Route nicht mehr weiß. Als der Motor ausfällt, immer mehr Wasser ins Schiff hineinläuft. Als ihnen allen das Wasser bis zu den Schultern reicht.

Die meisten Flüchtlinge hatten ihre Handys vor der Fahrt abgeben müssen. Jetzt kann sich keiner der Flüchtlinge an eine Rettungsstelle wenden, einen Notruf senden. Miryam war sich sicher, dass sie und die Kinder jetzt sterben würden. Amir hält sie fest in ihren Armen, später setzt sie ihn auf ihre Schultern. Damit er nicht als Erster ertrinkt. Im letzten, allerletzten Moment, sagt sie heute, kommt Rettung. In Gestalt eines Öltankers. Der holt mit seiner Besatzung alle 300 Menschen zu sich an Bord. Die Italiener, »es waren Italiener, denn wir bekamen alle Pasta zu essen«, geben ihnen so viele Decken, wie sie auftreiben können. Sie füttern sie, räumen die eigenen Kajüten für Frauen und Kinder. Miryam kann es gar nicht fassen. Gerettet, überlebt, alle fünf Kinder und sie. Auf der italienischen Insel Lampedusa gehen die sechs von Bord des Schiffes. Voller Dankbarkeit für die Rettung. Sie werden von der italienischen Polizei in Empfang genommen. Nicht gerade sehr freundlich. Aber, viel wichtiger ist: Sie leben alle.

Denn allein 2015 haben über 3000 Menschen diese Überfahrt nicht überlebt. Sie wurden von der italienischen Küstenwache als Leichen geborgen. Wie viele dazu in Libyen angeschwemmt wurden – darüber gibt es keine Zahlen. Nur zerschrammte, schwarze Gummiboote, die zu Hunderten in den großen und kleinen Häfen an der 1800 Kilometer langen Küste dahindümpeln. Als Zeichen für die missglückten Überfahrten. Dort fehlt der Motor, da liegt eine der seltenen Schwimmwesten. Doch keine Spur der Menschen aus Syrien, Eritrea, Somalia oder Nigeria. Das sind die Länder, aus denen die meisten Flüchtlinge in Libyen stammen. Nur wenige persönliche Habseligkeiten bleiben manchmal in den Booten zurück: Pässe, Ausweise, Handys, Geldscheine, ausgeblichene Fotos der Familien. Alles Beweise, dass die Menschen nicht überlebt haben. Denn welcher Überlebende würde diese lebenswichtigen Utensilien zurücklassen?

So weit die abenteuerliche und gefährliche Fluchtgeschichte der Syrerin Miryam und ihrer fünf Kinder bis hierher. Bis Lampedusa hat sie die Flucht mit ihrer Familie ab Kafer Sosseh vor den Toren von Damaskus insgesamt rund 13 000 Euro gekostet. Wie es für sie und ihre Kinder weitergeht, wie sie es schafft bis nach Deutschland und nach Hamburg – lesen Sie später im zweiten Teil ihrer Geschichte.

## *Die Lage der syrischen Frauen*

Bis zu Kriegsbeginn besaßen Frauen in Syrien eigene Rechte. Sie waren bessergestellt als in vielen der anderen arabischen Staaten, die sie umgeben. Dennoch war vor dem Konflikt die Beteiligung von Frauen am Erwerbs- und Wirtschaftsleben sehr niedrig. 2010 waren nur knapp 20 Prozent der syrischen Frauen erwerbstätig, die meisten gaben ihre Karriere nach der Heirat auf. Wie auch in anderen Ländern des Nahen Ostens und Nordafrika hatte sich die Zahl der Mädchen, die zur Schule gehen, zwar in den letzten Jahrzehnten erhöht. Eine größere Beteiligung von Frauen am Erwerbsleben folgte daraus jedoch nicht. Grund dafür ist vor allem ein weiterhin von patriarchalischen Strukturen geprägtes Familien- und Gesellschaftsbild. Laut der syrischen Verfassung genießen Frauen in Syrien zwar dieselben Rechte wie Männer. Aber der Notstand, der 1963 ausgerufen wurde, setzte dem Grenzen. Erst als Präsident Baschar al-Assad 2011 nach wochenlangen Protesten die geltenden Notstandsgesetze formell außer Kraft setzte, änderte sich auch wieder die Rechtssituation für Frauen.

Allerdings blieb es schwierig für syrische Frauen, sich über rechtliche Wege gegen unterdrückende und diskriminierende Gesetze zu wenden. Frauen durften zwar Geschäfte eröffnen, ihr eigenes Geld verdienen, Eigentum besitzen. In der Realität jedoch führten sozialer Druck, mangelndes Selbstbewusstsein und fehlende Ausbildung dazu, dass Frauen die soziale und wirtschaftliche Kontrolle in die Hände männlicher Familienmitglieder abgaben.

Die Rechte der Frauen unterschieden sich zudem schon vor dem Krieg je nach Region. In den Städten konnten Frauen ohne Probleme studieren und anschließend arbeiten. Trotz der männlichen Machtstrukturen in der Familie. Denn der Vater – und später der Ehemann – hatte unverändert in vielen Belangen das Sagen. Dennoch herrschte in manchen Bereichen Freiheit. Wenn auch nicht eine wirkliche Autonomie über das eigene Leben. In den Dörfern Syriens dagegen verfügte der Großteil der Frauen nur über ein Minimum an Selbstbestimmung. Aber Mädchen gingen zur Schule. So können als Folge davon 81 Prozent aller syrischen Frauen über 15 Jahren lesen und schreiben. Die Analphabetenrate ist bei den jungen Menschen zwischen 15 und 24 Jahren mit 5,5 Prozent relativ gering. Denn diese jungen Männer und Frauen sind in der Zeit nach Einführung der allgemeinen Schulpflicht herangewachsen. Englisch lernten sie in den städtischen Schulen bis zum Kriegsbeginn bereits ab der 1. Klasse. Das hilft gerade den Frauen heute in dieser Krise weiter. Denn inzwischen sind durch den Krieg in Syrien viele Frauen zu den Haupternährerinnen ihrer Familien geworden. Weil so viele Ehemänner, Väter oder Brüder in den Kämpfen ihr Leben gelassen haben. Allerdings wirkt sich jetzt im Krieg die unaufhörlich andauernde Gewalt dramatisch gerade auf die Frauen aus. Vergewaltigungen als Kriegswaffe sind an der Tagesordnung, berichtet unter anderem Human Rights Watch bereits 2014. Zudem wächst der Druck auf die Frauen, sich nach strengen Scharia-Normen zu verhalten. Vor allem in den Regionen, in denen sich Rebellengruppen wie die Hisbollah und die Al-Nusra-Front fast wie die Dschihadisten aufführen. Die Ehre der Familie darf keinesfalls beschmutzt werden. So schwinden in diesem Krieg die Frauenrechte.

Wenn dennoch mutige Frauen weiterhin sichtbar in der Öffentlichkeit agieren, erleben sie Druck und Verurteilungen. Von der einstigen liberalen Verfassung der syrisch-arabischen Republik, die allen Geschlechtern gleiche Rechte garantierte, ist nicht mehr viel übrig geblieben. Der 47-seitige Bericht von Human Rights Watch über 17 geflüchtete syrische Frauen und ihre erlebten Menschenrechtsverletzungen ist ein bitteres Zeugnis dieser Entwicklung. Es belegt, dass Frauen in Syrien sowohl von den Regierungs- als auch von den Oppositionskräften gleichermaßen bedroht, willkürlich verhaftet, festgehalten und gefoltert werden. Die befragten Frauen wurden körperlich misshandelt und gequält, sie wurden zudem in ihrer Kleidungs- und Bewegungsfreiheit dramatisch eingeschränkt. »Frauen werden von der Brutalität des Syrienkonfliktes nicht verschont, obwohl sie keineswegs passive Opfer sind«, so schreibt Liesl Gerntholtz, Leiterin der Frauenrechtsabteilung von Human Rights Watch. Und weiter: »Denn Frauen übernehmen immer mehr Verantwortung, freiwillig oder aufgrund der Umstände, und dafür sollten sie nicht mit Einschüchterung, Verhaftung, Misshandlung oder gar Folter bezahlen.«

*Bilanz des Grauens: Die größte*
*Flüchtlingskrise des 21. Jahrhunderts*

Der Krieg in Syrien ist die größte Flüchtlingskrise seit einem Vierteljahrhundert, resümiert der UNHCR. Denn die Zahl der Flüchtlinge, die aus dem Kriegsgebiet in die Nachbarländer geflohen sind, hat die Vier-Millionen-Marke überschritten. Zudem sind innerhalb Syriens bis Ende 2015 rund acht Millionen Menschen auf der Flucht gewesen. Viele von ihnen retteten sich in Regionen, die schwer zu erreichen sind.

Syrische Flüchtlinge sind im Detail wie folgt registriert:

- 1 805 255 in der Türkei
- 249 726 im Irak
- 629 128 in Jordanien
- 132 375 in Ägypten
- 1 172 753 im Libanon
- 24 055 an verschiedenen Orten in Nordafrika[10]

Insgesamt wurden von Syrern im Jahr 2015 in der EU 1 294 000 Asylanträge gestellt. Über 476 000 davon allein in Deutschland.

Auch wenn in den letzten Wochen des Jahres 2015 der Eindruck entstanden sein mag, dass der Großteil der Flüchtlinge Ungarn und Österreich nur als Transitland nach Deutschland nutzen – so stimmt das nicht ganz. Denn viele bleiben auch in Ungarn und Österreich. Zwar nimmt Deutschland in Europa in absoluten Zahlen die meisten Flüchtlinge auf. Aber im Verhältnis zur Landesbevölkerung liegen Ungarn und Österreich sogar vor Deutschland, d. h., gemessen an ihrer Einwohnerzahl nehmen diese Länder mehr Flüchtlinge auf als Deutschland. Die Spitze hält bis Ende des Jahres 2015 unverändert Schweden.

## Die Not der Kinder – Syriens verlorene Generation

»Wir sollten innehalten und uns fragen, ob wir weiterhin die Kinder Syriens ihrem Schicksal überlassen können«, sagt Anthony Lake, der Exekutivdirektor von UNICEF.[11] Nicht nur er ist der Meinung, dass es die Weltgemeinschaft in diesem fünfjährigen Krieg bisher versäumt hat, Verantwortung für die Kinder zu übernehmen. Es geht um das Überleben und Wohlergehen einer ganzen Generation von unschuldigen Menschen. Die ihre Heimat, ihre Familie und ihre Zukunft verloren haben.

Selbst nach geglückter Flucht in ein anderes Land bleiben sie traumatisiert und meist zutiefst verzweifelt. Das betrifft die mindestens 2,2 Millionen syrischen Kinder und Jugendlichen, die vor den Grausamkeiten des Konfliktes ins Ausland geflohen sind. Die Zahl der betroffenen Kinder in Syrien selbst ist um vieles höher. Über sie wird kaum noch berichtet, weil sich Journalisten und Blogger, Fotografen und Reporter bei ihren Recherchen zunehmend in Lebensgefahr begeben. Dabei existiert in Syrien auch noch eine Zivilbevölkerung, die allerdings durch die langen Kriegshandlungen immer mehr auf humanitäre Hilfe angewiesen ist. Viele leben zudem in unerreichbaren Regionen. Dort haben nur 40 Prozent noch Zugang zu halbwegs sauberem Trinkwasser. Viele können sich dort nur einmal am Tag Nahrung beschaffen, wenn überhaupt. Acht Millionen Menschen, so schätzt das UNHCR, werden es niemals als Flüchtende ins rettende Ausland schaffen. Die Hälfte von ihnen sind Kinder.

# BUCH 2

## Türkei

*Auf der Suche nach den vergessenen Frauen und Kindern in den Flüchtlingslagern im Osten der Türkei*

Das nächste Kapitel im Flüchtlingsdrama spielt im Nachbarland Syriens, in der Türkei. Dort sind bisher geschätzt 2,8 Millionen Flüchtlinge untergekommen, 64 Prozent kommen aus Syrien. Scheinbar klaglos. Davon ist ein Teil registriert, aber viele sind illegal in diesem großen Land zwischen Europa und Asien. Seitdem heißt es nicht nur in Deutschland, sondern auch in Brüssel in der EU-Zentrale: »Der Schlüssel zur Lösung der Flüchtlingskrise liegt in der Türkei.« So, als könnte man etwas tun, als gebe es eine Lösung außerhalb der EU-Grenzen. Die Türkei quasi als Pufferzone gegen die flüchtenden Menschen. Zwei Drittel kommen aus Syrien, der Rest aus Afghanistan und dem Irak. Von dort sind es überwiegend Kurden und Jesiden. Tatsache ist dabei: Die geflüchteten Männer, Väter, Söhne und Brüder versuchten noch 2015, die Türkei so schnell wie möglich wieder zu verlassen. Auf dem Weg über das Mittelmeer nach Griechenland oder über die Balkanroute. Ziel: Europa. Vor allem: Deutschland. Das ging auch den ganzen Winter 2015/2016 so weiter. Bis zu 2 000 Flüchtlinge kamen jeden Tag auf einer der griechischen Inseln an – bei Nacht und oft stürmischer See abgefahren an der türkischen Westküste. Die Türkei, Europa und die Welt – alle sehen zu.

Was geschieht dabei mit den zurückgelassenen Frauen und Kindern? Bis zum Januar 2016 hat darüber keiner gesprochen, kaum jemand ihre Geschichte erzählt. Erst als im ersten Monat dieses Jahres mehr Frauen und Kinder in den Gummibooten saßen, als je in Passau registriert wurden, da horchten einige in Deutschland auf. Ich habe mich schon länger gefragt: Wo sind sie, die Frauen der flüchtenden Männer? Die Mütter und Großmütter der unbegleiteten Jugendlichen? Also ist mein erstes Ziel der Osten der Türkei. Dort, wo entlang der syrisch-irakischen Grenze die Flüchtlingslager aufgebaut worden waren. Schon 2014, als die Türken noch hofften, dass der Krieg in Syrien schnell wieder zu Ende gehen würde und die Flüchtlinge wieder heimziehen in ihre Dörfer und Städte. Darum wurden die Lager möglichst nah an der verlassenen Heimat errichtet. Aber das funktionierte nicht. Der Krieg dauert 2016 im sechsten Jahr an. Sechs Jahre Lagerleben. Sechs Jahre bittender Flüchtling sein. Angewiesen auf die Barmherzigkeit anderer. Wie mag es den Menschen dort ergehen? Und: Sind dort tatsächlich überwiegend Frauen und Kinder?

Ich mache mich also auf nach Diyarbakir, in die 1,6 Millionenstadt im Osten der Türkei. Mitten hinein in das berühmte frühere »Wilde Kurdistan«, das jeder Karl-May-Leser kennt. Von Istanbul sind es noch mal fast zwei Stunden Flug über das Land. Erst entlang der unglaublich langen Schwarzmeerküste, dann über karge Steppenlandschaften. Da wächst nicht viel, kaum grün, nur grau. Mäandernde trockene Flusstäler, baumlose Bergketten. Mein Wetteranzeiger auf dem iPad zu Hause hat mir die September-Durchschnittstemperatur in Diyarbakir mit 38 Grad angezeigt. Ich werde bald merken, dass das bei Weitem nicht stimmt.

Wie schon auf meinen Recherchen in Afghanistan für das Buch *Wo Frauen nichts wert sind* reist Peter Müller als Fotograf mit mir. Wir sind jetzt schon ein eingespieltes Team. In der Abendsonne erleben wir eine sanfte Landung, es ist ein kleiner, unscheinbarer Flughafen. Alles geht schnell, auch die Fahrt ins Hotel. Der Kurde Mansur holt uns ab, er wird auch die nächsten Tage unser Fahrer sein. Das Hotel liegt innerhalb der pittoresken sechs Kilometer langen berühmten Basaltmauer der Römer. Zwischen Moscheen und Kirchen, umgeben von kleinen und großen Geschäften. Gleich sehen wir die berühmten gigantischen Wassermelonen. Die größte sei angeblich 50 Kilogramm schwer gewesen. Der Tigris, der sich im Osten um die Stadt schlängelt und ein großes Tal bewässert, sorgt für das Wachstum dieser erfrischenden Früchte.

Per WhatsApp kann man tatsächlich in allen Ländern der Welt kostenlos telefonieren. Und jeder sei bei WhatsApp, behauptet jedenfalls Peter Müller. Und wirklich: Ich erreiche Feray, die Übersetzerin, mit der wir uns am nächsten Tag um 10 Uhr zur Fahrt in das erste Flüchtlingslager treffen werden. Bis jetzt klappt alles prima. Wir sind zufrieden und fallen müde ins Bett. Erfreulicherweise haben alle Zimmer Klimaanlagen, denn noch am späten Abend sind es 39 Grad … Wie hoch mag das Thermometer wohl am nächsten Mittag in den Lagern steigen?

Türkei. Zahlen, Daten, Fakten

- Die Türkei hat 74,9 Millionen Einwohner
- Regierungsform: parlamentarische Demokratie
- 2,8 Millionen aufgenommene Flüchtlinge
- Das Land erstreckt sich über zwei Kontinente: Das westliche Anatolien nimmt 97 Prozent der Fläche ein, das östliche Thrakien umfasst die restlichen drei Prozent der Landesfläche
- 99,8 Prozent der Bevölkerung sind Muslime, vor allem Sunniten, 15 bis 20 Prozent sind Aleviten
- Das BIP beträgt rund 851,4 Milliarden US-Dollar
- Die Jugendarbeitslosigkeit liegt bei rund 20 Prozent

- 42 Prozent aller türkischen Frauen leiden unter häuslicher Gewalt, obwohl vor dem Gesetz Frauen und Männer gleichgestellt sind
- Seit Mitte der 1980er-Jahre bestimmt der Kurdenkonflikt die Innenpolitik
- Etwa 18 Prozent der Bevölkerung sind Kurden, sie gelten weltweit als die größte Bevölkerungsgruppe ohne eigenen Staat
- Nach einer ersten Annäherung mit Syrien kam es im Zuge des syrischen Bürgerkrieges zu einer dramatischen Verschlechterung der Beziehungen zwischen den beiden Regierungen
- Die Türkei forderte den syrischen Präsidenten Baschar al-Assad mehrfach zum Rücktritt auf
- Seit Mai 2012 werden Kämpfer der syrischen Opposition vom türkischen Geheimdienst trainiert und bewaffnet
- Die Pressefreiheit ist in der Türkei stark eingeschränkt, in der Rangliste der Pressefreiheit rangiert die Türkei derzeit auf Platz 149, hinter dem Irak und Myanmar

## Auch hier helfen Frauen Frauen

Am ersten Morgen machen wir erst bei Kardelen, einem Zentrum für Frauen und Kinder, unseren Antrittsbesuch. Denn Kardelen hat mir bei der Reiseorganisation geholfen, hat mir eine Übersetzerin genannt und ein Hotel empfohlen. Die Chefin heißt Mukaddes, sie hat uns bereits im Flüchtlingslager angekündigt. Wie ich es schon bei der Recherche zu meinem Buch *Wo Frauen nichts wert sind* in Afghanistan und im Ost-Kongo erlebt habe, sind es auch hier im Osten der Türkei die Frauen, die sich um Menschen in Not kümmern. Hier sind es die kurdischen Frauen und ihre Organisationen.

Mukaddes erklärt uns vor dem Besuch im Flüchtlingslager, dass wir uns über die Zurückhaltung der Frauen dort nicht wundern sollen. Die christlichen Jesidinnen aus den nordirakischen Gemeinden rund um Mossul lebten jetzt zwar hier in der Türkei. Aber sie hätten große Angst vor den Muslimen. Zu denen seien sie zwar in ihrer Not geflohen, aber ihre Furcht sei allgegenwärtig, so Mukaddes. Denn von Generation zu Generation wird die Geschichte des grausigen Genozids an den Jesiden vor 100 Jahren weitergegeben. Dazu komme, dass ihnen die einst friedlichen kurdischen Nachbarn im Nordirak und im Norden Syriens nicht gegen die Angriffe der IS-Terrormiliz geholfen hätten. Keiner der Kurden dort habe ihnen zur Seite gestanden, sie verteidigt oder gar versteckt, als die Terroristen eingefallen seien in ihre Dörfer. Das werde ich später auch noch von vielen der Mütter und Töchter hören. Vor ihren Augen haben diese fanatischen Dschihadisten ihre Männer und Söhne umgebracht. Das Schlimmste sei für sie aber gewesen, die Toten zurücklassen zu müssen. Sie nicht ordentlich begraben zu können. Ihnen nicht den so wichtigen letzten Respekt erweisen zu dürfen. Wir begreifen, wie sehr sich hier Vergangenheit und Gegenwart für die jesidischen Frauen vermengen.

Feray übersetzt sensibel und freundlich. Und die engagierte Leiterin des kurdischen Frauennetzwerkes Kardelen wünscht uns beim Abschied noch viel Glück für unsere Begegnungen. Noch einmal sagt sie voller Ernst, dass keine der Frauen und keines der Mädchen, vor allem aus religiösen Gründen, von ihren persönlichen Erlebnissen, über die erlittene Gewalt und die Vergewaltigungen sprechen werde. Da solle ich erst gar nicht nachfragen. Das sei sinnlos.

Wir fahren hinaus aus Diyarbakir, Richtung Süden. Am Anfang entlang des Tigris. Nach 30 Minuten erscheint auf einem großen Areal eine graue Zeltstadt, umgeben von aufgerolltem Stacheldraht. Zwei Männer schieben das lockere Tor auf, wir sind angemeldet und können unverzüglich weitergehen. Vor einem Jahr, gleich nach den ersten Angriffen auf die nordirakischen Städte und Dörfer, seien es 7000 Menschen gewesen, die hier im Lager Fidanlik Zuflucht gefunden hätten. Heute sind es »nur« noch 4500. Untergebracht in großen Armeezelten, aber auch in hölzernen Hütten ohne Wände. Denn da zieht im brütend heißen Sommer eher ein leichter Wind hindurch. Angenehmer zum Schlafen. Alles wirkt stabil und geordnet. Immerhin. Aber Flüchtlingslager bleibt Flüchtlingslager.

Die Türkei hat weltweit inzwischen viel Respekt erfahren für die zahlenmäßig immens großzügige Aufnahme syrischer Flüchtlinge. Die von der türkischen Regierung im Inneren des Landes errichteten Flüchtlingslager gelten im internationalen Vergleich als vorbildlich. Sogar die *New York Times* preist die Containerstädte als »perfekt«.[12] Doch längst nicht alle Flüchtlinge haben in diesen Lagern einen Platz gefunden. Dazu kippt nach nun fünf Jahren Krieg in Syrien die Stimmung. Die türkische Regierung fühlt sich alleingelassen, ist der Meinung, die Last der Flüchtlinge sei nicht fair verteilt. Ahmet Davutoglu, damals noch Premierminister in der Übergangsregierung und heute Ministerpräsident, schimpft gar, die internationale Gemeinschaft habe die Türkei als Pufferstaat »zwischen Chaos und Europa« im Stich gelassen. Das ist nicht ganz von der Hand zu weisen. Ankara betont zudem, bisher sieben Milliarden Euro für die Flüchtlinge ausgegeben zu haben.[13] Es gibt keinen Grund, diese Zahlen zu bezweifeln. Vor allem die sozialen Kosten schlagen zu Buche. So brodelt es unter den Türken, während die Flüchtlinge zum Teil unter erbärmlichen Bedingungen ihren Alltag fristen. Einen auf Dauer angelegten Status besitzen die Flüchtlinge nicht in der Türkei. Obwohl das Land bereits 1951 die Genfer Flüchtlingskonvention unterzeichnet hat. Aber der darin vorgesehene Flüchtlingsstatus und der damit verbundene internationale Schutz gilt durch die von der Türkei geschlossenen Zusatzabkommen nur für Europäer.[14] Und damit weder für Syrer, Afghanen oder Iraker. Sie können kein Asyl beantragen und bekommen in der Regel keine Arbeitserlaubnis. Dasselbe gilt für den Libanon und Jordanien.

Das ist bitter, vor allem, da laut UNICEF nur etwa 17 Prozent der Flüchtlinge in den Lagern und Camps leben. Der Rest haust in leer stehenden Gebäuden, Ruinen, verrotteten Häusern oder in überteuerten Zimmern und Apartments. Mit Großfamilien in kleinen Wohnungen auf engstem Raum. Oder sogar auf der Straße. Manche betteln, Frauen prostituieren sich. Andere verdingen sich als Tagelöhner oder Erntehelfer in der Landwirtschaft. Gegen einen Hungerlohn. Sie sind wesentlich billiger als die türkischen Arbeiter. Das bringt ihnen viel Feindschaft ein in der Bevölkerung.[15] So ist von der türkischen Willkommenskultur nach fünf Jahren nicht mehr viel übrig. Die Türken wollen ihre Flüchtlinge so schnell wie möglich wieder loswerden. Nur – wie? Die 25 bestehenden Lager sind bereits Ende 2015 voll.

Auch das Lager vor den Toren Diyarbakirs. Insgesamt, erfahre ich, sind es zwar nur noch 1 600 Jesidinnen, die hier übrig geblieben sind. Mit ihren Kindern. Auch hier sind die Männer, die Väter und Brüder »auf dem Weg«. Raus aus der Türkei. Der erste Eindruck im Camp: Es ist alles sehr aufgeräumt, sauber. Zwischen den Zeltreihen Steinfliesen, eng verfugt, damit das Gehen nicht so schwerfällt. Vor jedem Zelt liegen die Schuhe der Bewohner, wie sich das in diesen Ländern gehört. Innen drin liegen Teppiche, sauber gestapelte Decken, friedliche Kinder und viele Babys in kleinen Holzwiegen. Kein Geschrei oder Lamentieren. Die Frauen sitzen im Schneidersitz, mit hübschen Tüchern über ihrem Haar, irgendwo immer ein Kind an der Hand oder im Arm oder an die mütterliche Schulter gelehnt. So viele Frauen und Mädchen – und so wenige Männer. Und so viele erstaunlich blonde Kinder. Die schauen mich interessiert an. Eine Fremde, sichtlich keine Türkin. Auch mit hellem Haar. Was will die hier?

Ich werde mit unserer kurdischen Übersetzerin freundlich in ein Zelt gebeten. Der Fotograf muss draußen warten, Männer sind eher hinderlich, wenn eine Frau mit Frauen sprechen will. Wir lassen uns nieder auf den dünnen Schaumstoffmatten, die den Frauen und Kindern nachts als Matratzen dienen. Seve, die Jesidin, die uns freundlich hereingebeten hat, ist 42 Jahre alt. Stolz zeigt sie mir ihre acht Kinder: die erste Tochter gerade mal 18 Jahre, das jüngste Mädchen 11 Monate. Sie ist auf der Flucht zur Welt gekommen. Auf der Flucht vor den IS-Terroristen, die im August 2014 aus Syrien kommend ihre Heimatstadt nahe dem Sindschargebirge überfallen haben. Über 20 000 nordirakische Jesiden versuchten sich vor den Gräueltaten der IS-Milizen in die Berge zu retten, mussten tagelang bei größter Hitze ohne Wasser und Lebensmittel ausharren. Nur die kurdisch-irakischen Peschmerga-Einheiten kämpften damals gegen die Milizen. Aus der Luft unterstützt von der US-Luftwaffe – aber sonst von niemandem. Wochenlang waren die von den sunnitischen Extremisten verfolgten christlichen Jesiden von der Außenwelt abgeschnitten. Dazu standen sie unter dem permanenten Beschuss der IS-Terroristen, die versuchten, die Flüchtlinge einzukesseln und gefangen zu nehmen. Erst ein Schutzkorridor der Peschmerga-Soldaten, auch diesmal geschützt von US-Flugzeugen, rettete die verzweifelten Menschen. Die Soldaten brachten ihnen Wasser und Lebensmittel und damit das Leben.

Jetzt lebt Seve mit ihren Kindern, ihrer Schwägerin und der Schwiegermutter in diesem 15-Quadratmeter-Zelt der türkischen Armee. Seit über einem Jahr. Es ist heiß, 40 Grad draußen im Gelände, im Zelt selbst läuft der Ventilator. Aber er wirbelt auch nur die Luft durcheinander und verschafft nicht wirklich Kühlung.

Höflich ziehen wir unsere Schuhe vor dem Zelt aus. Fragen nach dem täglichen Leben hier, aber auch bald nach Seves Fluchtgeschichte. Es sprudelt nur so aus ihr heraus, wenn sie temperamentvoll von den Ereignissen vor einem Jahr erzählt. Wie sie alle, 20 Menschen und sie dazu noch hochschwanger, 25 Stunden zu Fuß geflohen sind, nur weg, Richtung Osten und dann nach Norden. Ihr Ziel: die nordirakische Grenze hinüber in die Türkei. Im Kopf immer noch die grausamen Bilder der geköpften Nachbarn, der getöteten Kinder. »Gekocht haben sie die«, erzählt sie mir und sieht mir dabei konzentriert ins Gesicht, so als wolle sie mir ihre Worte ins Gedächtnis einbrennen, »und dann haben sie uns gezwungen, diese Suppe zu essen.« Ich mag es nicht glauben. Mir wird ganz schlecht. Feray kann kaum noch übersetzen.

*Erst nach zehn Stunden öffnet sich die Grenze zur Türkei*

Was außerdem mit den jesidischen Mädchen der Nachbarn, der befreundeten Familien passiert sei, das übergeht sie. Das will sie mir nicht erzählen. Mukaddes hatte mich ja schon vorgewarnt, dass diese Geschichten tabu seien. Dass die Jesidinnen die Themen Gewalt und Vergewaltigung nicht ansprechen wollten. Seve erzählt eher harmlose Dinge: »Auf der Flucht haben wir dann mit unseren Kindern und Verwandten von kurdischen Nachbarn zwei Autos zur Verfügung gestellt bekommen.« Nur deshalb schafften es die Flüchtlinge bis zur türkischen Grenze. Dort ist erst mal Schluss. Die Türken lassen sie nicht rüber: »Erst nach zehn Stunden durften wir endlich über die Grenze in Sicherheit. Wir haben die ganze Zeit gezittert vor Angst.« Die Grenze öffnet sich plötzlich wie durch ein Wunder, erzählt Seve weiter. Von türkischen Grenzbeamten ist nichts zu sehen. Seve und ihre Familie landen im Lager von Fidanlik, 30 Autominuten südlich von Diyarbakir entfernt. Da sind sie noch heute. Da sitzen wir jetzt zusammen. In Sicherheit. Wenigstens das – aber auch nicht mehr.

Noch vor einem Jahr fanden hier 7000 jesidische Flüchtlinge nach den ersten Angriffen der IS-Terroristen Zuflucht, erzählt mir später am Nachmittag die Koordinatorin des Camps, Muzeyyen Anik Aydin. Viele von ihnen mussten bis zu 15 Tage an der türkischen Grenze ausharren. Ohne Nahrung, ohne Wasser. Über ihnen das permanente Donnern der Mörsergranaten. Einige wurden schwer verletzt, konnten sich nur mit Mühe nach der Öffnung der Grenze hierher in das Flüchtlingslager schleppen.

Das alles war eine immense Herausforderung für die freiwilligen Helfer. Betrieben wird das Lager von der Metropol-Stadtverwaltung von Diyarbakir. Sie stellt die Zelte zur Verfügung, sorgt für Verpflegung, Schulunterricht und medizinische Versorgung. Eine große Aufgabe. Die Jesiden haben hier auch deshalb Schutz gesucht, weil es eine sprachliche Verwandtschaft zur kurdischen Sprache gibt. Feray, unsere Übersetzerin, spricht alleine fünf kurdische Dialekte und kann sich darum gut mit den Jesidinnen verständigen. Ein zweiter wichtiger und mir immer wieder genannter Grund für die Flucht in den kurdischen Teil des Nachbarlandes und nicht in die Zentral-Türkei ist die Angst vor dem türkischen Staat. Im kurdischen Teil fühlen sie sich sicherer. Allerdings, das wird mir immer wieder klar: nicht wirklich sicher, nur eben: sicherer ...

Irgendwann komme ich im Gespräch mit Seve auf das Thema Männer. Wo ist ihr Mann? Wo sind all die anderen Männer abgeblieben? Wenn denn kein Geld vorhanden ist für eine Flucht und die Bezahlung der Schleuser? »Einige«, sagt Seve, und das erstaunt mich dann doch, »sind wieder zurück in den Irak.« Auch ihr Ehemann zum Beispiel, so erzählt sie, sei immer noch dort. Mehr weiß sie aber nicht. Oder sie will es mir nicht erzählen ... »Vielleicht kämpfen sie aufseiten der nordirakischen, kurdischen Peschmerga«, sagt sie noch ganz leise. So als sei das verboten. Doch es wäre mehr als verständlich. Es geht schließlich um ihre Heimat.

Neben all den erschütternden persönlichen Geschichten stellen mir alle Mütter in den Zelten eine Frage: »Warum lässt uns Europa nicht rein? Warum nur die Syrer?« Auch hier in der fernen Ost-Türkei verbreiten sich Nachrichten in Windeseile über das Internet. Jede Frau hier hat ein Mobiltelefon, es ist der lebensnotwendige Kontakt zur Außenwelt, zu den Angehörigen und Freunden, die noch zu Hause ausharren, vor allem aber zu den Männern und Söhnen auf der Flucht. Also stimmt es doch – manche haben sich auf den Weg nach Europa gemacht. Haben ihre Frauen und Kinder zurückgelassen. In der Hoffnung, dass sie sie eines Tage nachholen werden können. Nur wann? Und: Was ist bis dahin?

Hinzu kommt das tiefe Misstrauen der jesidischen Frauen gegenüber dem muslimisch-patriarchalen Umfeld hier. Das hat auch schon Mukkades erklärt. Seve wird richtig wütend: »Die muslimischen Kurden im Nordirak haben uns alle verraten, bewusst auf den falschen Fluchtweg geschickt, der uns dann geradewegs in die Arme der IS-Terroristen geführt hat.« Die Religion ist ein tief trennendes Element zwischen Jesiden und Kurden. Hier eine christliche Gemeinschaft, dort muslimische Gläubige. Alle hier im Lager erinnern sich noch des grauenvollen Genozids an der jesidischen Gemeinschaft vor nun einhundert Jahren, genau in dieser Region: im Osten der Türkei. So wollen auch die Frauen mit ihren Kindern so schnell wie möglich weg von hier. Am liebsten zurück »nach Hause«, wenn Frieden ist in Syrien. Das sagen sie mir immer wieder. Aber der scheint ferner denn je.

Eine von Seves Töchtern ist verschwunden, in den beiden Nachbarzelten links und rechts fehlen auch zwei Mädchen. »Sie sind wieder zurück in den Irak«, wird mir erklärt. Ich mag es nicht glauben. Frage nach: Warum sind ausgerechnet die Töchter wieder zurück in Gebiete, die von den IS-Terroristen bedroht werden? Sie seien krank im Kopf, erfahre ich später. Die IS-Kämpfer hätten ihnen wohl Drogen gegeben, die sie vollkommen verrückt gemacht haben. Mehr sagen die Frauen nicht. Seve zieht ihr hübsches dunkelrotes Kopftuch noch ein wenig fester über den Kopf. Schaut dabei in die Ferne. Da ist großes Schweigen ...

> **Der jesidische Glaube**
>
> In Deutschland leben etwa 35 000 bis 40 000 Jesiden. Weltweit sind es 200 000 bis 800 000. Das Jesidentum ist eine monotheistische Religion, die nicht auf einer heiligen Schrift beruht. Sie verehren die Natur als höchstes Gut und sind seit dem Ende des Irakkrieges 2003 Zielscheibe fundamentalistischer Muslime geworden. Al-Qaida in Mossul hatte in einer Fatwa verboten, Jesiden Essen zu geben. Hunderte Menschen verhungerten daraufhin. Die Terrorgruppe Islamischer Staat betrachtet Jesiden als Ungläubige und verfolgt und ermordet sie. Für sie ist das Jesidentum eine »heidnische Religion aus vorislamischer Zeit«[16], und darum seien deren gefangene Frauen und Mädchen legal zur Sklaverei freigegeben.
> Rund 7 000 Jesiden konnten nach den Überfällen des IS aus Syrien und dem nordirakischen Sindschar-Gebirge in die Ost-Türkei fliehen. Dort stecken bis heute noch 4 500 Jesiden in verschiedenen Flüchtlingslagern fest.

## *Sklavenhandel im 21. Jahrhundert*

Im Zelt gegenüber lebt die 30-jährige Sari. Ihre 11-jährige Tochter Eydan hat uns bis jetzt schon zugehört, lehnte ein wenig verloren am Zelteingang. Jetzt zieht sie mich mit der Übersetzerin zu sich hinüber, zu ihrer Familie. Zwei Frauen sitzen auf einem aus Holzbrettern gezimmerten Bett, die anderen auf dem Boden. In einer Holzwiege liegt ein Baby. Ich frage nach dem Alter des Babys, wie sie hier leben, was sie so den ganzen Tag machen. Aber als ich mich nach einiger Zeit erkundige, ob ihr Mann auch zurück in den Irak sei, scheine ich einen sehr schmerzlichen Punkt zu treffen. Denn plötzlich beginnen die Mutter und ihre Töchter verzweifelt zu weinen, die Tränen sind nicht mehr zu stoppen. Ich krame nach Papiertaschentüchern in meinem Rucksack, Peter Müller, der draußen wartet, reicht uns eine ganze Packung herein. Ich schäme mich, dass ich den Ausbruch dieses Leides, diesen Kummer durch eine vermeintlich sachliche Frage angestoßen habe. Später erfahre ich, dass der Vater Soldat gewesen ist und auf der Flucht von IS-Terroristen getötet wurde. Aber nicht nur er, sondern auch der jüngste Sohn und dazu, als ob es noch nicht genug Tote in dieser Familie seien, der Zwillingsbruder der 16-jährigen Viyan. Wie konnten sie und die anderen Frauen überhaupt entkommen? Das wissen sie bis heute nicht mehr. Geschüttelt vom Grauen der Erinnerung, umschlingt Eydan immer wieder ihre verzweifelte Mutter. Es ist kaum auszuhalten. Und immer wieder zwischen den Schluchzern der Satz: »Wir wissen nicht, was wir tun sollen, der Winter kommt, wie geht es für uns weiter?«

Viel später, nachdem die Tränen ein wenig getrocknet sind, erzählt Sari von den gekidnappten Mädchen. Von ganz anderen, klar. Aber so präzise, als ginge es um eine ihrer Töchter. Sie berichtet stockend, wie diese Mädchen im Internet verkauft werden. Je jünger, desto teurer. 20 Dollar für eine 16-Jährige, das ist der Preis. Ein Mädchen, erzählt sie mir noch, sei von den IS-Terroristen gezwungen worden, ihre Eltern anzurufen. Und habe ihnen genau erzählen müssen, was diese »Barbaren«, so Sari, mit ihr alles getan haben. Sie hätten sie eingesperrt, oft tagelang ohne Wasser oder Nahrung darben lassen, immer wieder brutal vergewaltigt. Jetzt, so Sari, stehe dem Mädchen die Eheschließung mit einem der IS-Terroristen bevor. Wenn sie nicht zustimmen würde, dann würden sie das Mädchen entweder verkaufen oder töten. Sari bricht dabei immer wieder schluchzend zusammen. Wie können Menschen so viel Leid ertragen? Ich bin mir bald ganz sicher: Sie erzählt tatsächlich die Geschichte einer ihrer Töchter.

Im Nordirak hat sich durch die IS-Kämpfer ein regelrechter Sklavenmarkt entwickelt. Arabische und auch kurdische Händler kaufen die entführten Mädchen und Jungen. Sie nennen es »befreien«. Dann verkaufen sie sie wieder. Diesmal an ihre Familien. Mädchen wie auch Jungen. Die IS-Terroristen handeln aber auch mit christlichen »Sklaven«, oft für weniger als 125 Dollar. Jungen, die sie auf ihren Beutezügen entführen. Dann zu Kämpfern ausbilden und zum Übertritt zum Islam zwingen. Die Händler, die diese Kinder aufkaufen und dann wieder verkaufen, verlangen meist zwischen 1 000 und 3 000 Dollar. Das zahlen die Angehörigen oder Freunde der jesidischen Familien für die Freilassung ihrer Kinder. Ein finsteres Kapitel in diesem sowieso schon furchtbaren Krieg in Syrien. Sklavenhandel im 21. Jahrhundert.

Canon Andrew White, früher Pastor der St. George's Kirche in Bagdad und jetzt der Kopf einer Stiftung, die Jesiden und Christen hilft, sieht in dem ganzen Menschenhandelsdrama aber nur einen Weg: »Man muss die Mädchen rauskaufen. Nur so kann man sie befreien.« Ende 2015 sollen immer noch 2 700 Mädchen als weibliche Sklavinnen in der Gewalt der IS gewesen sein.

Das alles geht mir durch den Kopf, als wir nach Stunden die Zelte in Fidanlik verlassen. Hier in diesem Lager sind sie wenigstens sicher. Aber immer wieder frage ich mich: Welche Zukunft erwartet sie? Welche Chancen haben die Jesidinnen mit ihren Kindern hier? Unsere Trostsprüche kommen mir sehr oberflächlich vor. Nur ein weiterer Beweis unserer Hilflosigkeit. Ich verspreche, dass wir in Deutschland über das Schicksal der Jesiden im Osten der Türkei berichten werden, dass wir aber im Augenblick auch nicht helfen können. Und ich nehme mir vor, am Ende meiner Recherchen diese Frauen noch einmal zu besuchen.

Unter schattigen Bäumen treffen wir Sukran Nizrak, die mit den Frauen näht und strickt und malt und sie so ein wenig ablenkt von ihrem Unglück und ihnen die langen Tage im Camp ein wenig kürzer erscheinen lässt. Sie erzählt, wie schwer es am Anfang war, überhaupt an die jesidischen Frauen heranzukommen. Da standen immer nur Männer draußen herum, saßen unter den Bäumen und am Wegrand im Camp. Erst mit der Idee eines Frauenhauses habe sich etwas geändert. Sukran hofft, dass viele Familien mit der Zeit ihre Meinung ändern und nicht wegwollen nach Europa, sondern hier im Osten der Türkei ihre Zukunft sehen. Die Kurden hier tun viel für sie, sagt sie, die Stadtverwaltungen von Mardin und Diyarbakir schicken regelmäßig freiwillige Mitarbeiter in das Camp. Auch hier geht es nicht ohne die ehrenamtlichen Helfer. Und einmal mehr beweist sich hier die Qualität einer Zivilgesellschaft.

Der türkische Staat, frage ich immer wieder, was leistet der? Auch vor dem Hintergrund, dass die Europäische Gemeinschaft drei Milliarden Euro zur Unterstützung der Flüchtlinge in der Türkei zu zahlen bereit ist, wenn die Türkei die Grenzen strenger kontrolliert. Was leistet der türkische Staat, um den jesidischen Frauen und Kindern hier zu helfen? Die Antwort von Harun Ercan, dem Verbindungsoffizier der Stadt Diyarbakir, ist bitter: »Der türkische Staat zahlt hier nichts. Die Versorgung der Menschen in den fünf Lagern im Osten der Türkei ist höchst gefährdet. Uns geht das Geld aus, wir können gerade noch die nötigsten Dinge heranschaffen.« Das sagte er bereits im Herbst 2015. Inzwischen hat die Türkei die Friedensgespräche mit der kurdischen Minderheit abgebrochen. Inzwischen herrscht Krieg im alten Kurdistan. Kaum mehr Hoffnung für die Flüchtlingsfrauen und Kinder in den Lagern.

Feray, unsere Übersetzerin, hat zwei älteren Frauen im Camp versprochen, ihnen Milch mitzubringen. Es ist unsere letzte Station an diesem Tag. Gott sei Dank haben sie einen Kühlschrank, dann wird die Milch wenigstens nicht schlecht. Sie wohnen zurzeit nicht in dem ihnen zugewiesenen Zelt. Die beiden Frauen haben sich stattdessen aus Brettern ein luftiges Schutzhaus gegenüber gebaut. Mit Hochbetten – dann ist mehr Durchzug. Mehr frische Luft. Denn inzwischen sind es draußen 42 Grad. Die 60-jährige Rezan sitzt am Boden, strickt und häkelt Bettschuhe und Waschlappen. Ganz in Weiß gehüllt, erzählt sie Unglaubliches. Dass ihre zwei Söhne schon längst in Deutschland seien, sich aber nicht um sie kümmerten und ihr hier nicht helfen würden. Ihre Freundin und ehemalige Nachbarin Xoxe hat einen Sohn in den Vereinigten Staaten. Auch der melde sich nicht, schicke kein Geld, geschweige denn dass er die Mutter unterstützen würde, hier herauszukommen. Kaum zu glauben, denn die strenggläubigen Jesiden gelten als sehr hilfsbereit. Ihre Religion verpflichtet sie, sich untereinander zu unterstützen. Die beiden Frauen scheinen bereits mit ihrer Zukunft abgeschlossen zu haben. »Wir erwarten nichts mehr«, sagen sie traurig, aber auch gelassen.

Ein Jahr ist vergangen seit dem Überfall der Terrormiliz Islamischer Staat auf die religiöse Minderheit der Jesiden. Nach kurdischen Angaben werden im Nordirak noch immer fast 3000 Menschen vermisst. Mindestens 2500 verschleppte Jesiden seien noch am Leben, aber in der Gewalt der Dschihadisten in Syrien oder im Irak. Gegen Lösegeld seien, so die Behörden der irakischen Autonomen Region Kurdistan, bisher immerhin 1850 Jesiden freigekommen. Die Behörden vermuten aber auch, dass mindestens 1000 jesidische Männer ihr Leben lassen mussten in diesem Wahnsinnskrieg.

## *Mit einem Selbstmordattentat ändert sich alles*

Deprimiert vom Besuch bei den beiden alten jesidischen Frauen im Lager Findalik, gehen wir zurück zu unserem Auto. Dort wartet Mansur auf uns und bringt uns zurück nach Diyarbakir. Entlang des Tigris, wo Kinder schwimmen oder sich mit Holzstöcken als Schwerter wie Ritter bekämpfen. Da scheint für einen Augenblick die Welt noch in Ordnung.

Morgen werden wir um sechs Uhr aufstehen und an die syrisch-türkische Grenze fahren, nach Suruc. Dorthin, wo gerade ein Selbstmordattentäter 34 Kurden mit in den Tod gerissen hat. Wir ahnen, dass damit eine neue brutale Spirale der Gewalt begonnen hat. Türken gegen Kurden. Wir werden noch vieles erleben.

Die beiden hoffnungslosen älteren Frauen sind mir in der Nacht nicht aus dem Kopf gegangen. Rezan, die ganz in Weiß Gekleidete, hatte mir ihren Oberarm gezeigt: mit ihrem eintätowierten Namen. Feray übersetzt, warum, und wagt es fast nicht auszusprechen: »Damit andere Menschen noch meinen Namen kennen, wenn die IS-Terroristen eines Tages meinen Kopf abgehackt haben.« Was für eine Perspektive! Welche Angst diese Menschen mit sich tragen.

Das geht mir noch durch den Kopf, während wir nach Suruc fahren. Etwa 300 Kilometer von Diyarbakir entfernt, direkt an der syrischen Grenze, im tiefsten Süden der Türkei.

Suruc war vor wenigen Tagen der Ort des verhängnisvollen Selbstmordattentates eines jungen Mannes. Später wird sich herausstellen, dass er von den IS-Terroristen geschickt worden war. Er riss 34 Kurden mit in den Tod, Flüchtlinge und kurdische Helfer, die sich im Sozialzentrum versammelt hatten. Als Reaktion griffen daraufhin PKK-Kämpfer zwei türkische Soldaten in einer anderen türkischen Stadt an und töteten sie. Gewalt gebiert Gewalt – und das in einer Region, die schon seit

Jahrhunderten umkämpft ist. Der türkische Präsident Erdogan wird nach dem Tod seiner Soldaten durch PKK-Kämpfer die Chance mit beiden Händen ergreifen, um die bei den letzten Wahlen erfolgreiche Kurden-Partei HDK zu diskriminieren. Er will sie unbedingt wieder aus dem Parlament drängen. Sie waren mit ihrem 13-Prozent-Erfolg bei den Wahlen der Grund, dass es zu keiner Koalitionsregierung kommen konnte, dass Erdogan nicht mehr die uneingeschränkte Macht innehatte. Der Osten der Türkei brodelt jetzt endgültig, das ist an allen Ecken zu spüren. Ausgelöst durch einen Selbstmordattentäter. Und 34 tote Kurden.

## *Sie wollen heim nach Kobane*

Noch aber fahren wir friedlich und entspannt durch das Land. Auf perfekten und gut ausgebauten Straßen, die den Autobahnen in Deutschland ähneln. Durch moderne Städte mit vielen Baustellen und eleganten Hochhäusern. Vor Suruc sehen wir die klassischen türkischen Flüchtlingslager, ein wenig heruntergekommener als rund um Diyarbakir. Zunächst aber wollen wir an die Grenze, nochmals zehn Kilometer südlich von Suruc. Das Thermometer klettert wieder auf 40 Grad. Wir passieren Polizeikontrollen, Metallzäune und schließlich eine lange Schlange von kleineren Lastwagen. Vollgepackt mit Betten, Schränken, Matratzen, Kisten und Koffern. Wollen die alle zurück ins Kriegsgebiet?

Wir können bis ganz vorne zur Grenze fahren. Staubig ist es hier. Ganz nah das zerstörte Kobane. Wir sehen Hunderte zerschossener Dächer, Ruinen und Häuser ohne Fenster und Türen. Hier, vor der Grenze, bieten nur drei große Bäume den Menschen ein wenig Schatten. Vor allem Frauen mit ihren Kindern sitzen da. Seit fünf Uhr morgens warten sie hier. Einige erzählen, sie hätten gestern schon zwölf Stunden gewartet. Sara sitzt hier mit ihrem Baby, stillt es zwischendurch. Ein Jahr habe sie jetzt in der Türkei gelebt, nach den Angriffen der IS sei sie hierher geflohen. Hat alles zurückgelassen. Aber gut haben sie es nicht gehabt. Das erzählt auch die 18-jährige Meyisa. Sicher, die Menschen hätten ihnen Lebensmittel gegeben, Decken, Zelte oder Wohnungen. Aber sie durften nicht arbeiten, kein Geld verdienen. Die Kinder nicht in die Schule schicken. Das war einfach kein Leben. Auch wenn sie in Sicherheit waren. Jetzt will die ganze Familie zurück. Obwohl ihr Vater im Kampf mit IS-Terroristen ums Leben gekommen ist. Zusammen mit ihrer 55-jährigen Mutter Rachmed hofft sie auf die Zukunft. Sie spricht fließend Englisch, denkt, dass sie in Kobane als Englischlehrerin arbeiten kann und damit sich und ihre Mutter ernähren wird. Ihr Haus ist zwar kaputt, die Wohnung ausgeraubt. Sie müssen vollkommen neu anfangen. Aber das mache ihnen nichts aus. Es sei allemal besser, als hier in der Türkei zu bleiben. »Daheim haben wir Hoffnung«, sagt sie und lächelt mich zuversichtlich an. Ich kann ihr nur viel Glück wünschen.

Alle Frauen, mit denen wir hier an der Grenze sprechen, berichten das Gleiche: Sie wollen zurück in ihre Stadt, nach Kobane, ob zerstört oder nicht. Sie haben über ein Jahr im kurdischen Teil in der Türkei gelebt. Aber akzeptiert worden seien sie nicht, von niemandem. Obwohl sie auch Kurdinnen sind. Die Stimmung hier ist trotz der unglaublich trockenen Hitze positiv und motivierend. Die Menschen scheinen sich zu freuen. Auf die Heimat, auf den Aufbau.

Dabei sind die internationalen Hilfsorganisationen höchst alarmiert, dass so viele Syrer wieder zurückgehen. Sie kehren auch zurück, weil sie die Tausende von US-Dollar nicht aufbringen können für einen Schlepper, der sie nach Europa führt. Nach UNO-Angaben sind es allein 2015 94 000 syrische Flüchtlinge gewesen, die die Türkei in Richtung Heimat verlassen haben. Rund die Hälfte wählte die Route über den Grenzübergang bei Suruc, auf dem Weg nach Kobane. In die Stadt, die bis Anfang 2015 vom Islamischen Staat belagert war. Die kurdischen Peschmerga-Kämpfer hatten sie dann zurückerobert, unterstützt von Truppen der US-Luftwaffe.

Auch das UNHCR sieht die steigende Zahl der Rückkehrer nach Syrien mit großer Sorge. »Das ist eine gefährliche Entscheidung«, sagt der Leiter des Flüchtlingshilfswerkes in Jordanien, Andrew Harper. Denn oft erreichten dann die in der Türkei, in Jordanien oder im Libanon gebliebenen Angehörigen traurige Nachrichten. Wenn die Dörfer, in die die Flüchtlinge heimkehren, wieder bombardiert werden und die Menschen das nicht überleben.

### *Harsche Attacken*

Wir hoffen dennoch, dass die syrischen Kurden, die hier an diesem heißen Tag nach Kobane zurückwollen, dort sicher sein werden. Plötzlich tauchen vor uns erst zwei, dann vier Sicherheitsbeamte auf. Junge, starke Männer mit kurz geschorenen Haaren und äußerst selbstbewusstem Auftreten: »Was wollen Sie hier, haben Sie eine Erlaubnis zum Filmen?« Die Beamten, die wie Zivilisten gekleidet sind, bedrängen uns höchst aggressiv. Wir sollen verschwinden – und der Kameramann Peter Müller soll sofort alle Fotos und Filmaufnahmen löschen. Wir holen unsere internationalen Presseausweise heraus, doch weder das noch Peter Müllers Visitenkarte von der Bildzeitung hilft. »Delete!«, schreien ihn zwei der Männer an. Aber Peter will nicht. Wehrt sich und fragt immer wieder: »Warum?« Unsere kurdische Übersetzerin versucht zu schlichten, sie hat sichtlich Angst. Ich ziehe mich mit meiner Kamera in die zweite Reihe zurück, setze den Schutzdeckel auf das Objektiv und hoffe, dass sie nicht auch meine Bilder gelöscht haben wollen. Aber die vier konzentrieren sich auf Peter. Umringen ihn mit ihren breiten Oberkörpern. Dabei ist er alles andere als ein schmales Kerlchen. Aber eben: vier Männer gegen einen. Nach heftigen Wortgefechten gibt er nach, zeigt ihnen eine seiner Aufnahmen, die könne er löschen, schlägt er vor. Nach viel Hin und Her und weiteren Diskussionen sind die zivilen Beamten zufrieden. Lassen sich erstaunlicherweise nicht alles zeigen, was wir fotografiert haben – Glück gehabt! Einer fokussiert jetzt seine aufgestaute Wut auf einen jüngeren Mann, der auf dem Weg ist zur Warteschlange vor der Passkontrolle. Unglaublich aggressiv geht er ihn an, schiebt ihn wütend mit beiden Armen zurück, brüllt ihn an. Kein schöner Eindruck, wie sich die türkische Polizei den anderen Menschen gegenüber verhält. Die Aggressionen sind jetzt überall zu spüren. Aber das ist erst der Anfang …

Wir ziehen uns langsam zurück, bleiben vor dem eingezäunten Areal stehen. Jeder noch so kleine Schatten ist uns recht. Es sind jetzt 45 Grad. Während wir an der Grenze gewartet haben, ist kein einziger Lkw durchgekommen. Die Menschenschlange hat sich nicht bewegt. Was machen die türkischen Beamten da drin? Warum dauert das so lange? Ein paar Männer sagen »Inschallah« und wollen es morgen um fünf Uhr früh wieder versuchen. Niemand wird sie mehr aufhalten auf dem Weg zurück in ihre zerbombte Heimat im Norden Syriens. In den Krieg. Ist es da nicht vielleicht doch besser, in der Türkei zwar wenig geschätzt, aber im Frieden zu bleiben?

Wir fahren zurück nach Suruc, finden ein kleines Lokal voller Männer, wo große Platten Fleisch und Gemüse serviert werden. Suruc liegt in der Provinz Sanliurfa, wo es die meisten »Iman-Ehen« gibt, wo also Ehemänner ohne Probleme eine Zweit- oder Drittfrau vor dem Iman heiraten dürfen. Das ist eigentlich in der Türkei nicht mehr erlaubt. Doch diese Ehen würden seit dem großen Angebot an hübschen Syrerinnen wieder zunehmen, erzählen mir Feray und unser Fahrer. Rechtlich sind die Zweit- und Drittfrauen dann zwar nicht abgesichert, aber zumindest im Augenblick in einer Familie versorgt. Für die Ehemänner ist das auf alle Fälle eine »Win-win-Situation«. »Mehr Frauen – mehr Abwechslung«, dabei grinst Mansur und erzählt weiter: »Früher konnten sich nur reiche Türken eine Zweitfrau leisten.« Das sei jetzt aber wieder anders. So weit der kleine Exkurs vor dem Essen zur Familiensituation. Die anderen gehen zum Mittagessen in das kleine Lokal, aber ich kaufe mir am Obststand lieber eine der berühmten kurdischen Wassermelonen. Mehr kann ich nicht essen, nicht bei diesen Temperaturen.

Zum Nachtisch trinke ich türkischen Kaffee, den es nicht überall gibt. Denn Kurden trinken lieber Tee als Kaffee, lerne ich. So bekommen die anderen im Team den berühmten Chai im Glas.

Wir halten auf dem Weg zurück nach Diyarbakir in dem Flüchtlingslager am Straßenrand, das uns auf dem Hinweg schon aufgefallen war. Ein paar Kurden empfangen uns freundlich, wir dürfen ohne Probleme rein und mit den Flüchtlingen sprechen. Die resolute Resmis bittet uns zu sich ins Zelt. Auf beiden Seiten sind die Planen hochgeschlagen, und drinnen surrt ein Ventilator. Wir ziehen wie immer die Schuhe aus und setzen uns im Schneidersitz zu ihr und ihren Kindern: zu Jala, elf Jahre, Hilava, 15 Jahre, und dem behinderten Servan, der erst neun Jahre alt ist. Sie wohnen hier auf den klassischen 15 Quadratmetern mit ihrer Nachbarin Dicle zusammen. Aber nicht mehr lange, wie die beiden Frauen betonen. Denn auch sie wollen so bald als möglich wieder zurück in ihre Heimatstadt Kobane. Die Frauen sind fest überzeugt, dass sie ihre Häuser wieder aufbauen können. Ihre Ehemänner haben in Suruc Arbeit gefunden, es wird also ein wenig Geld da sein, wenn sie sich aufmachen über die Grenze. Zwar ist dort, wo früher ihr Haus stand, inzwischen eine Straße gebaut worden, aber Resmis ist zuversichtlich. »Wir bekommen sicher ein wenig Entschädigung«, sagt die 42-Jährige und wirkt alles andere als deprimiert. Eben nicht hoffnungslos, sondern voller Zuversicht – kein Vergleich zu der Stimmung der jesidischen Frauen in dem anderen Camp.

Resmis' Mann war früher Mechaniker in einer Autowerkstatt, und Autos gibt es immer, und kaputt gehen sie auch immer, sagt sie. Ansonsten ist sie überzeugt, dass nach den Kämpfen um Kobane die Frauen das Zepter in die Hand nehmen sollten. Sie will eine Frauenrevolution, notfalls würde sie auch selbst in eine Frauenarmee eintreten und gegen die IS-Terrormiliz kämpfen. Immer noch, erzählt sie, seien mehrere 1 000 Mädchen in der Gewalt der Terroristen. Resmis und ihre Mitkämpferinnen wollen sie befreien, und sie sind sicher, dass sie das schaffen. »Notfalls lasse ich meine Kinder bei meiner Schwiegermutter«, sagt sie entschlossen.

Um diese Flüchtlingsfrauen muss man sich also nicht so viele Sorgen machen. Sie sehen nach vorne und nicht zurück. Sie sprechen über alles, was sie in diesem Krieg erlebt haben, über all das Grauen und die Gewalt. Was ihren Töchtern widerfahren ist und ihnen selbst: Vergewaltigung, der erzwungene Anblick getöteter Mitbürger. Sie haben trotz all dem Hoffnung auf eine Zukunft. Sie gehen heim in ihre zerstörte Stadt.

In Gedanken versunken, fahren wir zurück. Lächeln den Polizeibeamten im weißen Golf zu, die uns »versteckt« hinter einem Baum seit der Grenze beobachtet haben und nun noch ein kleines Stück verfolgen. Feray ist froh, als sie abdrehen. Die junge Kurdin lebt schon zu lange hier, um nicht die Konflikte zu kennen. Morgen werde ich in den Stadtverwaltungen mehr zur politischen Seite dieser Flüchtlingstragödie hören. In Diyarbakir und in Mardin. Ich bin schon gespannt.

## *Wie eine Jesidin in der Verwaltung von Mardin ihren Mitmenschen helfen will*

Der nächste Tag bringt erstaunliche Begegnungen. Als Erstes treffen wir eine junge Frau, die in Celle geboren wurde, in Hannover in Politik promoviert hat und heute in der Stadt Mardin im Osten der Türkei als Beraterin des Bürgermeisters arbeitet: Dr. Leyla Ferman. Sie ist Jesidin, wie die meisten dieser Frauen sehr hübsch und zudem äußerst durchsetzungsstark. Das hat sie vermutlich aus Deutschland mitgebracht.

Wir treffen uns in der Stadtverwaltung, in ihrem superschicken weißen Büro. Weiße Freischwingerstühle, ein eleganter Schreibtisch. »Um dieses Büro mussten wir richtig kämpfen«, erzählt sie lachend. Wir, damit meint sie sich selbst und ihre zwei Kolleginnen, mit denen sie sich das Büro teilt.

Ihr Thema: die jesidischen Flüchtlinge und was mit ihnen geschehen soll und kann. Die meisten der noch verbliebenen 3 800 Flüchtlingsfrauen kommen aus der 500 000-Einwohner-Stadt Sengal. Das inzwischen weltweit bekannte, nahe Sindschargebirge ist zwar auf der einen Seite wieder in kurdischer Hand, aber auf der Westseite betreiben unverändert die IS-Terroristen ihr dschihadistisches Staatswesen.

Das, was mir als Nicht-Jesidin die Frauen im Flüchtlingslager alles nicht erzählen wollten, erfahre ich jetzt von Leyla Ferman. Sie berichtet von den schweren Traumata der Frauen und Mädchen, von der starken Fixierung der jesidischen Gesellschaft auf die Männer. Von den Entführungen der Mädchen, der Tötung der Babys vor den Augen ihrer Mütter, den Hinrichtungen der Männer im Beisein ihrer Familien. Sie versteht, dass diese Flüchtlingsfrauen mit ihren Kindern keinesfalls zurückwollen in die alte Heimat. Dass sie Angst haben vor den Muslimen, die sie an den IS verraten haben. Leyla Ferman kennt auch den Wunsch der Familien, aus dem Osten der Türkei wegzugehen. Am liebsten nach Europa. Auch hier, so sagen mir später die Frauen in den Camps immer wieder, fühlen sie sich umgeben von Muslimen und nicht sicher. Und immer wieder höre ich als Argument: Schließlich habe genau hier in dieser Region im Osten der Türkei vor 100 Jahren der letzte Genozid an den Jesiden stattgefunden.

Leyla Ferman verfolgt nun ein anderes Projekt. Sie möchte zusammen mit anderen 50 internationalen Vereinen der Föderation der Jesiden weltweit für die Flüchtlinge ein Dorf bauen. Jetzt vor dem Winter erst mal schnell mit Fertighäusern. Das Geld, so sagt sie, kriegt sie schon zusammen. Da helfen auch die kurdischen Städte hier mit.

Am Herzen liegt ihr auch, mir zu erklären, warum sie ein in der deutschen Presse vielgerühmtes Projekt aus Baden-Württemberg für schwierig hält. Das Land bietet traumatisierten jesidischen Frauen an, für ein Jahr einzureisen und an einer Therapie teilzunehmen. Aber Leyla Fermans Bedenken sind verständlich. Denn die Frauen und Mädchen dürfen nach drei Monaten in Deutschland entscheiden, ob ihre Familien nachkommen dürfen. So entsteht hier schon vor der Ausreise ein gewaltiger Druck in der Familie. Ein Zwang quasi für die Frauen, sich outen zu müssen. Damit die Familie eine Chance hat, auch nach Deutschland zu kommen. Das Preisgeben aber des eigenen Dramas widerspricht völlig der jesidischen Religion.

Baden-Württemberg wollte bis zum Ende des Jahres 2015 1 000 IS-Opfer aufnehmen und psychologisch behandeln lassen. Der Beginn war mit 250 Frauen gemacht worden. Die meisten zwischen elf und 24 Jahren. Vor ihrer Abreise ist es den Müttern der Mädchen aber sehr wichtig, dass der oberste Priester die Mädchen und Frauen noch segnet. Denn eigentlich gilt eine Jesidin nach dem Geschlechtsverkehr mit einem Nichtjesiden nicht mehr als Mitglied der Religionsgemeinschaft. Doch die obersten Glaubenswärter haben aufgrund der schrecklichen Ereignisse mit den Terrormilizen des Islamischen Staates klargestellt, dass die vergewaltigten Jesidinnen weiterhin dazugehören. Das hilft ihnen, so die Mütter, auf dem Weg durch die Therapie. Wenn sie sich denn überhaupt dazu entscheiden.

Leyla Ferman, die Beamtin aus Mardin, schreibt gerade an einem Bericht über die Situation der jesidischen Frauen. Am Abend, verspricht sie, sei er fertig. Und tatsächlich: Um 22 Uhr kommt die Mail mit dem Anhang. Sehr deutsch. Sehr zuverlässig.

Aber nicht nur in Baden-Württemberg und anderen deutschen Bundesländern will man helfen. Auch im Irak, in der Stadt Dahuk, existiert eine Organisation, die dokumentieren will, was mit den jesidischen Frauen tatsächlich geschieht. Sie nennt sich »Yazda« und kümmert sich um Zurückgekehrte. Außerdem wird eine psychologische Behandlung vorbereitet. Mit einem Fragebogen sollen die wichtigsten Fragen geklärt werden: »Wurden Sie vergewaltigt? Verkauft? Zum Konvertieren gezwungen? Geschlagen? Unter Drogen gesetzt? Mussten Sie zusehen, wie ein Mensch getötet wurde? Haben Sie Geld für Ihre Flucht bezahlt? Werden Sie psychologisch betreut?« Bis jetzt konnten über 800 Fälle aufgezeichnet und als Datensätze an das Sozialministerium in Bagdad geschickt werden. Die Frauen erhalten dafür 100 US-Dollar und medizinische Hilfe. Ein erster Schritt. Was mit den Schwangeren geschieht, wird nicht dokumentiert. Darüber schweigen alle, die Betreuer, die Psychologen und die Mädchen und Frauen sowieso. Denn Abtreibungen sind im Irak verboten.

Wir sind am Nachmittag nach einem ausführlichen Spaziergang durch die hübsche Stadt Mardin beim Berater für internationale Angelegenheiten in der Stadt Diyarbakir, bei Harun Ercan. Auch er setzt sich dafür ein, dass die Flüchtlinge in der Türkei bleiben können, dass für sie Dörfer aufgebaut werden, ihnen Land überlassen wird. Auch vor dem Hintergrund, dass vom türkischen Staat keine Unterstützung kommt und die Flüchtlinge in eigenen Dörfern autarker und selbstbestimmter leben können als in den Flüchtlingslagern.

Mit all den neuen Informationen möchte ich morgen noch einmal zu den Flüchtlingsfrauen in das Camp bei Diyarbakir gehen. Mal sehen, was sie dazu sagen ...
Peter Müller und ich gehen wie am ersten Abend nur kurz in der Nähe unseres Hotels in der Altstadt in ein kleines Straßenlokal. Die Bürger der Stadt spritzen ihre Bürgersteige mit Wasser ab. Das hilft nicht wirklich, es wird nicht kühler ... Wir gewöhnen uns aber langsam an die Hitze. Das Essen jedenfalls ist einfach und gut: Hühner-Kebab mit Reis. Bier gibt es nicht, und auch keinen Wein. Dafür Cola in der Dose ... Wir sind schließlich in einem muslimischen Land. Auch gut. Es geht auch so.

## *Sie wollen auf keinen Fall in ein türkisches Dorf, sie wollen nach Europa*

Am nächsten Tag fahren wir noch einmal in das Flüchtlingscamp, noch einmal zu den Frauen. Diesmal habe ich auch eine Tüte mit kleinen Geschenken aus Deutschland dabei: Bonbons, Kekse, Feuchttücher und Schokolade. Noch schmilzt sie nicht. Es ist früh.
Seve ist gerade beim Arzt, aber die anderen Frauen bitten uns herein ins Zelt. Alles ist wie beim ersten Besuch: picobello sauber und aufgeräumt. Die Decken säuberlich gefaltet und hinter einem Vorhang gestapelt. Sie haben auch einen Kühlschrank, und der Ventilator läuft wieder, auch wenn er bei diesen Temperaturen nur wenig hilft. Seve kommt zurück. Sie trägt ein auffälliges rotes Kleid mit langen Ärmeln, knöchellang,

eigentlich viel zu warm. Ich frage mich, wie sie das aushält. Noch dazu, wo sie immer wieder ihr jüngstes Kind stillen muss.

Ich erzähle, was ich in Mardin und in Diyarbakir erfahren habe. Was eine jesidische Mitarbeiterin des Bürgermeisters für all die Flüchtlingsfamilien plant. Ihre Reaktion erstaunt mich. Seve wird richtig wütend. Sie wollen keinesfalls hier bleiben in Kurdistan, lieber sterben. Sie wollen nach Europa, warum dürfen die Syrer rein – und nicht wir, höre ich wieder und wieder. Alle Frauen sind sich einig, und nach einer Stunde und vielen Argumenten meinerseits kommen auch vier Männer ins Zelt. Einer kann ein wenig Englisch, und auch er erklärt: »Wir wollen nach Europa und nicht in ein Dorf in der Türkei.« Sie fühlen sich nicht sicher bei den Muslimen. Sie haben Angst, große Angst. Und ich denke an Leyla Ferman, die mir sagte: »Die Menschen sind alle schwer traumatisiert.«

Auch Sari im Zelt gegenüber schüttelt den Kopf. »Lieber sterben wir alle hier, als in ein Haus zu ziehen. Wir gehen nicht in ein Dorf in der Türkei.«

Es ist zum Verzweifeln. Auch mein Argument, dass hier im Camp die Kinder nicht in die Schule gehen, überzeugt sie nicht: »In einem Dorf gibt es wenigstens Bildungsmöglichkeiten für die Kinder«, versuche ich es wieder. Aber ich erreiche die Frauen nicht. Es ist, als beiße man auf Granit. Sicher, einige schicken ja schon hier im Camp die Kinder in die notdürftig eingerichteten Klassen, die von Helferinnen aus Diyarbakir, Mardin und Batman betreut werden. Damit die Kinder wenigstens ein wenig Bildung erhalten, etwas Lesen, Schreiben und Rechnen lernen. Aber die meisten der jesidischen Kinder bleiben in den Zelten, spielen auf den Wiesen, zwischen den Zeltreihen. Verlorene Jahre ...

Nach zwei Stunden schmerzen nicht nur meine Knie, sondern es brummt auch in meinem Kopf. Dass Leyla Ferman als Jesidin ihnen nur Gutes will, überzeugt die Frauen nicht. Sie wollen keinesfalls in ein Dorf in der Türkei. Sie wollen nach

Europa. »Und wenn der Winter kommt?«, frage ich sie. »Dann sterben wir eben«, sagen sie einstimmig. Und: Ich solle ihnen nie mehr von einem festen Haus und einem Dorf hier in der Türkei erzählen. »Notfalls«, sagt dann eine Schwiegertochter in Seves Zelt, »gehen wir illegal weg, auch wenn wir auf der Flucht sterben sollten.« Allmählich gehen mir die Argumente aus. Allmählich bin auch ich ratlos und verzweifelt.

Ziemlich deprimiert und schweigend verlassen wir das Lager. Wir verstehen das alles nicht. Die Menschen hier haben all ihre Ersparnisse längst ausgegeben. Für eine Reise an die bulgarische Grenze, die ihnen den Eintritt nach Europa ermöglichen sollte. Daraus wurde aber nichts. Die türkischen Soldaten hätten es verhindert, erzählt mir Mahmood, einer der wenigen verbliebenen Männer im Lager. Jetzt bleibt nur die Hoffnung, dass die jesidischen Gemeinden in Deutschland helfen. Ihre Glaubensbrüder und -schwestern nicht alleinlassen in dieser Not. Wenn Hunderttausende es nach Europa schaffen, sie aber in den Lagern festsitzen.

### *Kämpferische Jesidinnen*

Es gibt aber auch noch ganz andere Jesidinnen. Nicht in der Türkei, sondern im Nordirak, auf der anderen Seite der Grenze. Sie sind kämpferisch, wild und wütend. Sie wollen keine Opfer mehr sein, nennen sich Sun Girls und wollen gemeinsam gegen den Islamischen Staat in den Krieg ziehen. Im Herbst 2015 lernen sie in einem Trainingslager nahe Dohuk, zu schießen, eine Kalaschnikow zu laden, zu putzen, zu entladen und vor allem mit der Waffe richtig zu zielen. Ich erfahre bei den Recherchen in Mardin, dass bereits 120 Jesidinnen dort in Ausbildung sind, im Alter zwischen 17 und 30 Jahren. Sie gehören zu den

Peschmerga, der Armee der Autonomen Region Kurdistans im Nordirak. Das ist ungewöhnlich für jesidische Frauen. Denn die Glaubensgruppe hat klare Regeln und lebt eigentlich sehr traditionsbewusst. Doch auch für die jungen Frauen ändern sich die Zeiten.

So verzeichnen nicht nur die Sun Girls Zulauf durch jesidische Mädchen. Auch die PKK, die Arbeiterpartei Kurdistans, von Erdogan heftig bekämpft, nimmt Frauen auf. Ihre Einheit nennt sich Frauenverteidigungseinheit Shengal. Shengal ist der kurdische Name für Sindschar. Im nahen Sindschargebirge harrten die Jesiden über Wochen aus, nachdem sie im Sommer 2014 vor der IS-Miliz dorthin geflohen waren.

Die Tage in Diyarbakir, in Mardin und in Suruc sind so schnell vergangen. Wir verabschieden uns noch bei einem Essen von unseren Helfern Mansur und Feray. Peter lädt die Fotos auf seinen Computer, und ich finde noch einen Kelim als Geschenk für meinen Mann. Schließlich haben wir Hochzeitstag, wenn ich zurückkomme.

Warum, weiß ich nicht mehr. Aber intuitiv packe ich meine Koffer bereits am Abend und falle schnell in einen tiefen Schlaf. Aus dem mich gegen Mitternacht Peter wild klopfend weckt: »Raus hier, das Hotel brennt.« Schnell ziehe ich die Jeans an, stecke Handy und Geldtasche mit Pass ein und nichts wie raus. Es ist alles voller Rauch. Aber vor dem Hoteleingang stellen wir fest, es ist der Rauch der Gewehre der PKK, die eine nur 500 Meter entfernt gelegene Polizeistation angreifen. Gestern schon hat uns eine Polizeikontrolle nach der anderen signalisiert: Hier beginnt wohl wieder Krieg. Zwischen der PKK und den Türken, ausgetragen auf den Schultern der kurdischen Bevölkerung. Vor einem Tag hatte die PKK bereits eine Polizeistation in einer Stadt an der Ostgrenze überfallen und einen Polizisten erschossen. Jetzt erfolgt die Revanche, jetzt geht es richtig los.

Zurück im Hotel, ist an Schlaf bei den Gewehrsalven in dieser Nacht nicht mehr zu denken. Am nächsten Morgen herrscht zwar Ruhe, aber die Stimmung bleibt angespannt. Peter geht noch mal »gucken«, wie er sagt. Ich schaffe mein Gepäck runter in die Lobby, damit wir schnell weg sind. Da kommt eine SMS: »Bin auf der Polizeistation – sie checken mich.« Jetzt brauche ich keinen Kaffee mehr, das Adrenalin steigt. Schnell bezahlt und rüber zur Polizei. Aber – kein Durchkommen. Hundertschaften, mit Schutzwesten und Gewehren im Anschlag, sichern das Gelände. Wieder eine SMS: »Alles O.K., kannst in Ruhe abfliegen.« So ein Quatsch, ich werde ihn ja wohl nicht zurücklassen. Jetzt versuche ich ihn anzurufen und tatsächlich, er kann ans Telefon gehen. »Ich schicke dir einen Polizisten, der holt dich rein.« Wenige Minuten später kommt einer, fragt nach Namen und Herkunftsland, durchsucht meinen Rucksack und bringt mich zu Peter. Vier Beamte checken präzise seinen Rucksack, klicken sich durch seine Bilder auf der Kamera. Diskutieren hin und her. Da endlich gibt mir einer der Beamten Peters Pass wieder und seinen Presseausweis. Sieht also gut aus, vielleicht schaffen wir doch noch den Flieger um 11.50 Uhr. Es dauert scheinbar endlos – und dann: Merhaba und Spas, Adieu und Auf Wiedersehen. Wir sind draußen. Uff, das war knapp. Ein Beamter hat Peter erzählt, warum ihn drei Polizisten mit Gewehren im Anschlag beim »Gucken« verhaftet und gewalttätig in Polizeigewahrsam genommen hätten: Sie haben inzwischen Angst vor ausländischen IS-Selbstmordattentätern. Und Peter hatte seinen immens großen Kamera-Rucksack geschultert ...

Jetzt aber nichts wie zum Flughafen, einchecken und raus aus dieser Region.

Wir wissen heute, dass in dieser Zeit andere Journalisten für Tage und Wochen inhaftiert wurden. Wir hatten also noch Glück. Denn sichtbar, spürbar war überall, dass die türkische Polizei hochsensibilisiert war und alles andere als zimperlich mit vermeintlichen Feinden umgeht. Abflug nach Istanbul. Selten bin ich so gerne in einem Flugzeug gesessen. Suruc, Diyarbakir, Mardin – diese Städte werden in den nächsten Wochen und Monaten Schauplätze erbitterter Kämpfe zwischen der türkischen Armee, den türkischen Soldaten und den PKK-Kämpfern sein. Leidtragende werden einmal mehr die im Osten der Türkei lebenden Kurden sein. Diesmal aber auch Tausende von Flüchtlingen in den Lagern.

## *Wenige Monate später*

Der Osten der Türkei versinkt im Chaos. Das schreibt mir die Übersetzerin Feray wenige Monate später. Der türkische Staat führt Krieg gegen die Kurden, die Menschen leiden unter dem totalen Ausgehverbot, jeden Tag fallen Schüsse und Bomben. »Ich fühle mich so schlecht, weil es jeden Tag schlimmer wird«, sagt Feray. Die Flüchtlingslager sind zwar sehr viel leerer geworden. Wer konnte, ist auf illegalem Wege mit Schleusern an die türkische Westküste geflohen, um ein Gummiboot zu ergattern nach Europa. Auch viele der Jesidinnen, die wir getroffen hatten. Es sind nur noch 1300 hier, überwiegend Frauen und Kinder, denen das Geld für die Fluchtroute fehlt. Aber auch alte Männer, die sich die mühevolle Flucht nicht mehr zutrauen. Eigentlich wollen sie alle nur weg. Verständlich, sind sie doch von einem Krieg in den nächsten geraten. Zwei Frauen mit ihren sechs Kindern aus Fidanlik wollen es auf alle Fälle wagen, auch mit dem wenigen Geld, das sie noch haben. »Wir haben nichts zu verlieren«, sagen sie und dann noch: »Selbst wenn wir ertrinken, wir versuchen zu fliehen.«

Die Stadtverwaltungen von Mardin und Diyarbakir versuchen unverändert, die restlichen Flüchtlinge mit dem Nötigsten zu versorgen. Die Dörfer sind noch nicht gebaut. Die Kommunen liefern Lebensmittel, haben im letzten Winter warme Kleidung organisiert. Aber trotzdem war es im Winter eisig kalt in den Zelten. Die seien einfach nicht zu heizen, berichtet Feray. Sie ärgert sich aber auch über die wenigen alten Männer, die noch im Lager sind. Die würden alle Hilfsgüter erst mal kassieren, die Frauen und Kinder kämen erst danach an die Reihe. »Die Frauen leiden besonders. Weil sie Frauen sind und in der Gesellschaft der Jesiden den Männern nicht gleichgestellt«, schreibt Feray noch zum Schluss ihres Berichtes. Weil Frauen anscheinend auch bei den Jesiden nichts wert sind.

## Die türkische Politik, die Kurden und die Auswirkungen auf die Flüchtlinge

Es hätte alles so gut werden können: Die türkische Regierung und ihr Präsident Recep Tayyip Erdogan waren auf dem besten Weg, den Kurden-Konflikt politisch zu lösen. Hinzu kommt, dass das Land seit 2012 über 2,8 Millionen Flüchtlinge aufgenommen hatte. Sie in 25 relativ ordentlichen Lagern entlang der syrischen Grenze oder in leer stehenden Wohnungen untergebracht wurden. Aber es ist alles anders gekommen. Schlimmer, bitterer und bedrohlicher. Für die syrischen Flüchtlinge genauso wie für die kurdische Bevölkerung im Osten des Landes. Da, wo die meisten jesidischen Flüchtlinge nach dem schrecklichen Sommer 2014 in fünf Lagern untergekommen sind.

Denn als bei den vorletzten Parlamentswahlen im Juni 2015 die bisher regierende Partei für Gerechtigkeit und Aufschwung (AKP) mit 40 Prozent der Stimmen die absolute Mehrheit verfehlte, tobte der türkische Präsident. Noch dazu, wo die prokurdische Partei, die Demokratische Partei der Völker (HDP), mit 13 Prozent der Stimmen die Zehn-Prozent-Hürde knackte. Es kam zu keiner Koalition, wohl auch, weil Erdogan dazu nicht bereit war. Er setzte Neuwahlen an, strebte erneut die absolute Macht an – und gewann.

Seitdem aber herrscht Pogromstimmung in der Türkei. Alles begann mit dem Selbstmordattentat in Suruc in der Provinz Sanliurfa nahe der syrischen Grenze. Ein 20-jähriger Schuhputzer aus der türkischen Stadt Achyaman sprengte sich im Auftrag der Terrormiliz Islamischer Staat in die Luft. 34 Menschen, kurdische Flüchtlinge und ihre Helfer, starben in einem Kulturzentrum. Die Helfer hatten Medikamente, Spielzeug, Lebensmittel als Spenden für die syrische Stadt Kobane auf der anderen Seite der Grenze gesammelt. 74 Menschen wurden schwer verletzt. Das Kulturzentrum diente im September 2014 als erste Anlaufstelle für eine Vielzahl syrischer Flüchtlinge, die vor der Gewalt des einfallenden IS im syrisch-kurdischen Kobane geflohen waren. Am Tag des Anschlags hatten sich in Suruc auf einen Aufruf der sozialistischen Jugendorganisation hin etwa 300 linke und pro-kurdische Aktivisten versammelt, um den Wiederaufbau in Kobane zu unterstützen.

Aber es kam alles anders. Die PKK gab der türkischen Regierung eine Mitschuld am Anschlag in Suruc. Da diese, nicht nur nach Meinung der PKK, erst das Erstarken des IS ermöglicht habe und die Terrormiliz auch weiterhin unterstütze. Tatsächlich hat die regierende AKP keine ernsthaften Schritte unternommen, um die über die Türkei laufenden Nachschubwege für den IS zu kappen. Der Ölhandel funktionierte weiter, die Gelder flossen. Zudem reisen bis heute Extremisten aus allen Nationen problemlos über die Türkei, um sich dem IS anzuschließen. Politische Beobachter haben diese wohlwollende Haltung der türkischen Regierung gegenüber dem IS immer damit begründet, dass der IS sowohl das schiitisch-alavitische Regime des von Erdogan geächteten syrischen Machthabers Baschar al-Assad bekämpfe als auch die Kurden in Syrien.

Zwei Tage nach dem schrecklichen Attentat in Suruc griffen PKK-Kämpfer eine Polizeistation in Ceylanpinar im Osten des Landes an und töteten zwei türkische Polizisten. Das war das Ende des Waffenstillstandes zwischen der PKK und der türkischen Regierung. Die Spirale der Gewalt drehte sich immer schneller: In Ankara gehen am 10. Oktober 2015 zwei Sprengsätze hoch. Die 102 Toten und 500 Verletzten sind Teilnehmer einer Friedensdemonstration von linken und kurdischen Aktivisten gegen die anhaltende Gewalt zwischen dem türkischen Staat und der PKK. Obwohl der IS sich später zu den Anschlägen bekennt, eskaliert der Konflikt. Zivilisten fliehen aus kurdischen Städten, die Kurdenhochburg Diyarbakir ist komplett abgeschnitten von der Außenwelt. Straßensperren und Ausgehverbote behindern das tägliche Leben.

Auch in Cizre, Zentrum der verbotenen kurdischen Arbeiterpartei PKK, wo die HDP bei den Wahlen im Juni 2015 sagenhafte 94 Prozent der Stimmen erreichte, wird eine totale Ausgangssperre verhängt. Militärisches Sperrgebiet. Niemand darf hinein in die Stadt und niemand mehr hinaus. Was dort geschieht, bleibt der Öffentlichkeit verborgen. Nicht einmal Politikern der Region, geschweige denn Menschenrechtsorganisationen wird Zutritt gewährt.

Ende des Jahres 2015 schreiben türkische Zeitungen, dass bereits 200 000 Menschen wegen der Kämpfe und Anschläge ihre Heimat in »Kurdistan« verlassen haben. Allein 10 000 fliehen aus dem Stadtteil Sur der Großstadt Diyarbakir. Journalisten sprechen von Bürgerkrieg. Längst kämpft nicht mehr der türkische Staat gegen die PKK, sondern Türken gegen Kurden. Vor all dem gerät das Flüchtlingsthema in den Hintergrund. Dass die Türkei mit über 2,8 Millionen Menschen aus Syrien, Afghanistan, Irak und Iran mehr Flüchtende aufgenommen hat als alle EU-Länder zusammen, spielt jetzt keine große Rolle mehr. Die Flüchtlinge – vergessen.

Aber im Anschluss an das Suruc-Attentat ringt sich die türkische Regierung immerhin dazu durch, die militärische Allianz unter Führung der USA zur Bekämpfung des IS zu unterstützen. Immer klarer wird auch den Politikern in Ankara, dass der IS und nicht die PKK hinter dem Attentat steckt. Jetzt errichtet die Türkei einen 90 Kilometer breiten und 40 Kilometer tiefen Sicherheitskorridor entlang der syrisch-türkischen Grenze. Dort soll dann nicht gekämpft und geschossen werden. Zwar vermuten nach wie vor viele internationale Beobachter, dass die Regierung in Ankara andere Ziele verfolgt als die Bekämpfung des Dschihad. Vor allem kann es der Türkei nicht gefallen, dass durch die Errichtung des Korridors die Kurden im Nordirak und im Norden Syriens in die Lage versetzt werden, einen durchgehenden Streifen vom Irak bis nach Syrien zu kontrollieren. Die Vision eines De-facto-Kurden-Staates, wie er im Norden des zerfallenden Irak bereits gelebte Realität ist, macht Erdogan und seiner Regierung Angst. Denn dies würde die Türkei von der arabischen Welt abtrennen und den separatistischen Bestrebungen der türkischen Kurden nur weiter Auftrieb verleihen, fürchtet man in Ankara.

So ist alles mit allem verbunden: der Krieg in Syrien, die Flucht der Kurden vor dem IS, die Haltung der türkischen Regierung und schließlich die klare Position der internationalen Allianz gegenüber dem IS. Zu dieser ganzen Gemengelage kommt das Flüchtlingsdrama hinzu, das sich in Europa abspielt. Denn die Türkei ist nicht nur als Aufnahmestaat, sondern inzwischen vor allem als Durchgangsland zum Brennpunkt der Krise geworden. Die EU-Diplomaten aus Brüssel erhöhen den Druck, Ankara möge entschlossener gegen die Schleuser vorgehen. Der Syrien-Krieg dauert auch im sechsten Jahr noch an. Auch wenn es im Winter 2015/2016 zu einem etwas brüchigen Waffenstillstand kommt. Auch wenn die Russen ihre Flugzeuge und ihre Piloten zum großen Teil Mitte März 2016 überraschend aus Syrien abziehen. Die geflüchteten Menschen werden wohl bleiben, wenn sie nicht weiterziehen nach Westeuropa. Die Vermutung der Türken bei Beginn des Krieges, die syrischen Flüchtlinge würden schnell wieder zurück in die Heimat ziehen, hat sich nicht bewahrheitet.

Die große Familie der Jesidin Seve lebt in zwei Zelten im kurdischen Lager Fidanlik.

Das türkische Militär hat seine Zelte für die syrischen Flüchtlinge in 25 Lagern an der Grenze aufgebaut.

Mutter und Tochter total verzweifelt: Die IS-Terroristen haben den Ehemann von Sari und ihre zwei Söhne ermordet.

Am besten wenig bewegen: Wenn das Thermometer im Zelt über 40 Grad steigt, wird es unerträglich für die Menschen.

Von den IS-Terroristen zerstört: die einst so schöne Stadt Kobane an der türkisch-syrischen Grenze.

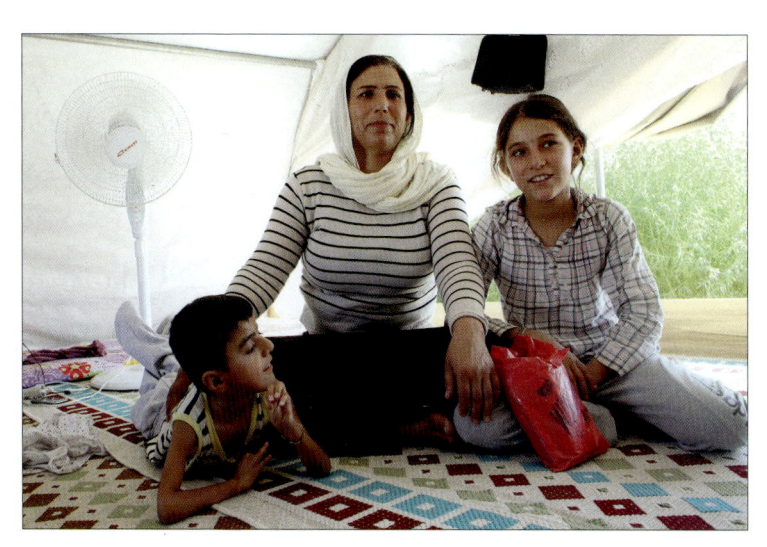

Resmis will so schnell als möglich wieder raus aus der Türkei und daheim in Kobane ihr zerstörtes Haus wieder aufbauen.

Wie immer: Kinder machen das Beste aus ihrem Leben und treiben sich zwischen den Zelten und an der Wasserstelle herum.

Diese syrischen Kurden wollen wieder heim nach Kobane und warten schon seit 5 Uhr morgens an der türkischen Grenze.

So besucht im Oktober 2015 die Bundeskanzlerin Angela Merkel den Präsidenten Erdogan. Es bleibt nicht der letzte Besuch in diesen Krisenzeiten. Es ist der Beginn einer ganzen Reihe von späteren Konsultationen. Diesmal aber findet er ausgerechnet zwei Wochen vor erneuten Parlamentswahlen statt. Das Thema ist in Deutschland hochbrisant. Angela Merkel spürt den Druck zu Hause und ist darum bei Erdogan zu enormen Zugeständnissen bereit. Auch um die Flüchtlingskrise in ganz Europa besser zu managen: Sie bietet Reiseerleichterungen für türkische Bürger an, drei Milliarden Euro der EU für die Flüchtlingslager und eine neue Dynamik in den Beitrittsverhandlungen der Türkei mit der Europäischen Union. Ein fulminantes Geschenke-Bouquet. Dieses kommt gerade zur rechten Zeit für den Präsidenten, der mit der neuen Wahl wieder seine uneingeschränkte Macht sichern will. Was ihm dann auch gelingt. Schlimm genug, dass die Kurdenkonflikte bei den Gesprächen wohl keine große Rolle spielten. Dagegen nimmt die Kanzlerin eine politische Aufwertung des islamisch-konservativen Erdogan quasi als Wahl-Anschubfinanzierung für den türkischen Politiker billigend in Kauf.

### Das Ende der Politik der »offenen Tür«

Die Türkei verfolgte bis dahin unverändert eine »Politik der offenen Tür«. Daran ändert sich auch im November 2015 nach Merkels Besuch noch nichts. Aber Heimat will die Türkei den Flüchtlingen dennoch nicht sein. Man spricht von »Gästen«. Und Gäste gehen wieder. Dem ist aber nicht so. Unter dem Druck der Verhandlungen mit der EU, die Grenzen besser zu sichern, greifen türkische Grenzschützer zunehmend auf den Einsatz exzessiver Gewalt zurück. Sie setzen scharfe Munition gegen die Flüchtenden ein, laut Amnesty International schlagen sie Flüchtlinge und drängen sie aktiv zurück über die Grenze. Zudem hätten die türkischen Soldaten Hunderte Flüchtlinge an der Westgrenze festgenommen und in mehr als 1 000 Kilometer entfernte Haftzentren im Süden und Osten des Landes gebracht. Dort würden sie, so Amnesty weiter, gegen ihren Willen festgehalten. In dem Bericht »Europe's Gatekeeper« (Europas Türsteher) wird dokumentiert, dass Flüchtlinge direkt zurück in den Irak und Syrien geschickt wurden. Dort drohe ihnen Verfolgung, Folter oder Tod. Dieses Verhalten sei also ein klarer Verstoß gegen internationales Recht.

Einige Flüchtlinge sind wohl bis zu zwei Monate in Lagern in den Provinzen Osmaniye und Erzurum festgehalten worden. Sie hätten während der Haft ihre Handys abgeben müssen, der Kontakt zu Angehörigen oder Anwälten sei ihnen verweigert worden. Um freizukommen, hätten sie viele Papiere unterzeichnet, die sie gar nicht lesen konnten, weil sie ihnen nur auf Türkisch vorgelegt wurden. So willigten die Flüchtlinge unter Druck etwa darin ein, »freiwillig« in ihre Heimatländer zurückzukehren. Immer wieder hätten ihnen türkische Beamte gesagt: »Entweder du gehst jetzt zurück nach Syrien, oder du bleibst hier in Haft.« Besonders zynisch ist, dass diese Haftzentren auch mit EU-Geldern betrieben werden. An den Einrichtungsgegenständen finden sich Hinweise auf EU-Finanzierung. EU-Vertreter in Ankara bestätigten zudem, dass es sich bei sechs geplanten »Aufnahmezentren« für Flüchtlinge tatsächlich um Haftzentren handle. Was die türkische Regierung heftig dementiert.[17]

Das war Ende 2015. Dem »Flüchtlingsjahr« in Europa. Die versprochenen drei Milliarden Euro der Europäer an die Türkei sind bis Anfang 2016 noch nicht geflossen. Unverändert springen Tag für Tag Hunderte, manchmal Tausende Flüchtlinge in kleine Boote an der türkischen Küste, um eine der griechischen Inseln zu erreichen.

Es wirkt, »als winke die Türkei die Flüchtlinge einfach durch«. Das wird auch die deutsche Bundeskanzlerin 2016 so beschreiben. Denn zu Beginn der ersten großen Flüchtlingswelle Anfang 2015 hatte die Türkei noch alles getan, um die Seewege nach Europa zu blockieren. Aber schon damals ohne Erfolg. Fachleute in der Türkei behaupten seitdem, Polizei und Küstenwache seien schlicht überfordert. Inzwischen sei bei ihnen außerdem die Motivation gesunken, Flüchtlinge aufzuhalten. Auch weil die Menschen im Land selbst die Lastenverteilung als ungerecht empfinden.

Dabei kann sich die Bilanz der Küstenwache entlang der über 1 000 Kilometer langen Westküste zum Mittelmeer sehen lassen. Auf dem Weg zu den Ägäis-Inseln seien über 45 000 Menschen aufgegriffen worden. Fahrten im Landesinneren mit dem Bus, mit dem Zug oder in kleinen Lastwagen werden strenger kontrolliert.[18] Vor allem auf den Straßen, die in westtürkische Grenzstädte führen. Von denen man weiß, dass dort viele Flüchtlinge versuchen, in die EU-Länder Bulgarien oder Griechenland zu gelangen. Denn obwohl die Grenze zu Griechenland durch Panzergräben, Doppelstahlzäune, Stacheldraht und Wärmebildkameras stark militarisiert und damit gesichert scheint, lassen sich die Flüchtlinge nicht von ihrem Weg abbringen. Auch wenn jetzt die türkischen Beamten bereits die Wege dorthin stärker kontrollieren. Wer auf türkischer Seite festgenommen wird, kommt in der Regel in eines der beiden Abschiebegefängnisse im Grenzgebiet zu Griechenland. Kirklareli, das größere der beiden Haftzentren, fasst etwa 1 000 Menschen. Als wäre Flucht schon ein Verbrechen an sich.

In diesem besonderen Jahr 2015 war während der Verhandlungen zwischen Ankara und Brüssel und den Gesprächen zwischen der deutschen Kanzlerin und dem türkischen Präsidenten immer wieder von dem sogenannten »Rückübernahmeabkommen« die Rede. Deutschland hat seit den 1990er-Jahren eine Vielzahl solcher Abkommen mit anderen Staaten geschlossen, seit dem 1. Oktober 2014 ist das Abkommen mit der Türkei in Kraft. Es verpflichtet die Türkei zur Rückübernahme irregulär über die Türkei in die EU eingereister Staatenloser oder Drittstaatsangehöriger. Im Gegenzug stellte die EU Erleichterungen in der Visumspflicht für türkische Staatsangehörige für Kurzaufenthalte im Schengenraum in Aussicht. Da aber die Türkei ebenso zahlreiche Rückübernahmeabkommen mit Herkunftsstaaten abgeschlossen hat, kann das Ganze für die Flüchtlinge fatal ausgehen. Denn jetzt könnten sie der akuten Gefahr von Kettenabschiebungen ausgeliefert sein. Ohne je die Möglichkeit zu erhalten, ihre Fluchtgründe darzulegen. Dies würde dem völkerrechtlich anerkannten Non-Refoulement-Prinzip eindeutig widersprechen. Da erhebt aber keiner eine Anklage.

Die Registrierung von Flüchtlingen durch die türkischen Behörden ist insgesamt sehr unvollständig. Ein Großteil der Flüchtlinge, denen es gelingt, in die Türkei einzureisen, vermeidet es auch bewusst, sich bei den Behörden zu melden. Sie wissen sowieso, dass es für sie kaum eine dauerhafte Bleibeperspektive geben wird. Stattdessen wollen sie, wenn sie können, weiter in die EU. Sie, das sind noch 2015 überwiegend die Männer, Väter, Brüder und älteren Söhne. Zurück bleiben in der Türkei: die Frauen und Kinder.

Was sich zudem verhängnisvoll auswirkt für die flüchtenden Menschen in der Türkei: Die Genfer Flüchtlingskonvention wurde von der Türkei zwar ratifiziert, aber ihre Anwendung auf Flüchtlinge aus Europa reduziert. Das funktioniert durch einen Trick: den sogenannten geografischen Vorbehalt. So haben nichteuropäische Flüchtlinge lediglich das Recht zu einem zeitlich begrenzten Aufenthalt in der Türkei. So lange, wie ihr Schutzgesuch vom Hochkommissar der Vereinten Nationen für Flüchtlinge (UNHCR) geprüft wird. Dieser sucht dann im Falle einer Anerkennung des Flüchtlingsstatus im Rahmen des »Resettlement-Programms« einen Staat, der bereit ist, die betreffende Person aufzunehmen. Dabei kann der UNHCR zwar Empfehlungen aussprechen, aber die Staaten können letztlich selbst entscheiden, ob sie den Flüchtling aufnehmen. Kriegsflüchtlinge gehören hier selten dazu. Denn die sind »subsidiär schutzbedürftig«, das heißt, sie werden nicht individuell verfolgt, sondern sind Opfer von Krieg und anderen ernsthaften Bedrohungen.

Einige jesidische Mütter haben mir bei den Gesprächen im Flüchtlingslager bei Diyarbakir erzählt, sie würden auf legalem Weg versuchen rauszukommen, mit Anträgen beim UNHCR. Ihr Ziel ist und bleibt Europa, der sichere Hafen. Am liebsten dabei: Deutschland. Sie wissen aber selbst, dass das Monate dauern kann. Fachleute in der Türkei, die den Flüchtlingen helfen wollen, geben darum oft auch resigniert zu, dass solche Verfahren Jahre dauern können. Zehn Jahre ohne dauerhafte Bleibeperspektive in der Türkei verweilen, noch dazu in einem Flüchtlingslager – was ist das für eine Zukunft?

Dazu kommt: Die Lebensbedingungen der Schutzsuchenden in der Türkei sind zwar exakt reglementiert, aber nicht unbedingt von Mitmenschlichkeit gekennzeichnet. So werden sie während ihres Asylverfahrens in eine von rund 50 Satellitenstädten geschickt. Die sich überwiegend im Inneren des 800 000 Quadratkilometer großen Landes befinden. Dort müssen sie bis zu ihrer Ausreise verbleiben. Sie dürfen diese Städte ohne die Erlaubnis der Polizei nicht verlassen. Sonst werden alle laufenden Verfahren auf Asyl oder Resettlement beim UNHCR eingestellt. Gerade einmal 220 000 der 2,8 Millionen Flüchtlinge sind in solchen von der Regierung betriebenen Camps in der Türkei untergebracht. Die überwiegende Mehrzahl der Flüchtlinge ist ohne finanzielle oder materielle Unterstützung sich selbst überlassen. Und mehr noch: Wer arbeiten will, ist zusätzlich zu seiner Grundversorgung verpflichtet, für den Erwerb der Aufenthaltserlaubnis aufzukommen.

Pro Familienmitglied belaufen sich die Gebühren auf umgerechnet 170 Euro – die alle sechs Monate erneut fällig werden. Das ist eine ziemlich brutale Maßnahme, um die Flüchtlinge schnell wieder aus dem Land zu vertreiben. Erschwerend kommt hinzu, dass Flüchtlinge, die einen Resettlement-Platz erhalten, oft nicht ausreisen dürfen, wenn sie die durch die Gebühren beim Staat entstandenen Schulden nicht begleichen können.

So leben die meisten Flüchtlinge mangels finanzieller Unterstützung in Ruinen oder überfüllten Unterkünften, für die sie den privaten Besitzern dann auch noch Wucherpreise bezahlen müssen.

Der Schulbesuch für Flüchtlingskinder ist zudem mehr als schwierig. Einmal durch die Sprache, die meisten sprechen Arabisch und nicht Türkisch, dann durch die Schulkosten, die kaum bezahlt werden können. Dazu haben die meisten Kinder keine eigenen Ausweise, ein weiterer Hinderungsgrund für den Schulbesuch.

Ein anderes türkisches Gesetz erlaubt zwar großzügig, dass Flüchtlinge eine Arbeitserlaubnis erwerben dürfen. Was aber noch lange nicht heißt, dass sie auch eine bekommen. Hier will die deutsche Bundeskanzlerin dringend etwas verändern durch ihre Gespräche mit der Türkei. Denn eine Arbeitserlaubnis für Flüchtlinge ist an hohe Anforderungen geknüpft. So muss einerseits die geflüchtete Person ein Arbeitsangebot vorweisen. Andererseits muss der potenzielle Arbeitgeber nachweisen, dass diese Stelle nicht mit einem türkischen Staatsangehörigen besetzt werden kann. Zudem fordert der türkische Staat, dass der Antragsteller während des Verfahrens den Flüchtling finanziert. Das sind alles administrative Hürden, die schwer zu überwinden sind. Das Ergebnis all dieser Vorschriften: Die meisten Flüchtlinge arbeiten für einen geringen Lohn schwarz. Sie verdienen im Schnitt etwa 250 US-Dollar im Monat. Die Hälfte des türkischen Mindestlohns. Kinder der

Flüchtlingsfamilien trifft es besonders hat: Die wenigsten gehen in die Schule, sie betteln auf der Straße. Eine ausweglose Situation.

So wundert es nicht, wenn Hunderttausende der Flüchtlinge aus Syrien, dem Irak und Afghanistan die Türkei nur als Durchgangsland betrachten. Wenn sie weiter nach Europa fliehen, um unter diesen Umständen ganz schnell wieder aus der Türkei rauszukommen. Das wird so lange gehen, bis in ihrer Heimat wieder Frieden herrscht oder menschenwürdige Bedingungen eine Zukunft ermöglichen. Das aber ist noch lange nicht in Sicht.

Immer klarer wird: Zur Lösung der Flüchtlingskrise braucht die Türkei Europa und Europa die Türkei. Wobei sich die Staatsbesuche der EU-Regierungschefs in Ankara wie Perlen in einer Kette aneinanderreihen. Die Türkei fordert nun nicht mehr drei, sondern sechs Milliarden Euro Unterstützung, um die Flüchtlinge im eigenen Land besser zu versorgen. Aber vor allem der nicht erkennbare innere Friede hemmt Europa bei den Zugeständnissen an die Türkei. Sur, der alte Teil Diyarbakirs, gleicht nach den dreimonatigen Kämpfen der Türken gegen die Kurden nur noch einem Schuttberg. Mindestens 200 Zivilisten kamen im Krieg im Osten des Landes zwischen der PKK und der türkischen Staatsmacht ums Leben. Die Pressefreiheit scheint im ganzen Land Makulatur, und die Grenze zu Syrien ist jetzt ganz geschlossen. Keine Flüchtlinge dürfen mehr rein. Auch nicht die bis zu 100 000 Menschen aus der fast umschlossenen Stadt Aleppo. Dafür schaffen es Tag für Tag, Nacht für Nacht bis zu zweitausend flüchtende Menschen auf Gummibooten in Richtung Europa. Menschen, die fliehen, sind nicht aufzuhalten. Weil das den Europäern auch klar ist, wollen sie mit der Türkei eine Lösung finden.

## Das neue EU-Abkommen

Dann aber, nach weiteren schrecklichen Attentaten in Istanbul und Ankara, wird ein unerwartetes und keineswegs einfaches Abkommen mit der EU geschlossen. Ein Flüchtlingsdeal, für den die Türkei ein »sicherer Drittstaat« werden muss, das bedeutet, dass sie der Genfer Flüchtlingskonvention Geltung verschaffen muss. Denn deren Schutz gilt in der Türkei bislang wie oben ausgeführt nur für Europäer, also nicht für Syrer oder Iraker. Von geregelten Asylverfahren kann man darum in der Türkei auch nicht sprechen. Weshalb die Schutzsuchenden, die aus der Illegalität herauskommen wollen, nur die Chance haben, sich an das UN-Flüchtlingshilfswerk in Ankara zu wenden. Dort türmen sich die Anträge von Iranern, Pakistanern und anderen Geflüchteten, die Aufnahme im Westen suchen. Die Wartezeiten betragen oft Jahre. Das aber soll jetzt der Vergangenheit angehören. Mit dem »Eins-zu-eins-Abkommen« und sechs Milliarden Euro wollen die europäischen Staaten syrische Flüchtlinge in genau der Zahl aufnehmen, in der die Türkei Flüchtlinge aus Griechenland zurücknimmt. Vorausgesetzt, sie haben nicht in der Türkei Asyl beantragt. Außerdem ist vereinbart, dass Hunderttausende Flüchtlinge aus der Türkei jetzt außerhalb dieses Systems ausgeflogen werden nach Europa. Für die Türkei jedenfalls ist das ein großer Schritt in Richtung Aufnahme in die EU. Es muss jetzt nur noch alles funktionieren ... Ob das ganze Abkommen wirklich den flüchtenden Menschen hilft, ist umstritten. Die großen Hilfsorganisationen kritisieren den Deal jedenfalls heftig. Jetzt muss der Handel erst mal anlaufen ... Während des Jahres 2016 werden wir merken, ob es eine »mit-menschliche Lösung« ist.

Bilder, die wir nicht vergessen

Es sind immer Bilder, die uns berühren, unsere Seelen erreichen und uns mitfühlen lassen: das Foto des dreijährigen Aylan, den aus dem gekenterten Schlauchboot die Strömung zurückgespült hat an den Strand des mondänen türkischen Badeortes Bodrum. Der mit dem Gesicht im Sand gefunden wird, die Beine und Arme nach hinten ausgestreckt. Tot. Seine Mutter und sein anderer Bruder sind bei dem Unglück auf der Flucht über das Meer auf die griechische Insel Kos ebenfalls ertrunken. Aber das Meer hat ihre Leichen nicht mehr hergegeben. Nur der Vater überlebt. Wie kommt er damit zurecht, der Syrer aus Damaskus, der es mit seiner Familie immerhin bis an die türkische Küste von Bodrum geschafft hat? Fast bis nach Europa?

Oder das Foto der verzweifelten Kinder, die nach Löchern im Stacheldraht suchen. Die durchwollen, von der syrischen Stadt Tal Abyad in die Türkei. Wie grinsende Schergen sie ohne Emotionen ansehen, sie zurückdrängen. Wie die Soldaten Wasserwerfer einsetzen und Warnschüsse abfeuern. Die beiden Kinder schaffen es am Ende, weil türkische Zivilisten auf der anderen Seite des Zaunes Mitleid haben und ihnen helfen.

Und schließlich das UNICEF-Foto des Jahres 2015: als zwei Flüchtlingskinder an der griechisch-mazedonischen Grenze verzweifelt zwischen den die Flüchtlinge zurückweisenden Soldaten stehen. Sie halten sich an den Händen, der weinende Junge und seine schreiende ältere Schwester. Sie strecken hilflos ihre Arme aus. Von hinten drängen die Massen der flüchtenden Menschen nach. Wer hat diese Kinder nach vorne geschickt? Quasi an die Front? Haben sie jetzt ihre Eltern verloren? Sie scheinen von ihnen getrennt. Vollkommen verlassen unter den brutalen, schiebenden und schlagenden Soldaten. Wie werden sie eines Tages mit diesen Erlebnissen umgehen können? Wo werden sie landen? Ankommen?

UNICEF, das Kinderhilfswerk der Vereinten Nationen, schätzt, dass jeder vierte der 730 000 Flüchtlinge auf der Balkanroute zwischen Januar und November 2015 ein Kind war: 182 500 Kinder. Wie werden sie den langen, mühsamen und so harten Weg der Flucht wegstecken? Wie werden sie dann, so sie ihn erreichen, im »sicheren Hafen« schlafen können?

Im Nordirak seien es 500 000 Kinder gewesen, die mit ihren Eltern die Städte und Dörfer verlassen mussten. Fast so viele Kinder, wie Nürnberg Einwohner hat. Sie sind jetzt alle auf der Flucht und versuchen nahe der Grenze zu den umliegenden Staaten in ruhigeren Regionen unterzukommen. Kinder, die nicht in die Schule gehen können, ihre Freunde verloren haben und immer noch unter den traumatischen Angriffen von Bomben, Granaten und Scharfschützen leiden.

# BUCH 3

# Libanon

*Menschenunwürdige Umstände im Libanon:*
*die Situation der Frauen und Kinder im Bekaa-Tal*

Libanon: ein kleines Land, gerade mal halb so groß wie Hessen. Rund 4,5 Millionen Einwohner und 1,1 Million registrierte Flüchtlinge seit Beginn des Syrien-Krieges. Hinzu kommen etwa 900 000 illegale Flüchtlinge. Vermuten die Hilfsorganisationen. Obwohl sich mir da die Finger beim Schreiben sträuben – denn niemals ist ein Mensch irgendwo illegal. Im Januar 2015 hat der Libanon die Grenzen geschlossen. Das Land ist längst hoffnungslos überfordert. Überfordert von den rund zwei Millionen Menschen aus dem Kriegsgebiet, aber auch von einer immer schlechter werdenden wirtschaftlichen Situation. Vor allem diejenigen syrischen Flüchtlinge retten sich zu den nahen Nachbarn, die hier früher zur Erntezeit Arbeit fanden.

Man stelle sich diese Situation einmal für Deutschland vor: Fast die Hälfte der Menschen hier wären Flüchtlinge! Bei einem ähnlichen Verhältnis zwischen Bevölkerung und Flüchtlingen müsste Deutschland etwa 35 Millionen Menschen aufnehmen, integrieren. Die Hilfsorganisation Oxfam hat berechnet, dass der Libanon, ebenso wie Jordanien, das 60-Fache dessen geleistet hat, was seiner wirtschaftlichen Leistungskraft angemessen wäre. In Prozentzahlen ausgedrückt bedeutet dies: Der Libanon und auch Jordanien übersteigen die Hilfsbereitschaft der USA (76 Prozent des »fairen Anteils«), Frankreichs (45 Prozent) und auch Deutschlands (152 Prozent) bei Weitem. Kein Wunder, wenn im Libanon der wirtschaftliche, politische und demografische Druck wächst. Die Grenzen der Belastbarkeit sind überschritten: Das Wasser ist knapp, die Nahrungsmittelpreise sind horrend angestiegen. Die Mietpreise haben sich wegen der gestiegenen Nachfrage vervierfacht. Schulen und Krankenhäuser sind überfüllt, und die Konkurrenz um die wenigen Arbeitsplätze wird täglich größer. Dazu ist der syrische Bürgerkrieg auch in den schönen Zedernstaat getragen worden. Das zeigen die Kämpfe und Attentate in der Hafenstadt Tripoli, in Sidon und in der Bekaa-Ebene ebenso wie die Bombenanschläge 2015 in Beirut. Eine gefährliche Situation für dieses politisch und religiös komplizierte Land, das tapfer versucht hat, nach 15 Jahren Bürgerkrieg endlich auf die Beine zu kommen. Denn im Libanon leben bereits seit rund 60 Jahren Flüchtlinge aus Palästina in Lagern und abgeschotteten Slums, heute wird ihre Zahl auf etwa 400 000 geschätzt. Dazu kommen Zehntausende Flüchtlinge aus dem Irak und 300 000 Migranten aus den ärmsten Staaten Afrikas und Asiens. So ist der derzeitige Friede höchst fragil. Darum verhindert auch die Regierung, dass für die syrischen Flüchtlinge feste Lager errichtet werden. Aus Angst, die Kriegsvertriebenen könnten für immer bleiben. Wie die Palästinenser. Die inzwischen in isolierten Städten wohnen. Unter schwierigsten Bedingungen. Sprengstoff für die libanesische multikulturelle Gesellschaft. Die Folgen dieser Kriegsgeschichten aus den Jahren 1948 und 1967 müssen jetzt die »neuen« Flüchtlinge aus Syrien büßen. Dazu kommt, dass zwischen Syrien und dem Libanon seit 1990/91 unterschwellig immer schon Konflikte existierten. Die Syrer waren früher unbeliebt, da Syrien den Libanon über lange Jahre de facto besetzt hielt. Erst vor wenigen Jahren sind die letzten syrischen Soldaten abgezogen. Und jetzt der Krieg im Nachbarland.

Das alles ist in den Zeitungen zu lesen. Aber was erleben die Menschen dort? Die syrischen Flüchtlingsfrauen und ihre Kinder? Denn auch im Libanon, so habe ich gehört, sitzen überwiegend Frauen und Kinder fest. Die Männer kämpfen in Syrien im Krieg, sind gefallen oder in den Folterkellern des Assad-Regimes umgekommen.[19] Ein Großteil aber versucht in diesem Jahr nach Europa zu kommen. Ich steige also an einem sonnigen Spätnachmittag am Flughafen Beirut in das Taxi. Ziel: Zahlé, eine Bergstadt auf der östlichen Seite des Libanongebirges, hoch über dem Bekaa-Tal. Dort sollen die meisten der syrischen Flüchtlinge Unterkunft gefunden haben. Wie das aussieht? Die libanesische Regierung verweigert den Flüchtlingen Zelte, will verhindern, dass es richtige Lager und Camps gibt. Das Land hat große Angst, dass es so ausgehen könnte wie mit den palästinensischen Flüchtlingen, die nun seit Jahrzehnten in ihrem Land festsitzen. Diejenigen Syrer, die noch Geld haben, leben in Wohnungen in Beirut. Die sind teuer. Oder sie kommen in Moscheen unter, die Suppenküchen einrichten und eine Lagerstatt bieten. Die meisten jedoch hausen in Rohbauten, in Lagerhallen – und in der Bekaa-Ebene.

Es ist eine schöne Fahrt hinüber über die Berge in das grüne Tal. Bis zu 3000 Meter hoch ziehen sich die Gipfel. Im Winter schneebedeckt und früher bekannt für ihre exklusiven Skiorte: »Wedeln unter Zedern«, das ist auch vorbei. Von den weißen Gipfeln leitet sich übrigens der Name des ganzen Landes ab: Libanon. »lbn« ist die semitische Sprachwurzel für weiß.

Nach einer knappen Stunde sind wir da. Zahlé ist nur 20 Kilometer entfernt von der Grenze zur alten syrischen Heimat der Flüchtlinge. So nah – und jetzt doch so fern. Das Bekaa-Tal ist der Obstgarten des Libanon. Das ganze Land lebt von den hier angebauten Produkten, vom Gemüse, vom Obst und von den Weintrauben. Alles gedeiht reichlich. Die hier gekelterten Weine landen zu hohen Preisen in europäischen Luxus-

Restaurants. Aber jetzt hausen hier die Flüchtlinge, in selbst zusammengebastelten Zelten, Hütten, Settlements, ich weiß nicht, wie ich diese Mischung aus Plastikplanen, Holzbrettern, und ausgemusterten Baumaterialien nennen soll. Als mich ein UNICEF-Mitarbeiter zu einer ersten Rundfahrt mitnimmt, kann ich kaum glauben, was ich sehe. ITS nennt man diese Ansiedlungen, Informal Tented Settlements, was so viel heißt wie provisorische Zeltsiedlung. Der pure Hohn. Die Lebensbedingungen sind furchtbar, eigentlich unmenschlich. Weder das wenige Plastik noch die Bretter oder Pappen halten im Sommer die Hitze ab, geschweige denn im Winter ab November die eisigen Stürme und den Schnee. Allein rund um die hübsche kleine Bergstadt Zahlé existieren 70 solcher Siedlungen, im ganzen 120 Kilometer langen und acht bis zwölf Kilometer breiten Tal sind es 1 278 ...

Die syrischen Flüchtlinge zahlen dem Landbesitzer eine monatliche Miete für das Stückchen Grund, auf dem sie ihr neues Zuhause einrichten durften. Zwischen 50 000 und 100 000 libanesische Pfund, das entspricht 30 bis 60 Euro. Geld, das sie nicht haben. Noch dazu, wo die Vereinten Nationen die Unterstützung für Flüchtlinge seit dem Sommer 2015 von 26 Dollar auf 13 Dollar pro Mensch und Monat reduziert haben. Weil die internationale Staatengemeinschaft nicht genug einzahlt, weil die reichen Länder nicht mehr helfen. Es ist ein Skandal. Erfreulicherweise hat bis jetzt Deutschland jedes Jahr seinen Anteil an Hilfsleistungen nach New York überwiesen. Auch dank des engagierten Einsatzes des deutschen Entwicklungshilfeministers Gerd Müller.

Wer lebt nun in diesen kargen Behausungen? Wie schaffen es die Menschen, hier Sommer und Winter zu überleben? Zelte will ich diese Notunterkünfte aus Papier, Pappe, ein wenig Holz und Plastik wirklich nicht nennen. Was ich als Erstes erfahre: Die fehlenden Männer haben sich genau in dem Moment von hier auf den Weg nach Europa gemacht, als das Welternährungsprogramm die monatlichen Zahlungen auf die Hälfte gekürzt hat. Da war den Familien klar: Damit kann man hier im Libanon nicht leben – und nicht sterben. Die Familien kratzten dann schnell noch das letzte Geld zusammen, liehen sich, wenn möglich, noch ein wenig von den anderen Familienmitgliedern. Und am liebsten wollen sie alle nach Deutschland. Ich höre das überall, das wird bei den ersten Begegnungen sofort klar. Egal wie alt die Menschen sind. Aber das Geld reiche, wenn überhaupt, nur für einen Menschen. Und das sind dann die Väter, die Söhne, die Brüder, einfach »die Stärkeren«. Aber weg wollen auch die Mütter, die Töchter und Schwestern. So schnell als möglich. Auch, weil sie nun als alleinstehende Frauen den Vermietern, Arbeitgebern und auch den Polizisten und Soldaten schutzlos ausgeliefert sind. Amnesty International prangert das immer wieder an. Und auch ich werde es aus den Geschichten vieler Frauen heraushören ...

Die erste Geschichte aber ist eine gute im Bekaa-Tal: Die 16-jährige Eman, seit eineinhalb Monaten mit einem jungen Syrer verheiratet, erzählt mir stolz, dass sie sich beide nächste Woche auf den Weg machen, legal mit einem Flugticket ab Beirut in die Türkei. Eman ist ein höchst attraktives Mädchen, kräftig geschminkt, das Tuch eng am Kopf gebunden, damit ja kein Haar herausspitzt. Was sie sich erwartet von Deutschland? »Arbeit, Sicherheit, vor allem für die Kinder, die dann kommen ...« Wie sie von der Türkei aus weiterkommen wollen? Illegal ... sagt sie zögerlich. Weiter auf den Schleuserpfaden ab Istanbul. Wie, will sie mir nicht erzählen. Ich fürchte, sie weiß es selbst nicht. Ihr Ehemann habe alles vereinbart, die Eltern hätten ihnen das Geld gegeben ... Seine Eltern. Die sind noch in Syrien. In Homs, das zur Hälfte zerstört ist. Aber in Deutschland erwartet die beiden dann Emans Vater. Und ihre Mutter? Die bleibt im Libanon, im selbst gebauten, windigen und wackeligen Zelt, mit den anderen Schwestern. Alles Mädchen. Hat Eman deshalb ein schlechtes Gewissen? »Nein, ich hoffe ja, dass sie alle nachkommen können, wenn wir einen Asylantrag gestellt haben.« Spricht's und wendet sich selbstbewusst zum Gehen. Im langen, schwarzen Rock, aber mit hohen Stöckelschuhen. Ein wenig unsicher auf dem welligen Betonboden im Frauenzentrum in dem Dorf Sifri, nahe der Hauptstraße, die sich durch das Tal windet.

Auch die 38-jährige Laila ist hier im Bekaa-Tal mit ihren Kindern zurückgeblieben. Ihr Mann – längst auf dem Weg gen Europa. Sie wartet jetzt nur, bis sie nachkommen kann. Lailas Mann hatte hier drei Jahre als Flüchtling in einem Printshop gearbeitet, sie hilft als Lehrerin aus im Women Rescue Center. Wohnt in einem Einzelzimmer in dem kleinen Dorf, mit Kochnische und Bad darin. Mit ihren vier Kindern. Fünf Menschen also auf engstem Raum – der Vater ist ja nicht mehr da. Sie versucht über das UNHCR rauszukommen. Als sogenannter »Kontingentflüchtling«. Doch sie weiß auch, dass das eine Hoffnung mit geringer Chance auf Erfüllung ist: »Wenn das nicht klappt, gehen wir eben den illegalen Weg.« Aber auch ihr fehlt das Geld. Für jeden in der Familie bräuchte sie 3000 Dollar. Insgesamt 15 000 Dollar – eine unvorstellbare Summe! Ich höre ihr verzweifelt zu. Weil ich weiß, dass Laila mit den fünf Kindern vermutlich noch lange Zeit im Libanon ausharren muss. Sommer und Winter. Ein Ende des Krieges in Syrien ist noch in weiter Ferne.

Chaza dagegen erklärt mir, dass der Frieden bald komme. Da sei sie sich sicher. Die 30-jährige Syrerin und Mutter von drei Kindern hofft inständig darauf. Zusammen mit ihrem Mann, der im Libanon derzeit als Schreiner einen Job gefunden hat, will sie nach diesem Krieg wieder zurück in ihre Heimat. »Was bringt es denn, wenn alle weggehen? Wer kann denn dann Syrien wiederaufbauen?«, fragt sie mich. Die kleine Familie zahlt in Sifri 200 Dollar im Monat für einen einzigen Raum mit Küche. Und das seit nun vier Jahren, seit der Flucht zu Fuß über die Grenze. Seit sie im libanesischen Grenzort Maschdal Ansar gelandet sind, von Schneebergen umgeben, nur eine Autostunde von Damaskus entfernt. Das Auto mussten sie allerdings unterwegs stehen lassen. Früher war das Städtchen eine Schmugglerhochburg, erzählt Chaza lachend. Heute ist es eine Art Auffanglager. Die erste Rast nach der Grenze. Aber Chaza gehört zu den Frauen, die nicht aufgeben, die ihre Hoffnung nicht verlieren. Sie wirkt mutig und engagiert. Umarmt ihre beiden kleineren Kinder liebevoll. Dann gibt ihr sogar der ältere Junge, etwa neun Jahre alt, vor meinen Augen einen Kuss auf die Wange – um dann ein wenig verschämt gleich wieder wegzulaufen. Chaza lächelt und blickt ihm verträumt nach.

30, 40 Frauen kommen jeden Tag in dieses Women Rescue Center in Sifri. Sie stützen sich gegenseitig und sind sich Trost. Auch die 30-jährige Amal mit ihren drei Kindern kommt regelmäßig vorbei. Streng muslimisch in einen schwarzen Hidschab gekleidet, will sie sich auch nicht fotografieren lassen. In Kutseija, einem Vorort von Damaskus, erzählt sie mir, habe sie mit den Kindern und ihrem Mann drei Tage und Nächte in der Wohnung durchgehalten. Es wurde ununterbrochen geschossen, es schlugen Granaten ein, Scharfschützen zielten auf alles und jeden in den Straßen. Als ihr Mann dann ganz vorsichtig aus dem Haus schlich, um wenigstens Brot und Wasser zu besorgen, erschoss ihn ein syrischer Soldat. Für Amal gab es dann keinen anderen Weg mehr, um die Kinder zu retten: die Flucht in den Libanon. Zu Fuß sind die vier über die Grenze gekommen und leben jetzt seit drei Jahren hier im Bekaa-Tal. Ihre Zukunft? Auch sie hofft auf Frieden. Auf einen Weg zurück, denn: »Ich will meinen Mann endlich richtig begraben.«

Libanon. Zahlen, Daten, Fakten

- 5,8 Millionen Einwohner
- Seit 1926 ist der Libanon eine Republik mit einer parlamentarischen Demokratie
- Es leben 18 anerkannte Religionsgemeinschaften im Libanon, vor allem maronitische Christen, schiitische und sunnitische Muslime (59,7 Prozent)
- Die vier Staatsämter sind vier religiösen Gruppen vorbehalten: maronitischen Christen, schiitischen Muslimen, sunnitischen Muslimen und römisch-katholischen Christen
- Die Staatsverschuldung beträgt 51,5 Milliarden Dollar und ist gemessen an der Wirtschaftsleistung eine der höchsten auf der Welt
- 1,172 Millionen registrierte syrische Flüchtlinge, dazu vermutlich 900 000 nicht registrierte »Illegale«
- Seit der Kriege 1967 und 1990 zusätzlich 1,2 Millionen palästinensische Flüchtlinge
- Über die Hälfte der Flüchtlinge im Libanon sind Kinder
- Hauptsprache ist libanesisches Arabisch, dazu Französisch und jetzt auch Englisch in den Schulen
- Die Alphabetisierungsrate der Erwachsenen über 15 Jahre beträgt 87,4 Prozent
- Von 1970 bis 1990 herrschte der erste Bürgerkrieg. Gründe: Konflikt mit den Palästinensern und sich verschärfende soziale Unterschiede

*ITS Nummer 004*

Die letzte Station an diesem ersten Recherchetag ist das ITS mit der Nummer 004: 85 Hütten, oder »Zelte«. 800 Menschen leben hier. Es kommt mir fast komfortabel vor: Es gibt Hühner, Tauben flattern in einem Verschlag auf Augenhöhe, schwarze Kühe käuen ihr Heu in einem hölzernen Unterstand wieder.

Weiße Plastikstühle sind vor ein paar liebevoll bepflanzten Blumentöpfen dekoriert. Ich bin gerührt.

Aber auch: Müll, Müll, Müll. Auch sie werfen alles weg. Nicht nur auf einen Haufen, sondern überallhin. Haben schon der Libanon und seine Bürger ein dramatisches Müllproblem, so scheinen die Flüchtlinge das Verhalten ihrer Gastgeber zu kopieren. Eine Müllabfuhr gibt es nicht. Die Kommunen im Libanon haben dafür angeblich kein Geld mehr. Die Mülldeponien in den Händen weniger Reicher verlangten immer höhere Preise – und jetzt bleibt alles im ganzen Land auf großen Abfallbergen liegen. Zum Glück ist noch keine Seuche ausgebrochen. Auf dem Weg vom Flughafen hinauf in die Berge schüttle ich beim Anblick dieser wilden Mülldeponien nur noch den Kopf. Das ist aber im Libanon nur ein Nebenkriegsschauplatz.

Seit zwei Wochen haust Syria zwischen Brettern, Plastikplanen und Betonmäuerchen in dieser ITS. Mit ihren neun Kindern und ihrem Mann ist die 35-jährige Syrerin hierhergezogen. In der Hoffnung, für die beiden großen Kinder, den 16-jährigen Jungen und die 13-jährige Tochter, eine Arbeit zu finden. Bis jetzt aber ohne Erfolg. Insgesamt erhalten sie vom UNHCR 70 Dollar im Monat, sagt sie. Ich rechne zwar im Kopf aus, dass es mindestens 143 Dollar sein müssten, aber das verneint sie. Sie können sich gerade mal Brot und Tee kaufen. Aus ar-Raqqa ist die Familie vor drei Jahren geflohen. Das neunte Kind war damals noch ein Baby und wurde auf den Rücken der Mutter gepackt. Die Heimatstadt mit rund 180 000 Einwohnern war von den IS-Terroristen erobert worden. Seitdem sei dort das Leben unerschwinglich teuer geworden, erzählt Syria. Und gefährlich. Dazu gab es kein Brot mehr zum Essen, kein Gas mehr zum Kochen. Die Kinder hätten schon Gras gegessen. Für die Familie blieb nur eines: die Flucht. Bei Nacht und Nebel, auf geheimen Pfaden. Denn der Sicherheitskordon der

Libanesen wurde immer enger und undurchlässiger. In Syrien hat ihr Mann als Taxifahrer genug Geld verdient. Hier im Bekaa-Tal findet er keinen Job. Außerdem hat er Rückenprobleme und Atemnot. Liegt auf der dünnen Matratze und wirkt sichtlich deprimiert. Syria organisiert den kleinen Haushalt. Fordert wie ihr Mann, dass die Kinder arbeiten sollen. »Was ist mit Schule und Bildung?«, frage ich nach. Davon ist jetzt nicht die Rede. Das scheint ein weiteres, bitteres Kapitel. In fast allen Behausungen erlebe ich zu viele Kinder, die alle möglichen Aufgaben übernehmen, die arbeiten und ihren Eltern helfen. Oder sich einfach nur die lange Zeit vertreiben. Aber nicht in eine der Zeltschulen gehen, die von engagierten Hilfsorganisationen aufgebaut, eingerichtet und betrieben werden. Aber immerhin gibt es sie. Wenn es auch viel zu wenige sind.

In der Abendsonne fahren wir zurück durch diese schöne Landschaft in den Süden nach Zahlé – voller widersprüchlicher Eindrücke und Gedanken. Das Tal liegt so friedlich da, eingerahmt auf beiden Seiten von Bergketten. Wir spüren und hören nichts vom nahen Krieg im Osten in Syrien. Im Westen, über der Hauptstadt Beirut, geht die Sonne unter und fällt ins nahe Mittelmeer. Die Menschen könnten hier so gut leben, alles wächst und gedeiht, zurzeit vor allem Weintrauben, Tomaten und Zucchini. Aber all das ist für die meisten Flüchtlinge unbezahlbar. Morgen führt mich die libanesische Übersetzerin Cecilia in weitere Zeltsiedlungen, im Norden, nahe der einst blühenden römischen Metropole Baalbek.

## Die große Angst vor dem Winter

Stundenlang sitze ich in diesen Tagen auf dem Boden oder auf einer dünnen Matte in den Unterkünften der Frauen und ihrer Kinder. Höre ihnen zu, trinke zwischendurch den freundlich angebotenen Tee. Meine Knie rebellieren. Ich bin das Sitzen im Schneidersitz einfach nicht gewohnt. Im Gegensatz zu all den Syrerinnen, die sich sichtlich über Abwechslung und Besuch freuen. Mich beschäftigt vor allem die Frage: Wie überstehen die Menschen es in diesen windigen Behausungen im Winter? Denn in der Bekaa-Ebene schneit es ab November, der Schnee liegt meterhoch, und es weht wochenlang ein eisiger levantinischer Wintersturm. Gar nicht daran zu denken, was bei Tauwetter das geschmolzene Schneewasser mit den Matratzen und Decken auf dem Boden anrichtet. Bei diesen Vorstellungen vergesse ich auch meine Knie. Das ist so nebensächlich im Vergleich zu den Geschichten, die ich hier höre, sehe, miterlebe.

Die 27-jährige Amira bittet uns freundlich zu sich herein, sie lebt mit ihren drei Kindern und ihrem Mann in dieser ITS, gleich neben ihrer 50-jährigen Mutter. Vor vier Jahren sind sie aus al-Bab bei Aleppo geflohen, wo sich die Rebellen und die syrische Armee gegenseitig beschossen. Überall fielen Bomben, auch noch auf ihrer Flucht. Unzählige Checkpoints mussten sie passieren, oft hundert, zweihundert Dollar bezahlen. Der Bus blieb dann irgendwo auf der Strecke liegen, dann mussten sie zu Fuß weiter. Noch ohne die Kinder, die kamen alle drei erst im Libanon zur Welt. Wie mutig, denke ich noch. Später erfahre ich, dass die Frauen im Bekaa-Tal kaum Zugang zu Empfängnisverhütungsmitteln haben. Eine wird mir noch erzählen: »Die wirken alle nicht.« Amira und ihr Mann haben sich die Zelt-Hütte mit dem harten Betonfußboden ein wenig wohnlich eingerichtet. Mit einem Fernsehapparat, der syrisches Programm empfängt. Einem kleinen Holzofen, der aber im Winter nicht viel Wärme verbreiten kann. Vor allem haben sie immer große Sorge, dass das Dach unter den Schneemassen wieder herunterbricht. Wie im letzten Jahr. Dann ist an Schlaf nicht mehr zu denken: »Wir haben große Angst gehabt, dass uns nach der überstandenen Flucht jetzt hier die Schneemassen begraben würden«, schildert Amira ihre Situation und weist immer wieder mit der Hand zur hölzernen Decke mit den Pappeinlagen. Auch seien die Kinder im Winter immer krank, aber das wenige Geld, das ihr Mann als Kaffeeverkäufer verdient, reiche nicht für den Arzt und die nötigen Medikamente. Es sei alles so schwierig, so hoffnungslos. Vor allem auch, weil ihre drei Kinder nicht korrekt registriert seien. »Es gibt keinen Beweis, dass sie tatsächlich meine Kinder sind«, erzählt sie verzweifelt. Denn sie besitzt nur die Geburtsurkunden aus dem Krankenhaus im Bekaa-Tal. Diese aber gelten im Libanon nicht als Beleg zur Registrierung. Eigentlich müsste sie zurück in die Heimat, damit ihre drei Kinder auch wirklich »ihre« Kinder werden. Und syrische Pässe bekommen. Verrückte Welt. Dazu die ständige Sorge, ob sie die monatlich 200 Dollar Miete an den Grundbesitzer zusammenbringen. »Wenn er sein Geld nicht bekommt, müssen wir hier raus«, erzählt sie sichtlich verzweifelt.

Amiras Mutter arbeitet bei dem Grundbesitzer auf dem Feld, für 6000 libanesische Pfund am Tag. Das sind vier Euro. Aber sie muss für ihre eigene Behausung Miete bezahlen. So kann sie ihre Tochter und deren Familie nicht groß unterstützen.

Amira überredet uns noch zu einem zweiten Glas Tee und kommt ins Erzählen. Dass die Frauen in Syrien Rechte hatten, dass Gewalt gegen Frauen verboten war. Aber jetzt würden die Männer ihre Frauen schlagen. Weil sie nicht wissen, wohin mit ihrem Frust, ihrer Depression. Manchmal flüchtet sie mit ihren drei Kindern zur Mutter. Die noch Amiras Bruder bei sich untergebracht hat. Es bedrückt sie auch, dass so viele Mädchen ganz früh verheiratet werden, natürlich gegen Geld. Oft als Zweit- oder Drittfrauen. Die 12- und 13-jährigen Mädchen müssen dann sehr schnell erwachsen werden, den Haushalt der Ehemänner und deren Erst- und Zweitfrauen führen und Kinder gebären. Wenn kein Geld für das Krankenhaus da ist, notfalls auch im Zelt. Wie Amira bei ihrem letzten, dem dritten Kind. Im ganzen Settlement herrsche Gewalt, fährt sie bedrückt fort. Ältere Jungen vergreifen sich an den jüngeren, Mädchen werden vergewaltigt, erzählen es aber zu Hause nicht, aus Scham – und sind dann plötzlich schwanger. Niemand passe auf, die Menschen hier trauten sich nicht mehr untereinander: »Wir sind doch alle Syrer in diesem Flüchtlingslager.« Eine bittere Bilanz. Amira hängt nicht einmal mehr ihre Wäsche draußen auf einer Leine auf. Dort würde sie gestohlen. Jetzt trocknet sie die Kleidung ihrer Familie am Vorplatz vor ihrer Tür. Sie weist mit der Hand dorthin, wo die Hosen und T-Shirts der Kinder hängen. Obwohl sie alle sicher sind im Libanon, obwohl hier keine Fassbomben fallen und nicht geschossen wird, wünscht sich Amira nur eines: wieder zurück nach Syrien zu gehen. Zurück nach Hause. Nicht mehr Flüchtling sein. Nicht mehr auf Almosen angewiesen sein müssen: »Damit ich das Lächeln auf den Gesichtern meiner Kinder sehe.«

*Viele Frauen träumen noch von ihrem »alten« Aleppo*

Amiras Kinder sind wenigstens nicht dem Krieg in ihrer alten Heimatstadt ausgesetzt. Anders die Menschen, die dort noch ausharren. Aleppo, was war das für ein Klang. Hauptstadt der islamischen Kultur, nach Mekka. Einst Handelsplatz und wichtigster Kreuzungspunkt zwischen Indien und der Euphrat- und Tigrisregion mit Damaskus im Süden. Weltkulturerbe. 60 000 Studenten an der Universität. Eine eindrucksvolle mittelalterliche Zitadelle, wunderschöne Moscheen aus der Umayyaden-Zeit und die berühmte Madrasa al-Halawiya, eine im 12. Jahrhundert gegründete Hochschule. In Friedenszeiten 2,5 Millionen Einwohner. Die Mehrheit Araber und Kurden. Aber auch 20 Prozent Christen.

Heute? Da befinden sich etwa 1,5 Millionen Bürger aus Aleppo auf der Flucht im eigenen Land. Weite Teile der Stadt sind zerstört. Im Osten herrschen die Rebellen, die mehr oder weniger radikalisiert sind. Den Westen hält das Regime von Assad. Seit die Russen im Krieg mitmischen, hofft der Herrscher aus Damaskus, Aleppo ganz in seine Gewalt zu bringen. Denn Aleppo zu verlieren bedeutete einen dramatischen Imageverlust für Assad. Und ein schlechtes Omen dazu. Aleppo ist also alles andere als ein friedliches Pflaster.

Amira hat ein Mobiltelefon. Wenn das Internet funktioniert in der ITS, versucht sie ihren Bruder oder seine Frau zu erreichen, die noch in Aleppo sind. Denn inzwischen wird es immer schwieriger, aus Aleppo zu fliehen. Die türkische Grenze ist zwar zum Greifen nah, nur 50 Kilometer entfernt. Aber die türkischen Grenzbeamten sind strenger denn je, nehmen vor allem seit den Verhandlungen in Brüssel mit der EU ihre Aufgabe sehr viel ernster. Heimlich durchschlüpfen geht nicht mehr, es sind auch zu viele Menschen, die aus der umkämpften Stadt fliehen wollen, fliehen müssen, um zu überleben. Im Osten erwarten sie die Dschihadisten, und im Westen hat Assad seine Truppen positioniert. Denen trauen die Bürger dieser einst so blühenden Stadt auch nicht mehr. Bei Assads Schergen gelten die Bürger Aleppos als nicht regimetreu und landen darum schnell in den gefürchteten Foltergefängnissen. Wer heute Aleppo als Wohnort in seinem Pass stehen hat, bekommt jedenfalls mit Sicherheit eine Menge Probleme an den unzähligen Checkpoints des Regimes, die sich wie ein Netz über das Land gelegt haben.

Amiras Schwägerin ist am Telefon eher zurückhaltend, wenn sie vom täglichen Leben in Aleppo erzählt. Dass die Stadt inzwischen zu den gefährlichsten der Welt zählt, wissen die beiden Frauen sowieso. Dass es wegen der vielen Straßensperren schwierig ist, an Wasser und Lebensmittel zu kommen, auch. Aber Amira wird sehr traurig, wenn sie hört, dass der schöne Park in der Nähe ihres alten Wohnhauses inzwischen zerstört ist. Dass sich ihre Familie oft kaum mehr auf die Straße traut. Obwohl sie alle zur Arbeit müssen, Geld verdienen, um von irgendetwas zu leben. Ihre Schwägerin will mit ihrer Familie auf jeden Fall bleiben. Nicht aufgeben. Nicht zu Hause sitzen und auf irgendwelche Hilfe von außen vertrauen. Die dann sowieso nicht kommt. Vor dem Bürgerkrieg hat sie englische Literatur studiert. Allerdings übernahm bereits kurz darauf die Al-Nusra-Front die Kontrolle über die Straße vor ihrem Haus. Das war 2010. Amiras Schwägerin floh daraufhin zu einer Verwandten in den Libanon, nach Beirut. Damals waren die Grenzen noch offen zwischen Syrien und dem kleinen Nachbarland. Aber es hielt sie nicht in der libanesischen Hauptstadt. Nach einem halben Jahr fuhr sie mit dem Bus und einem Sammeltaxi wieder zurück nach Aleppo. Seitdem lebt sie im Krieg, lebt mit dem Krieg und arrangiert sich damit, genauso wie ihr Mann und ihre Kinder. Führt den täglichen Kampf in einer Stadt ohne Strom und oft ohne fließendes Wasser. Sie setzt den Teekessel auf, nicht für Tee, sondern um mit der heißen Unterseite ihre Blusen und Kleider zu bügeln. Sie will nicht aufgeben, nicht nachgeben und sich nicht gehen lassen. Wenn im Nachbarhaus eine Bombe einschlägt, rennt sie raus, um zu helfen, und ist zugleich froh, dass es nicht ihr Haus getroffen hat. All das erzählt sie Amira am Telefon. Beide haben sie Angst vor dem Winter. Dem nun sechsten Winter im Krieg. In Aleppo drängen sich die Menschen in Ruinen, Rohbauten, Schulen oder Zelten. Weil immer mehr zerstört wird, weil unverändert Bomben einschlagen, Fassbomben explodieren und Raketen auch die schönsten Gebäude der Altstadt längst dem Erdboden gleichgemacht haben. Sicher, in Aleppo schneit es nicht im Winter, es wird auch nicht so kalt wie im Bekaa-Tal. Aber bei durchschnittlich zehn Grad wäre es schon oft angenehm, abends mit Holz wenigstens einen Raum wärmen zu können.

Amiras Schwägerin hat vor allem Angst vor den Scharfschützen. Wie damals im Krieg in Sarajewo zielen die Scharfschützen egal welcher Seite auf Kinder und Erwachsene gleichermaßen. Die Schwägerin kennt nun schon alle Balkone in ihrer Nachbarschaft, um sich darunter zu ducken auf dem Weg zu einem Brunnen. Aber deswegen davonlaufen? Nein, das kommt für sie nicht infrage. Noch gehen ihre Kinder in eine zwar teilweise zerstörte, aber noch funktionierende Schule. Noch verdient Amiras Bruder in einem Lokal rund 100 Dollar im Monat. Das ist wenig, vor allem nachdem im Krieg die Preise so dramatisch gestiegen sind. Aber wenn sie hört, wie Amira mit ihrem Mann und den Kindern im Bekaa-Tal lebt, dann will sie nicht tauschen. Wobei es ohnehin immer schwieriger wird, zu fliehen und Syrien zu verlassen.

## *Der Fahrer auf der Matratze*

Nächste ITS, nächste Station. Wieder diese windigen, wackligen Settlements – Hütten, Zelte, wie auch immer man sie bezeichnen mag. Wo die Flüchtlinge aus dem syrischen Krieg versuchen, mit wenigen Mitteln eine halbwegs heimelige Atmosphäre zu schaffen. Die 35-jährige Esme hat acht Kinder – und einen Mann. Aber der arbeitet nicht, der will nicht nach Europa fliehen, sondern er ist, so sagt sie auf Arabisch: »Der Fahrer auf der Matratze.« Will heißen: Er liegt da und macht nichts. Vor zwei Jahren sind sie alle zusammen aus al-Bab geflohen. Ihr jüngstes Kind auf dem Rücken, drei Monate alt. Ihr

Ältester arbeitet wenigstens, für 15 000 libanesische Pfund die Woche, rund zehn Euro. Ein gut bezahlter Job. Die Tochter hat einen Teilzeitjob, der mit 60 000 libanesischen Pfund noch besser bezahlt wird. Das hilft ihr und den Kindern. Aber auch der kranken Schwiegermutter, die auch noch bei ihnen wohnt. Von dem Geld kann Esme manchmal beim Shawish einkaufen, das ist der Verantwortliche für das Lager. Der Shawish betreibt einen kleinen Lebensmittelladen, kauft in den anderen libanesischen Geschäften die Waren zu reduzierten Preisen ein. Kurz bevor sie weggeworfen werden. Der Besitzer dieses Ladens ist zugleich auch der Grundbesitzer, der Landlord, wie sie ihn nennen. Der kassiert die Miete. Von ihm bekommt der Shawish ein festes Gehalt. So weit, so gut. Von allen Familien führt der Shawish Listen ihrer Schulden. Die er aber nie eintreibt. Bei manchen summieren sich die Schulden auf 600 000 libanesische Pfund, rund 400 Euro. Die Flüchtlinge werden sie nie abzahlen können.

Verzweiflung und Hoffnungslosigkeit – das spüre ich bei den meisten Frauen hier im Bekaa-Tal. Auch bei der 37-jährigen Aischa, die in einer anderen ITS lebt. Ihr Mann ist vor zwei Jahren, kurz nach ihrer Ankunft im Libanon, an einem Herzinfarkt gestorben. Seitdem trägt sie Schwarz, seitdem weiß sie nicht mehr, warum sie jeden Morgen aufsteht. Sie lebt, so sagt sie, vom guten Willen der Menschen im Libanon. Von den Vereinten Nationen, bei denen sie registriert ist als Flüchtling, von den 39 Dollar, die sie für sich und ihre beiden Kinder im Monat erhält. Wenn in ihrem Settlement eine UNICEF-Schule gebaut wird, dann will sie ihre fünfjährige Tochter dort hinschicken. Damit sie lesen und schreiben lernt. Und vielleicht einmal etwas aus ihrem Leben machen kann. Auch diese Syrerin: eine schöne Frau, mit einem tieftraurigen Blick.

Kleine Höhepunkte für sie sind die Treffen im größten Zelt im Settlement, da bügeln die Frauen die Hemden und Hosen ihrer Männer, da stützen sie sich gegenseitig. In dieser ITS gibt es, so sagen sie, einen großen Zusammenhalt. Anders als in der ITS von Amira. Hier helfen sie sich aus, wenn eine mal nichts oder zu wenig zu essen hat. Sie lachen miteinander, die Kinder gucken Videos auf ihren Mobiltelefonen und tanzen dazu. Glückliche Momente in einem sonst alles andere als beglückenden Alltag.

Es ist Mittagszeit und zu heiß für die Arbeit auf den umliegenden Feldern. Nur ein paar ältere Jungen treiben Ziegen zusammen, melken sie für den Besitzer. Die Settlements gehen häufig über in den Stadtbereich von Zahlé, ich sehe einen Vater mit seinem Sohn die Mülleimer durchwühlen und in einem Einkaufswagen aus einem Supermarkt die »Schätze« davonfahren. Das kann alles wieder zu Geld gemacht werden, die Familie wieder ein, zwei Tage ernähren. Sie wollen nicht fotografiert werden, sie schämen sich.

Die Geschichten der Frauen und Kinder ähneln sich, und doch trägt jede an ihrem eigenen Schicksal ganz alleine. Wie die 70-jährige Chambi, die die sechs Kinder ihres Sohnes versorgt. Die Mutter der Kinder hat wieder geheiratet und die Enkel einfach bei der Großmutter zurückgelassen. Dazu lebt mit Chambi in diesem Zelt die 28-jährige Schwiegertochter Feriar mit ihren fünf Kindern. Insgesamt 13 Menschen. Die Männer? Nicht da, weg – bei der Arbeit? Ich bekomme keine richtige Antwort. Ob ich nicht eines der Kinder mit nach Deutschland nehmen möchte, fragt die Großmutter. Sie hat das zerfurchte Gesicht einer Hundertjährigen, scheint ohne Hoffnung und tief verzweifelt ob der großen Aufgabe, diese Kinder zu versorgen.

## Zauberwort: Alemania

Deutschland, Alemania, das ist für alle hier, vor allem für die Kinder, ein Zauberwort. Da kriegen sie strahlende Augen, hängen sich an mich. Es zerreißt mir das Herz.

Immer wieder höre ich, dass Witwen Heiratsangebote von Männern bekommen, aber immer unter der Bedingung, die Kinder aus der ersten Ehe zurückzulassen. Die werden von den neuen Männern nicht akzeptiert. Auch die schöne Aischa hat so ein Angebot bekommen. Aber ihre Kinder zurückzulassen, das käme ihr nicht in den Sinn. Was ich von allen Frauen auch höre: Sie glauben nicht an einen schnellen und baldigen Frieden in ihrer Heimat. Sie richten sich auf eine lange Flüchtlingszeit ein. Sehen, wenn sie denn eines haben, auf einem alten Fernsehgerät die syrischen Programme und sind krank vor Heimweh und Kummer. Immer wieder höre ich, dass UNICEF eine Hilfe ist, dass Mitarbeiter vorbeikommen, ein Lebensmittelpaket bringen, Kleidung verteilen. Auch andere Hilfsorganisationen tauchen auf, helfen, bringen das Nötigste. Aber es bleibt immer nur »das Nötigste« … Wie wirklich helfen bei dieser immensen Aufgabe?

> 289 Millionen Dollar im Jahr ist lange nicht genug
>
> Um zu verstehen, wie eine Hilfsorganisation in einem Land wie dem Libanon agiert, nenne ich einige Hintergründe und Zahlen der UNICEF. Die Gesamtinvestition in die Flüchtlingshilfe im Libanon von UNICEF beträgt 289 Millionen Dollar im Jahr. Damit fließt der weltweit größte UNICEF-Etat in dieses kleine Land.
> 95 Mitarbeiterinnen sitzen in der libanesischen Hauptstadt Beirut. Da aber die meisten der syrischen Flüchtlinge in den Settlements im Bekaa-Tal festsitzen, übernehmen rund 20 weitere Mitarbeiter des Kinderhilfswerks der Vereinten Nationen direkt vor Ort in Zahlé die Aufbauarbeit.

Dazu gehört die Errichtung und Ausstattung von Schulen. Ziel von UNICEF ist es, Hand in Hand mit der libanesischen Regierung ein ordentliches Schulsystem aufzubauen. Eines, auf das sie dann auch alle ein Auge haben. Denn die Regierung ängstigt sich sicher nicht zu Unrecht vor radikalen Einflüssen im Klassenzimmer, das hier meistens ein windiges, etwas größeres Zelt ist.

Außerdem ist Wasser ein großes Thema. Wasser ist kostbar. Wasser ist Mangelware im Libanon. 90 Millionen Dollar werden hierfür jedes Jahr ausgegeben. Zur Wasserversorgung gehört auch der Bau der dringend nötigen Latrinen. Denn in den Anfangsjahren flossen die Exkremente und der Urin der Menschen einfach in die umliegenden Flüsse und Bäche.

Das dritte wichtige Thema ist die Fürsorge und der Schutz der Kinder. Sexuelle Übergriffe gilt es schnell zu erkennen und zu verhindern. »Gewalt gegen Mädchen und Frauen entwickelt sich wohl besonders in solchen dramatischen Situationen, wenn Menschen auf der Flucht und unsicheren Lebenssituationen ausgeliefert sind«, erzählt Berta Travieso, die UNICEF-Leiterin in Zahlé.

Eine vierte wichtige Aufgabe ist das, was auf Amerikanisch »Winterisation« genannt wird, das Winterfestmachen der Behausungen der Flüchtlinge. 10,1 Million Dollar werden dafür ausgegeben, das klingt nach viel Geld – aber bei rund zwei Millionen bedürftigen Menschen sind das gerade einmal fünf Dollar pro Person. Da werden die Flüchtlinge wohl auch im nächsten Winter wieder bitter frieren müssen. Wenn sich nicht endlich die internationale Staatengemeinschaft ihrer Verantwortung bewusst wird und wirklich mit Geld und Material hilft.

## *Die Hälfte der Flüchtlinge sind Kinder*

Wer sich die Flüchtlingszahlen genauer ansieht, erkennt, dass über die Hälfte der Flüchtlinge aus Syrien Kinder sind. Die geimpft werden müssen, wenn sie eine gesunde Zukunft haben sollen. 570 000 Kinder konnten immerhin von UNICEF inzwischen geimpft werden. Aber nur 290 000 Kinder gehen mehr oder weniger unregelmäßig in eines der Schulzelte im Tal. Keine gute Bilanz, wenn man sich überlegt, dass diesen Kindern nicht nur Rechnen und Schreiben fehlt, sondern dass sie damit insgesamt kaum Zugang zu einer guten Bildung und damit zu einem Auskommen als Erwachsene haben werden. Eine verlorene Generation.

Immerhin wurden im letzten Winter 200 000 Kinder mit Gutscheinen für Kleidung und Schuhe versorgt. Aber es geht eben nicht nur, so erzählen das alle UNICEF-Mitarbeiter immer wieder ein wenig bedrückt, um die syrischen Flüchtlinge. Im Libanon selbst leben mindestens 1,4 Millionen Menschen unter der Armutsgrenze. Sie haben nicht mehr als vier Dollar pro Tag. Insgesamt sind ganz sicher 3,2 Millionen Menschen bedürftig. So viele Menschen, wie in Madrid leben.

## *So viele Flüchtlinge fürchten den IS*

An einem Sonntag fahren wir durch das fruchtbare und so schöne Bekaa-Tal gen Norden. Die gefürchteten Checkpoints sind heute schwach besetzt, es genügt ein Lächeln, ein Gruß mit der Hand – und schon geht es weiter. Nach einer knappen Stunde erreichen wir Baalbek. Schon von den Römern auserkoren als wunderbarer Wohnort und vor allem zum Bau einer eindrucksvollen Tempelanlage. Die bis heute unglaublich gut erhalten ist. Der einst größte Sakralbau des Imperium Romanum war Jahrzehnte ein touristisches Highlight für alle kunsthistorisch interessierten Reisenden. Heute fährt kein Tourist mehr in den Libanon. Zu nah liegt das Land am Kriegsschauplatz Syrien. So wundere ich mich über ein einzelnes deutsches Ehepaar inmitten der immensen Säulen und riesigen Quader.

Eifrig fotografierend, meinen sie nur lakonisch: »Wir wollten Baalbek einfach noch mal sehen, bevor die IS-Terroristen auch das zerstören, die sind schließlich nicht weit weg von hier.« Stimmt geografisch nicht ganz, aber vielleicht gefühlt. Die große Moschee in Baalbek jedenfalls wird durch Stacheldrahtrollen und riesige Betonquader geschützt. Es ist schon schwer verständlich, dass hier Muslime vor anderen Muslimen Angst haben müssen.

Immer wieder taucht der Name auf, der sogenannte »Islamische Staat«, die Menschen hier im Tal fürchten die Dschihadisten wie der Teufel das Weihwasser. Sie kommen in allen Geschichten vor. Egal, ob die Flüchtlinge damit direkt konfrontiert waren oder nur aus Erzählungen von den IS-Terroristen gehört haben. So auch die 60-jährige Esme. Sie kümmert sich um die beiden Kinder ihres toten Sohnes. Auch deren Mutter heiratete einen neuen Mann und ließ die Kinder einfach zurück. Esmes anderer Sohn arbeitet in der Gemeinde, da kommt wenigstens etwas Geld in die kümmerliche Behausung. Mit dem jüngsten Enkelkind sitzt sie am späten Vormittag im Schatten eines Baumes auf der Erde. Es ist nicht mehr so heiß. Allmählich kommt der Herbst. Sie schaukelt liebevoll das acht Monate alte Mädchen. Will sie denn zurück, frage ich, wenn es Frieden geben sollte? Sie schüttelt entsetzt den Kopf. »Nein, nicht nach Syrien, der IS«, so glaubt sie, »ist auch bald hier im Libanon.« Ich sehe die Panik in ihren Augen.

Der Bauer, dem das Land gehört, auf dem die Behausung der Großmutter steht, scheint ein großes Herz für die syrischen Flüchtlingsfrauen zu haben. Denn er lässt sie umsonst hier wohnen. Dazu hat Esmes Restfamilie Arbeit. Bald gibt es auch eine Schule in der Nähe, damit die Jungen dorthin gehen können. Das macht sie froh, denn dann ist sie nicht mehr den ganzen Tag mit der Betreuung der Kinder gefordert. Jetzt im Augenblick allerdings sieht es nicht so gut aus. Die Gasflasche ist leer, Esme kocht auf dem Feuer, im kleinen Shop hat sie

Schulden. »Aber die Menschen sind freundlich hier zu uns«, das beruhigt sie und lässt sie die Trauer um ihren toten Sohn ertragen.

Cecilia, die mich als Übersetzerin begleitet, führt uns anschließend in eine sehr kleine, aber, wie sie findet, besondere ITS, in der sie selbst auch schon für eine Hilfsorganisation gearbeitet hat. Erster Eindruck: Alles ist blitzsauber. Alle Matratzen im Zelt sind mit dem gleichen Stoff bezogen, ebenso die Kissen mit ihren schicken Fransen. Zwei Handbreit über dem Betonboden hört die Zeltplane auf, da kann der Wind durch und kühlt im heißen Sommer. Heute hat es nur 32 Grad, das geht noch ganz gut. Ein Moskitonetz schützt die Bewohner, die 23-jährige Ferial und ihren Mann. Sie erwarten gerade ihr erstes Baby, sind erst seit sechs Monaten im Libanon, geflohen aus Hamma, einer Stadt bei Massa. Auch sie flohen vor den Truppen des Assad-Regimes. Nicht vor dem sogenannten Islamischen Staat. Die Schwiegereltern hatten dem Paar zwar resolut die Flucht verboten und ihnen auch gedroht. Aber ganz heimlich, bei Nacht und Nebel, haben sie es gerade noch rechtzeitig in den Libanon geschafft, bevor die Regierung im Januar 2015 die Grenze schloss.

Jetzt müssen sie ihr Zelt winterfest machen. Große Frage: Bei welcher Hilfsorganisation gibt es dafür Material? Sie brauchen Plastikplanen, um das Zelt vor Wind und Schnee zu schützen, einen kleinen Ofen und Holz zum Wärmen. Mit ihren Freundinnen aus drei anderen Zelten bilden sie eine enge Gemeinschaft. Sie helfen sich gegenseitig und sprechen natürlich auch über die Nachrichten aus Europa, das wohl »viele syrische Flüchtlinge aufnimmt«, wie sie mir alle erzählen und mich dabei fragend ansehen. So, als ob sie es nicht glauben könnten. Alle hier kennen Angela Merkel. Alle haben über ihre mobilen Telefone die neuesten Bilder gesehen. Aber allen vier Familien fehlt das Geld, um die Männer loszuschicken auf die lange und teure Flucht. Und es ist klar, dass nur die Männer gehen würden und könnten. Also richten sie sich hier ein und hoffen, dass eines Tages wieder Frieden herrscht in ihrer Heimat. Auch sie, wie so viele andere ...

## *Die folgsamen Zweitfrauen aus Syrien*

Cecilia ist die Tochter eines libanesisch-puerto-ricanischen Ehepaars, das auch einige Jahre in den USA gelebt hat. Seit zehn Jahren leiten die Eltern ein SOS-Kinderdorf im Bekaa-Tal. Dorthin fahren wir zusammen mit unserem Fahrer Mohammed, um uns mit einer Kinderdorfmutter zu treffen. Sie heißt Nidal und bekommt – wie alle anderen Hausmütter auch – einmal im Monat vier Tage frei. Da fährt sie dann in den Norden, nah an die syrische Grenze, in ihre Heimatstadt Arsal. Die Libanesin erzählt höchst bedrückende Geschichten von Schicksal und Leben der syrischen Flüchtlingsfrauen in ihrem Dorf. So kaufen manche Libanesen den syrischen Vätern ihre Töchter als Zweit- oder Drittfrau ab. Ein syrischer Vater, so berichtet sie mir kopfschüttelnd, habe es gar geschafft, seine 23-jährige Tochter gleich dreimal an verschiedene Libanesen zu verkaufen. Zurückgeholt habe er sie dann immer wieder mit dem Argument, er habe ganz übersehen, dass sie schon mit einem anderen Mann verheiratet sei. Das habe wohl drei-, viermal funktioniert. Das ist nichts anderes als Menschenhandel, Trafficking. Die Libanesen, die sich gerne eine – so heißt es – folgsame Syrerin ins Bett holen, sind meist älter, haben das Geld für so einen »Frauenkauf« und nehmen sich die junge Syrerin als Ergänzung zu den anderen Ehefrauen ins Haus. Im Koran ist das ja erlaubt. Und 200 Dollar für eine neue, zweite oder dritte Ehefrau ist in den Augen der Libanesen noch billig. Manche Männer zahlen auch locker 1 000, 2 000 Dollar. Syrerinnen, so erzählt mir Nidal weiter, sind so beliebt, weil sie nicht so selbstbewusst seien wie die Libanesinnen, weil sie klaglos alles im Haus erledigten und keine Widerworte gäben: »Das geht aber nicht ohne Konflikte mit den bisherigen Ehefrauen des Mannes ab.« Ich kann mir das lebhaft vorstellen.

Zwischen den syrischen Flüchtlingsfrauen und den Libanesinnen existiert aber noch eine ganz andere »Geschäftsbeziehung«: Denn die syrischen Flüchtlingsfrauen arbeiten im Haus für sehr viel weniger Geld als früher die libanesischen Haushaltshilfen. So ist dies der einzige Kontakt, wie Nidal erzählt, den die syrischen Frauen dann tatsächlich mit den libanesischen Frauen haben. Traurig dabei ist aber, dass die bisherigen libanesischen Hilfen nun arbeitslos sind. Eine Entwicklung, die auch viele Männer im Libanon betrifft, das erfahre ich später auch noch in Tripoli, der Hafenstadt im Norden des Landes.

Am Nachmittag fahren wir wieder in eine der unzähligen Siedlungen, diesmal ganz nah an der Schnellstraße durch das Bekaa-Tal. Eine junge Frau erwartet uns schon, winkt uns auf einen großen Platz. Sie sei der Shawish, oder *die* Shawish, denn sie sei die einzige Frau, die diese Aufgabe in den 1278 Flüchtlingssiedlungen im Bekaa-Tal erfüllt, wie Cecilia ein wenig stolz erklärt. Quasi die Bürgermeisterin des Settlements. Wie kommt das? So jung? Selbstbewusst bittet sie uns in ihr Zelt. Legt ihren vier Monate alten Sohn in einen modernen Maxi-Cosi-Kindersitz und bringt eisgekühlten Orangensaft auf einem Tablett in schönen Gläsern. Heya, so heißt sie, hat vor gar nicht langer Zeit den Männern in den neun Zelten hier erklärt: »Wenn ihr nichts für uns tut, dann mache ich das!« Und schon war sie zur Shawish gewählt. Seitdem kümmert sie sich um die Winterfestigkeit der Zelte, um das Funktionieren der Latrinen, um Holz für die kleinen Öfen und um die Kontakte mit den Hilfsorganisationen. 20 schulpflichtige Kinder leben in diesem kleinen Settlement. Sie hatte gehofft, dass eine Hilfsorganisation Schulhefte, Bücher und Stifte vorbeibringen würde, aber leider hat das nicht geklappt, erzählt sie uns. Sie würde die Kinder gerne selbst unterrichten, die alle wegen des zu langen Schulweges nicht in das benachbarte Dorf in den Unterricht gehen können, erklärt sie. Tagsüber seien die Kinder alleine, denn in diesem Settlement arbeiten alle Mütter, damit es etwas zu essen gibt. So geht es also auch, denke ich.

Ich bin beeindruckt von der jungen Frau und ihrem Engagement und frage, wie weit der nächste Schreibwarenladen entfernt ist. Nur fünfzehn Minuten mit dem Auto, erklärt sie mir. Die Idee kommt mir beim Zuhören: Wir könnten doch zusammen die Schulmaterialien für die Kinder kaufen. Heya verspricht, die Kinder zu unterrichten, damit sie wenigstens lesen und schreiben können, und ihr Ehemann passt inzwischen auf das Baby auf.

Wir springen zu Mohammed ins Auto, kaufen 20 Hefte, 20 Bücher, 20 Radiergummis, 20 Stifte, 20 Malschachteln und was sonst noch benötigt wird. Zufrieden schleppt Heya anschließend die roten Plastiktüten in ihr Zelt. Cecilia wird das Projekt begleiten und mir dann immer wieder Fotos schicken, das ist ausgemacht. Und ich habe mit 100 Dollar eine gute Sache unterstützt. So hoffe ich wenigstens.

## *Warum Laila so starke Kopfschmerzen hat*

Über die aktuelle Kriegssituation in ihrer Heimat wollen die Syrerinnen alle nicht gerne reden. Zu nah scheint das in den Flüchtlingsbehausungen, auch wenn sie alle bei meinen Besuchen entweder an alten Fernsehapparaten oder auf mobilen Telefonen die Informationen wie Süchtige aufsaugen, wie gebannt die WhatsApp-Nachrichten lesen oder via Skype ihre Verwandten, ihre Freunde am liebsten umarmen wollen. Denn sie alle wissen, dass inzwischen mehr als 470 000 Menschen umgekommen sind. Männer, Frauen, Kinder. Ihnen ist bewusst, dass es kaum noch Möglichkeiten gibt für die in der Heimat gebliebenen Verwandten, Freunde, Eltern und Geschwister, sich in Sicherheit zu bringen.

Laila ist 23 Jahre alt. Sie ist allein hier angekommen, direkt aus Aleppo. Sie ist jung, mutig und zudem sehr hübsch. Mit dunklen Haaren, die sie locker mit einem Tuch verhüllt. Aleppo, auch sie erzählt von der so schönen, einst zweitgrößten Stadt Syriens, dem traditionellen Zentrum der reichen, sunnitischen Händler, Fabrikanten und Mäzene. Bevor sie sich zur Flucht entschloss, musste bereits die ganze Familie unter freiem Himmel schlafen. Das Haus war zerbombt, eine bröckelnde Ruine. In der dritten Etage war ihre Eigentumswohnung gewesen. Die Kälte nachts war für sie alle ein großes Problem. Dazu die unheimlichen Flugblätter, die von Hubschraubern des Assad-Regimes immer wieder abgeworfen wurden und vor weiteren Luftangriffen warnten. Laila erzählt, wie sich die Nachrichten überschlugen. Wie die Assad-Truppen vorrückten, unterstützt von den iranischen Spezialkräften und Eliteeinheiten der libanesischen Hisbollah-Miliz. Damals kämpften die Russen noch nicht auf der Seite des Regimes.

Laila entscheidet sich zur Flucht. Im Gegensatz zu ihrer Familie. Ihre Eltern wollen ausharren, auch ihre jüngeren Schwestern. Sie leben alle im Osten der Stadt, dort, wo mehrheitlich die sogenannten Rebellen gegen Assad kämpfen. Einheimische helfen ihr bei den Vorbereitungen, die Eltern geben ihr Geld, viel Geld, sagt sie heute. Stockend erzählt sie von ihrer abenteuerlichen Flucht, von der Busfahrt, den Checkpoints, wie sie sich im Auto eines Freundes versteckt. Es dann schafft, bis zur Grenze, im Dunklen mit einem Führer hinüberschleicht in den Libanon. Wir sitzen auf einer dünnen Matte in ihrer dürftigen, zeltähnlichen Behausung. Laila hat Geschichte studiert, wollte Lehrerin werden. Jetzt hofft sie nur noch darauf, diese ganze Region, den Nahen Osten, verlassen zu können. Auch sie beteuert: »Aleppo ist ein Symbol in diesem Krieg, geht Aleppo an Assad und seine Truppen, dann ist alles verloren.«

Warum sie nicht versucht hat, an die so nahe türkische Grenze zu fliehen, frage ich. Da kommt man nicht durch, dort würde viel strenger kontrolliert, erzählt sie mir. Das war noch vor dem Exodus der Bürger von Aleppo im Februar 2016. Hier machte die Türkei immer schon Ernst mit den Grenzkontrollen.

»Wer versucht, weiter in den Osten zu fliehen«, erzählt Laila weiter, »gerät in die Hände von Dschihadisten.« So blieb nur der Westen, Libanon. Nur mit viel Glück, sagt sie immer wieder, habe sie es durch die Gebiete der syrischen Armee geschafft. Aber das karge Leben im Lager mache heute die alleinstehende Frau mürbe. Sie ist zwar bei Freunden untergekommen, aber es ist eng. Sie sind zu acht in dieser Behausung, schlafen auf den dünnen Matratzen, die sie dann tagsüber auf die Seite räumen. Die Türkei wäre ein Ziel. Am besten mit einem Schiff zu erreichen. Ein Visum bekommt sie sicher nicht, denn sie ist ja illegal aus Syrien in den Libanon geflohen. So zwingt der Libanon viele syrische Flüchtlinge wie Laila in die Illegalität, denn zudem wurden die Einreiseregeln verschärft. Dazu kommt: Wer heimlich im Land ist, wird anfällig für Ausbeutung. Ohne gültige Papiere braucht man teure Schmuggler, um in die Türkei zu gelangen. Für 1500 bis 2000 Dollar. Das ist der Preis. Wer alle Papiere hat, also auch einen syrischen Pass mit Einreisestempel, zahlt nur 170 Dollar für die Schiffspassage. Die Billigflieger ab Beirut verlangen 450 Dollar – One-Way. Aber Laila kann nicht normal ab Beirut fliegen. Wie es jetzt weitergeht? Laila lächelt freundlich, will dazu aber nichts sagen. Nur weg will sie, das betont sie immer wieder. Und zeigt mir auf ihrem Smartphone noch Bilder von früher: das Haus, in dem sie wohnte, den Park in der Nähe. Kinderbilder von ihren Geschwistern, das Hochzeitsfoto ihrer Eltern, das sie sich zur Erinnerung noch rechtzeitig eingescannt hat. Alles, was ihr blieb.

Ob ich Schmerztabletten dabeihabe? Laila leidet schon seit Langem an heftigen Kopfschmerzen. Hofft, dass die mobile Klinik auch bald in ihrer ITS vorbeikommt. »Alle zwei Wochen fahren sie vor, mit einem Arzt, zwei Krankenschwestern, einer Hebamme.« Ich habe Ibuprofen im Rucksack und gebe ihr alle Tabletten, die ich noch habe. Wobei ich denke, dass die Kopfschmerzen auch von ihrer ungeklärten, »illegalen« Lebenssituation herrühren. Viele der Flüchtlinge haben mir von ihren »Kopfschmerzen« und ihren »Herzschmerzen« erzählt. Sie alle sind auf die Hilfe der kostenlosen mobilen Kliniken angewiesen, wenn die Erwachsenen oder die Kinder krank werden. Denn für Medikamente oder gar einen Arztbesuch reicht das wenige Geld der Flüchtlingsorganisation meistens nicht. In einem libanesischen Dorf kostet jeder Arztbesuch zwei Dollar, dazu kommen womöglich noch Fahrtkosten für ein Taxi. So betreibt UNICEF wie viele andere Hilfsorganisationen auch mobile Klinikteams für den ganzen Libanon. Da können dann pro Tag etwa 80 Menschen kostenlos von einer Einheit versorgt werden. Medikamente, Impfungen und Ultraschalluntersuchungen eingeschlossen. Der libanesische Staat beteiligt sich an den Ausgaben für das Personal. Immerhin.

### *Besuch in Tripoli, dem Tor nach Europa*

Die Hafenstadt Tripoli hat 500 000 Einwohner. Aber jetzt auch: 50 000 syrische Flüchtlinge. Am Abend habe ich auf CNN einen Bericht über syrische Flüchtlinge gesehen, die dort angeblich für 2 000 Dollar eine Passage auf einem türkischen Schiff kaufen, das nach Izmir ausläuft. Am nächsten Tag möchte ich mich in Tripoli umsehen, um mir ein eigenes Bild zu machen.

Am frühen Morgen ist das eine wunderschöne Fahrt: hinauf auf die höchsten Gipfel des libanesischen Gebirges, über den

Pass dann hinunter in Richtung der Zwei-Millionen-Stadt Beirut. Weiter am Mittelmeer entlang auf einer gut ausgebauten Autobahn gen Norden bis Tripoli. Es könnte wie im Urlaub sein.

Wir fahren als Erstes hinunter zu den Hafenanlagen, nach al Mina. Wieder ein Checkpoint. Wir dürfen nicht weiter in den Hafen hinein. Am Straßenrand sitzen sieben Männer, Syrer. Und eine Familie mit zwei Kindern. Der Soldat am Kontrollpunkt scheucht uns wieder weg. Wir können weder mit den Flüchtlingen reden noch fotografieren. Nur eine hübsche junge Syrerin, streng verhüllt in einen edlen dunkelblauen Hidschab, erzählt uns, dass sie auf ihre Eltern wartet, die tatsächlich für 2000 Dollar pro Person ein Ticket in die Türkei gekauft haben. Jetzt will sie ihnen noch ein paar Geschenke mitgeben. Sie selbst studiert Jura in Beirut und will im Libanon bleiben. Sichtlich eine vermögende Familie, wenn sie der Tochter die hohe Miete in Beirut finanzieren kann. Müssten sie sich nicht eigentlich eine Ausreise auf legalem Wege leisten können? Warum kostet ein Ticket Richtung Türkei überhaupt sage und schreibe 2000 Dollar? Wo doch ein normales Schiffsticket von Tripoli zum Beispiel nach Mersin in der Türkei für 170 bis 210 Euro zu haben ist? – Wahrscheinlich sind die Eltern ohne ihre Pässe geflohen und haben kein libanesisches Einreisevisum. Illegal, wie Laila. Das würde den hohen Ticketpreis erklären.

Wir fahren weiter entlang am Hafen, vorbei an unzähligen Fischerbooten. Weiter entfernt dümpeln ein paar verrostete Schiffswracks vor sich hin. Einige davon sicher ausgedient, manche aber demoliert, weil sie vor der Küste gekentert sind. Hoffentlich konnten sich die Menschen retten, denke ich beim Blick über den Strand. Früher, vor dem syrischen Krieg, fuhren von hier aus die vermögenden syrischen und libanesischen Urlauber mit der Fähre zur türkischen Küste. Inzwischen aber flüchten die Syrer von hier aus nach Westeuropa. Auch solche, die schon jahrelang im Libanon oder im Nachbarland Jordanien ein zwar karges, aber immerhin ein Dasein gefristet haben.

Heute sehen wir weit und breit niemanden mehr, der wie ein Flüchtling aussieht und auf der Suche nach einer Schiffspassage oder einem willigen Fischer samt Boot sein könnte. Mir ist nach einem Chai, dem starken, schwarzen Tee, und die Übersetzerin Cecilia und Fahrer Mohammed freuen sich auf einen türkischen Kaffee.

Ich frage den Mann, der uns die Getränke bringt, ob er weiß, wo wir Syrer finden könnten. »Ganz einfach«, lacht er, »ich bin Syrer. Vor drei Jahren sind wir aus Syrien geflohen, wir sind hier alle Syrer. Ich bringe Ihnen meine ganze Familie!«

Und so erfahren wir, dass die meisten der syrischen Flüchtlinge in Tripoli in Häusern und kleinen Wohnungen leben. Viele sind hier auch in unfertigen Gebäuden und verfallenen Ruinen untergekommen. So leben 60 Prozent der syrischen Flüchtlinge, sagen die Statistiken der libanesischen Behörden. Sie leben anscheinend besser als die etwa 180 000 Frauen und Kinder in den windigen und wackeligen Behausungen im Bekaa-Tal. Viele hier in Tripoli, so erzählt mir der 20-jährige Ismael, haben jetzt aber Angst vor einer weiteren Reise nach Europa. Sie hätten gehört, wie viele auf dem Weg schon gestorben seien. Vor allem zwischen der Türkei und Griechenland, wenn die Boote kentern. Wenn der Sturm aufkommt, die Wellen hoch schlagen oder gar die Luft entweicht aus den kleinen Schlauchbooten. Deshalb sind sie nicht unzufrieden, dass ihnen ein Libanese hier am Hafen diese leer stehenden Räume überlassen hat. Ohne Miete. Sie könnten damit machen, was sie wollten, hat er zu ihnen gesagt. Das alles geschah noch zu Beginn der Flüchtlingswelle, als die Libanesen die vom Krieg bedrohten Nachbarn freundlich und offen aufgenommen haben. Inzwischen ändert sich das Klima. Aber diese syrische Familie ist hier gut angekommen. Sie haben ein Café eröffnet. Im Moment sind wir zwar die einzigen Gäste, aber es ist ja auch keine Touristenzeit mehr.

Die Männer erzählen mir, dass es auch viele Syrer auf ganz legalem Wege versuchen, mit einem Antrag beim UNHCR. Als Kontingent-Flüchtling. »Das ist sicherer«, meint Akic, »sicherer als bei Sturm über das Meer.« Akic will kein Risiko mehr eingehen. Er ist wie alle anderen 20 Syrer hier in diesem Café aus dem syrischen Idlib vor den IS-Terroristen geflohen. Sein Ziel? Westeuropa, irgendwann ...

*Statt der Syrer machen sich die jungen  
Libanesen auf und davon*

Auch andere syrische Familien haben sich in Tripoli gut eingerichtet. Vor allem die Frauen wollen nicht noch weiter fliehen. Sie fanden rund um die Universität in den ehemaligen Studentenwohnheimen Unterschlupf. Auch hier haben wir bei der Suche nach syrischen Flüchtlingsfrauen wieder Glück. Die 34-jährige Maha bittet uns in ihre Zweizimmerwohnung, die sie mit ihren sechs Kindern und ihrem Mann bewohnt. Mit einem Fernsehapparat plus Receiver. Sie beide arbeiten in dem Mehrfamilienhaus – als Gegenleistung müssen sie keine Miete zahlen. Über WhatsApp kommunizieren sie mit ihren Eltern in Homs. Erfahren, dass dort der Krieg immer schlimmer wird. Aber jetzt kommt niemand mehr raus und hinüber in den friedlichen Libanon. Was machen ihre Kinder den ganzen Tag?, frage ich sie. Auch sie gehen, wie Hunderttausende andere im Bekaa-Tal, nicht zur Schule, leider. Der Schulweg sei zu weit, erklärt mir Maha. Ich frage: »Wie weit?« – »45 Minuten, und außerdem ist es viel zu gefährlich.« Das habe ich schon oft gehört. Das verwundert mich. Was sind schon 45 Minuten für einen Schulweg? In einem sicheren Land? Aber vielleicht ist Tripoli doch nicht so sicher ...

Auch bei UNICEF kennen die Mitarbeiter diese Argumente und kommen schwer dagegen an. Eine andere Mutter, die

34-jährige Zeinab, auch aus Idlib, würde in Tripoli ihre drei schulpflichtigen Kinder gerne in die Schule schicken. »Aber das kostet zu viel«, erklärt sie mir. Außerdem sei es schwer gewesen, dem englischen oder französischen Unterricht zu folgen, denn ihre Kinder hätten in Syrien nur Arabisch gesprochen. Und so sitzen auch diese Kinder zu Hause herum. Ohne Bildung, ohne lesen und schreiben zu lernen. Was für ein Leben. Was für eine Zukunft? Zurück will Zeinab nie mehr. Sie hat schon zwei Brüder in diesem Krieg verloren. Dazu kommt, dass ihr ältester Sohn im Libanon Arbeit gefunden hat. Das hilft ihnen allen, auch wenn die Schulden im kleinen Lebensmittelladen um die Ecke täglich mehr werden. Aber der Ladenbesitzer sei ein kleiner, freundlicher Libanese, der lässt das zu und sagt nichts. Libanesische Willkommens-Kultur.

Zeinabs Nachbarin ist die 36-jährige Heba. Auch sie könne ihre drei Töchter bald nicht mehr in die Schule schicken, weil sie mitarbeiten müssten. Heba lamentiert: »Meine älteste Tochter ist doch erst elf Jahre alt.« Und sie zählt noch weitere Gründe auf, warum sie sich wohl bald mit einem Schleuser einigt auf eine Flucht, jedenfalls weg aus Tripoli: »Die Libanesen wollen uns raushaben, alles ist teuer, wir dürfen nicht arbeiten, sie zwingen uns auf den Schwarzmarkt.« Dazu kommen immer rigidere Verordnungen des Staates wie Ausgangssperren, Arbeitsverbote, Bewegungsverbote und hohe Verwaltungsgebühren. Will zum Beispiel ein syrischer Flüchtling seine Papiere in Ordnung halten und sich wie angeordnet alle sechs Monate bei der Registrierungsbehörde melden, muss er bezahlen. Manchmal 20 Dollar. Das kommt Heba wie Wucher vor. Ist es wohl auch …

Hebas Mann hat einen Job als Portier gefunden. Sein Verdienst: 10 Dollar am Tag. Von früher ist noch etwas Erspartes übrig, räumt Heba ein. Wenn die Familie 4 000 Dollar zusammenhat, wollen sie es alle gemeinsam riskieren: die Flucht nach Westeuropa.

Nicht weit entfernt von den Hochhäusern der Universität sitzen rund 25 Syrerinnen auf schmalen Bänken in den Räumen der Islamic Medical Association. Für wenig Geld werden sie hier behandelt, erzählen sie mir. Gekleidet in farblich abgestimmte Hidschabs, alle mit einem Mobiltelefon in der Hand und eleganten Handtaschen und Geldbeuteln. Es scheint ihnen im Gegensatz zu Maha und Heba gut zu ergehen. Ihre Männer, so sagen sie, haben alle Jobs im Libanon gefunden. Am Bau, im Hafen. Einige in einer Schreinerei. Ihre Kinder gehen in eine Privatschule, die 100 Dollar im Monat dafür können sie sich leisten. Keine von ihnen will mehr weg aus dem Libanon. Sie leben in Frieden und müssen keine Angst mehr vor den verschiedenen kriegerischen Parteien in Syrien haben.

Das klingt alles wunderbar, wie ein gelungenes neues Leben. Ich möchte mehr erfahren in dieser Ambulanz. Unkompliziert werde ich zum behandelnden libanesischen Arzt vorgelassen. Eine Visitenkarte als Autorisation genügt ihm. Wie er seine Aufgabe sieht? Er will den syrischen Frauen vor allem Wissen in Sachen Hygiene und Ernährung vermitteln. Und wie steht es um Empfängnisverhütung?, frage ich. Dazu sage ich nichts, erklärt er mir zu meinem Erstaunen. Aber dann kommt die Erklärung: »Die syrischen Familien, die zu mir kommen, wollen nicht verhüten. Ganz im Gegenteil, sie wollen viele Kinder haben, damit sich die schrecklichen Verluste dieses Krieges eines Tages wieder ausgleichen.« Was für ein Gedanke! Viele der syrischen Frauen jedenfalls hier in Tripoli erwarten das zehnte, das elfte Kind. Sorgen um die Zukunft macht sich also keine von ihnen.

Am Ende dieses sonnigen Spätsommertages in der Hafenstadt Tripoli kommt dann doch ein nachdenkliches Thema auf: Der Arzt erzählt mir, dass inzwischen nicht mehr die syrischen Männer auf einen Platz auf einem Schiff in die Türkei warten, sondern die Libanesen. Denn die Syrer arbeiteten hier zu geringeren Löhnen als die Libanesen. Die Arbeitslosigkeit bei den Libanesen steige so dramatisch an. Jetzt wollten die Libanesen weg aus ihrem Land, vor allem die jungen Menschen. Weil sie viel schwerer eine Arbeit finden, die dann auch die Familie ernährt. Das macht den Arzt sehr traurig. Das ist eine der Kehrseiten der großherzigen Aufnahme der syrischen Flüchtlinge.

*Bürgerkrieg im Kleinen*

Fernab des Medizinzentrums nahe dem Universitätsviertel gibt es im Herzen von Tripoli noch einen finsteren und blutigen Konflikt: der Krieg in Syrien im Mikrokosmos. Klein, aber genauso blutrünstig und dramatisch. Hier, mitten in Tripoli, kämpft der libanesische Staat gegen islamistische Milizen, die Gegner des syrischen Präsidenten Baschar al-Assad sind. Die beiden verfeindeten und sich bekämpfenden Stadtteile heißen Bab al-Tabbaneh und Jabal Mohsen. Dazu schießen alavitische Gruppen, die Assad in Syrien unterstützen, auf die islamistischen Milizen. Kenner der bluttriefenden Szenerie behaupten, dass diese Auseinandersetzungen schon viel länger dauern als der Aufstand und Krieg in Syrien. Dennoch hat dieser Krieg natürlich die Lage in Tripoli noch weiter verschärft. Zudem, so Vertreter der libanesischen Regierung, hat der Zustrom von Syrern nach Bab al-Tabbaneh die Lage weiter verkompliziert. So seien jetzt 20 bis 30 Prozent der Bevölkerung im Viertel Syrer. Darunter seien logischerweise viele Kämpfer, die am bewaffneten Konflikt auf der Rebellenseite gegen das Assad-Regime beteiligt waren. Ein Mann auf der Straße, den wir nach einem Weg raus aus dem Labyrinth der engen Gassen und Straßen fragen, erklärt uns: »Wir sind Gefangene der Situation im Nahen Osten.« Ich denke, er bringt es auf den Punkt.

Es wird später Nachmittag. Wir versuchen verzweifelt, uns durch das Verkehrschaos von Tripoli zu schlängeln. Biegen hier ab und fahren dort die kleine Straße hinauf. Bis unser Fahrer Mohammed entnervt stehen bleibt und stöhnt: »Bis hierher und nicht weiter. Wir müssen zurück, und zwar ganz schnell.« Wir sind in Jabal Mohsen gelandet. Und Mohammed ist Sunnit. In Jabal Mohsen aber regieren die Schiiten. Ein Blick auf die Häuser zeigt mir zudem Hunderte von Einschüssen, viele der Häuser sind längst zu Ruinen zerfallen, und Menschen wagen sich anscheinend nirgends auf die Straße. Also: rückwärts wieder raus aus der engen Gasse, umdrehen und nichts wie weg.

Spät erreichen wir dann endlich wieder das »geordnete« Verkehrschaos in der libanesischen Hauptstadt Beirut. Hier scheint alles seinen normalen Gang zu gehen. Aber nur scheinbar. Denn während im Bekaa-Tal durch die vielen Settlements die Flüchtlingskrise sichtbar ist, sagen die libanesischen Behörden und auch die Hilfsorganisationen, dass ein Großteil der syrischen Flüchtlinge im Moloch Beirut Unterschlupf gefunden hat. Oft zu horrenden Mietpreisen. Erspartes Geld aus der Heimat, das bei vielen jetzt im fünften Kriegsjahr schwindet wie das Wasser im Ausguss. Nichts mehr da. Dann gehen eben auch in Beirut die syrischen Kinder nicht mehr in die Schule.

Hinzu kommt ein Regierungserlass, der besagt, dass nicht mehr als die Hälfte der Kinder in einer Schulklasse aus Syrien kommen dürfen. Zwar hat die Schulbehörde auf die vielen Flüchtlingskinder flexibel reagiert. Da gibt es jetzt an den staatlichen Schulen Nachmittagsklassen, wo nur noch die syrischen Kinder in den Schulbänken sitzen. Da zahlen auch Syrer kein Schulgeld für den Unterricht an staatlichen Schulen, im Gegensatz zu den privaten, sehr viel teureren Schulen. Aber hier wie dort gilt: Viele Kinder verstehen im Unterricht kein Wort. Denn die schulischen Anfänge in Syrien haben die Kinder auf Arabisch absolviert. Nicht auf Englisch oder Französisch wie die libanesischen Kinder.

*Der jüngste Sohn ist die große Hoffnung*

In Beirut sind wir verabredet mit Sahla, einer 15-jährigen Syrerin, die in einem Friseursalon arbeitet. Immerhin. Während ihre Geschwister verzweifelt versuchen, langstielige Rosen in Bars und Cafés an die Kundschaft zu bringen. Ein Dollar das Stück. Sahla sieht aus wie eine junge Geschäftsfrau, mit hohen Schuhen, geschminkt und in einem grauen Kostüm und einer weißen Bluse. Das Outfit passt so gar nicht zu ihrem Zuhause. Sie teilt einen fensterlosen Raum mitten in der Stadt mit zehn anderen Familienmitgliedern. Drei Jahre Schule hat sie bis jetzt verpasst, bemerkt sie ziemlich traurig. Aber auf der anderen Seite hilft ihr Job, die Familie zu ernähren: »Wenn keiner arbeitet, hat keiner was zu essen.«

In Sahlas Familie ist der fünfjährige Khalid die große Hoffnung. Er versteht am besten Englisch und soll auf alle Fälle weiter in die Schule gehen. Obwohl die Flüchtlingsfamilie in einem Beiruter Getto kaum mehr Geld hat. Das Ersparte ist aufgebraucht, der Vater hat keinen Job gefunden, die Geschwister sind alle noch jünger als Sahla. Deshalb auch wird die Tochter weiter fleißig arbeiten. In dem Friseur- und Make-up-Salon, in dem sich die vermögenden Libanesinnen für Partynächte oder Hochzeiten schminken lassen. Sahla kann davon nur träumen. Sie wird wohl nie wie die schicken Libanesinnen ein Wochenende in den angesagten Clubs der Stadt durchtanzen. Denn ihr karger Lohn von umgerechnet 125 Dollar im Monat hilft der ganzen Familie zu überleben. Und Khalid zu einer guten Schulbildung. Fliehen nach Europa? Das kommt ihr nicht in den Sinn. Sie hat schließlich Verantwortung für alle. Als Einzige mit einem Job. Aber sie lächelt freundlich, steht nach Dienstschluss stolz und gerade vor ihrem Salon, bevor sie in den Bus nach Hause steigt.

Wir fahren nach diesem langen Recherche-Tag über den Berg von Beirut kommend zurück nach Zahlé ins Bekaa-Tal. Brauchen gefühlt viermal so lange wie auf dem Hinweg. Als die Sonne allmählich im Meer versinkt, fragt mich Mohammed, unser netter Fahrer, ob es denn schwierig sei, ein Visum nach Deutschland zu bekommen. Er habe mit seinen 22 Jahren immerhin einen Bachelor in Business Management gemacht und suche seit drei Monaten verzweifelt nach einem Job. Ich kann ihn nur an die deutsche Botschaft verweisen. Eine andere Chance sehe ich nicht. Was ihn so drückt, ist wohl die große Sorge der Jugend in diesem Land. Einer Jugend, die keine Zukunft mehr für sich sieht. Auch weil ihre Heimat derzeit an der Zahl der Flüchtlinge erstickt. Immerhin hat das Land gemessen an seinen Einwohnern prozentual die meisten Flüchtlinge auf der ganzen Welt aufgenommen. Das soll ihnen mal jemand nachmachen. Auch wenn der Staat weder Unterkunft noch Lebensmittel stellt. Die Flüchtlinge müssen alleine zurechtkommen. Das habe ich im Bekaa-Tal, in Tripoli und in der Hauptstadt gesehen. Nur Hilfsorganisationen und die UNO unterstützen mit dem Nötigsten. Aber selbst das wird immer weniger. Weil der Krieg in Syrien immer länger dauert, weil die Spendengelder abnehmen. Dazu kommen auch im sechsten Kriegsjahr die Restriktionen des Staates gegen die syrischen Flüchtlinge: Ausgangssperren, Arbeitsverbote, Bewegungsverbote, hohe Verwaltungsgebühren. Aber dennoch: Vier Jahre lang hat das Land seine Grenzen offen gehalten. Und im Januar 2015 immerhin keine Zäune gebaut.

Diese große Familie freut sich über den Besuch in ihrer »windigen« Behausung im Bekaa-Tal.

Ein fruchtbares Tal, eine schöne Landschaft. Das Bekaa-Tal, hier bei Zahlé. In 1278 »Informal Tented Settlements« haben fast eine Million syrische Flüchtlinge Schutz gefunden.

Großes Problem in den 1278 ITS: kein sauberes Wasser. Es fehlt fast überall an Latrinen, die kleinen Bäche sind verdreckt.

Der Müll ist ein ungelöstes Problem, im ganzen Libanon und vor allem in den Flüchtlingslagern. Keiner holt ihn ab, eine Müllabfuhr gibt es nicht.

Anstatt in die Schule gehen die syrischen Flüchtlingskinder arbeiten: Hier laden sie Gemüse ein zum Verkauf auf dem Markt.

Aischa lebt nur noch für ihre zwei Kinder – sie weiß nicht, warum sie sonst noch jeden Tag aufsteht.

Ihre Schwiegertochter hat die Enkel bei ihr zurückgelassen und ist mit einem neuen Mann davon. Jetzt versucht die Großmutter, sich um die Kleinen zu kümmern.

Sie ist stolz auf ihre saubere Behausung: Amira erwartet ihr erstes Kind im Libanon. Die Kinder ihrer Freundinnen kommen zu Besuch.

*Nur ein Buch? – Das reicht nie
für alle unsere Geschichten!*

Letztes Treffen mit Flüchtlingsfrauen im Süden des Bekaa-Tales. Der dortige Shawish empfängt uns mit einem Kind auf dem Arm und weiß schon Bescheid: Wir wollen keine Männer dabeihaben! Und er ergänzt: »So viele sind das ja auch hier nicht ...«

15 Syrerinnen zwischen 15 und 55 Jahren sitzen auf schmalen Holzbänken. Sehr ungewöhnlich, im Gegensatz zu den Zelten in den anderen Settlements. Diesmal kein »Schuhe ausziehen« und nicht wieder im Schneidersitz auf dünnen Matratzen sitzen. Cecilia erklärt wie immer, wer ich bin, was ich will und warum ich mich mit ihnen unterhalten möchte. Viel Wohlwollen kommt mir entgegen. Sie tragen alle den Hidschab, manche bunt, die meisten schwarz. Auch die jungen hübschen Mädchen verbergen ihre sicherlich schönen Haare unter den Tüchern. Wie sie ihre Tücher binden, daran kann ich jetzt schon den Unterschied zwischen den Libanesinnen und den Syrerinnen erkennen: Die Libanesinnen binden es locker, kreativ und keineswegs immer korrekt, nicht genau nach den Worten des Koran. Die Syrerinnen halten es streng, binden das Tuch fest um den Kopf und sind sehr besorgt, dass ja kein einziges Haar herausspitzt.

Die ITS, in der wir uns heute treffen, besteht aus 43 Zelten, es leben über 200 Menschen darin, alle kommen sie aus einem Vorort von Damaskus und waren schon bald zu Beginn des Krieges eingeschlossen von den Assad-Truppen. Sie hatten nichts mehr zu essen, kaum noch Wasser, als einzige Überlebensmöglichkeit blieb ihnen die Flucht. Als sie hören, dass ich ein Buch über ihre Schicksale schreiben möchte, lachen sie amüsiert: »Nur ein Buch? Das reicht bei Weitem nicht, um all unsere Erlebnisse und Erfahrungen zu erzählen ...« Ich bin gespannt.

Was hier jedenfalls ungewöhnlich ist: Alle sind mit ihren

Männern geflohen. Und keiner ihrer Männer hat sich bisher aufgemacht gen Europa. Obwohl die meisten der Familien schon den »geordneten« Weg beschritten haben und über das UNHCR einen Antrag auf Ausreise und Anerkennung ihres Kriegsflüchtlingsstatus gestellt haben.

Die Mädchen in der Runde gehen, bis auf eine, nicht in die Schule. Das sei zu teuer, sagen ihre Mütter. Die Schulen würden 100 Dollar im Monat kosten. Ich lasse das so stehen, weiß aber auch, dass das nur für syrische Privatschulen gelten kann, denn die libanesischen Schulen sind kostenlos. Die Regierung hat sogar Unterricht an den Nachmittagen möglich gemacht für die syrischen Kinder. Aber aus vielen Gründen halten die Mütter wohl ihre Töchter und Söhne lieber zu Hause. Vermutlich vor allem, weil die Kinder bei den Grundbesitzern, bei den Landwirten arbeiten, um so Geld zu verdienen.

Später in unserer inzwischen sehr fröhlichen Gesprächsrunde kommt heraus, dass angeblich einige Töchter angesprochen worden seien von libanesischen Jungen. Das war auch ein Grund, diese Mädchen nicht mehr in die Schule zu lassen. Was stimmt wirklich? Auch Berta Travieso von UNICEF kennt die Gründe nicht genau. Sie weiß nur eines: Ihr Schulteam kämpft verzweifelt darum, dass mehr syrische Kinder in Schulen gehen. Aktuell leben wohl 500 000 Kinder im Tal, von denen nur etwa 40 000 in eines der Schulzelte gehen. Warum? Die Mütter nennen, wie in dieser ITS, viele Gründe: ein zu hohes Schulgeld, die Gefahr, dass Mädchen angesprochen oder gar gehänselt werden. Aber keine gibt zu, dass die Kinder auf den Feldern arbeiten. Arbeiten müssen. Damit die Familien überleben. Das ist dramatisch.

Eine der Frauen, Rimas, lebt erst seit neun Monaten in dieser ITS. Sie ist mit ihrem Mann und drei Kindern aus Alamoun geflohen, als die Assad-Truppen ihr Haus konfiszierten und um sie herum nur noch geschossen wurde. Der Mann, so erzählt sie mir, lief zu Fuß über die Berge in den Libanon, sie packte schnell die Kinder, die nötigsten Papiere und sprang in ein Taxi. Mit sonst nichts. Bevor der Libanon die Grenze ganz geschlossen hat, schaffte sie es hierher. Allah sei Dank.

Wenn meine Vermutung stimmt, dass die Kinder nicht in die Schule gehen können, weil sie für den Unterhalt der Familien arbeiten müssen, frage ich mich: Wie sieht es eigentlich mit Arbeit für die erwachsenen Frauen aus? Sie sehen mich ein wenig sprachlos an, dann kommt heraus, dass von den 15 Frauen hier eine einzige in einer libanesischen Familie im nahe gelegenen Dorf arbeitet. Und nur ein Viertel der Männer in dieser ITS Arbeit hat. Aber die meisten Kinder, Mädchen und Jungen arbeiten auf dem Feld.

Der Libanon ist ein Land mit hohen Bergen und im Winter mit viel Schnee. Vor allem im Bekaa-Tal liegt er oft wochenlang und meterhoch. Jetzt steht wieder ein Winter vor der Tür. Für viele von ihnen ist es der vierte Winter hier. Sie schütteln sich alle bei diesem Gedanken. Das sei dann noch ein eigenes Buch, das ich schreiben müsse, erklären sie mir. Im Winter sind die Kinder krank, die Behausungen brechen über den Familien zusammen unter der Schneelast, die kleinen Heizkörper oder Öfen schaffen es bei Weitem nicht, die zwölf bis 15 Menschen darunter zu erwärmen. Alle zittern und frieren. Warten verzweifelt auf den Morgen, auf die ersten Sonnenstrahlen, die dann hoffentlich ein wenig wärmen. Weil sie dazu panische Angst haben, dass ihr wackliges und dünnes Dach unter der Schneelast auf sie herunterfällt, schlafen einige sogar lieber vor ihrer Behausung – im Schnee. Sie beten, dass sie bald Post vom UNHCR bekommen und dass sie dann das Bekaa-Tal verlassen dürfen. Wohin? Einfach nur an einen sicheren Ort. Wo sie nicht mehr so frieren müssen. Da reden die Frauen wild und wütend durcheinander, als sie mir ihre Lebenssituation hier im Winter schildern.

Was aber passiert, frage ich, wenn keine Post vom UNHCR kommt? Einige der Familien warten schon neun, zehn Monate … Dann, da sind sich alle Frauen einig, machen sie alles zu Geld, was sie haben. Damit sie für den einen, den starken Mann, die 2 000 oder 3 000 Dollar aufbringen können. Damit der sich aufmachen kann gen Europa. Auf die lange, gefährliche Flucht. Und die Frauen harren hier aus, warten und hoffen. Wie jetzt schon so viele von ihnen.

Ist das dann nicht gefährlicher hier, ohne männlichen Schutz?, will ich wissen. Nein, schütteln sie den Kopf. Da wollen sie sich gegenseitig unterstützen. Lassen keine alleine. Eine junge Frau aus ihrer Gruppe wollte mit einem Taxi ihren kranken Sohn ins Krankenhaus bringen, aber der Fahrer steuerte unterwegs plötzlich auf Feldwege und hielt in einem Weinberg. Nur weil sie heftig und laut geschrien habe, sei sie davongekommen, erzählt sie heute. Deswegen sind seitdem immer mehrere Frauen zusammen unterwegs, damit sich keiner an eine einzelne heranmacht.

Inzwischen bekommen dazu diejenigen Frauen weiter Kinder, deren Männer noch mit im Bekaa-Tal leben. Jahr für Jahr. Angeblich ist die Antibabypille, die sie kaufen können für wenig Geld, nichts wert. »Sie hilft nicht!« Das ist mir neu. Auch das Diaphragma tauge nichts, erzählt mir lachend die 39-jährige Alla. Sie sei trotzdem schwanger geworden. Auf meine Frage, ob es denn Sinn habe, so viele Kinder zur Welt zu bringen, wenn man sowieso so wenig zu essen habe, lachen sie mich aus. Früher hatten syrische Familien laut Statistik nur 2,3 Kinder. Heute, durch diesen Krieg, ist das anders. Kinder sind ihre Zukunft, sagen sie mir. Das habe ich auch schon in Tripoli gehört. Neu ist dagegen die nette Erklärung: Es gebe schließlich kein Fernsehen, keine Unterhaltung, was bleibe ihnen dann? Nur die Liebe, oder?

*Flüchtlingskinder retten – nur um das kann es gehen*

Die Flüchtlingskinder im Libanon, aber auch in der Türkei und in Jordanien leiden besonders schwer unter den Folgen des Krieges und ihrer Flucht. Sie können nicht schlafen, sie schreien nachts, wecken die anderen im Zelt. Träumen, dass wieder Bomben fallen, dass Scharfschützen auf ihre Füße zielen. Alle in der Familie leiden. Schrecken auf, wenn wieder ein Kind schluchzt. Die Kinder aus dem syrischen Krieg werden eines Tages nur mit großer Hilfe ihrer Eltern und von Fachleuten wieder in Frieden leben können. Wenn denn in ihrer Heimat auch wieder Frieden herrscht.

Das ist aber nur das eine Problem. Ein großes zudem. Aber dazu kommt noch etwas: Diese Kinder werden keine richtige Schulbildung haben. Den Anschluss verpassen. Nicht nur die Kinder in den Flüchtlingslagern. Sondern eine ganze Generation, die auch in der Heimat Syrien nicht mehr in die Schule geht, gehen kann, gehen darf. Denn nur noch 40 Prozent aller Schulen sind noch ganz, funktionieren, sind nicht zerbombt.

Früher und sogar noch unter Präsident Baschar al-Assad galt Syrien als das Bildungs-Vorzeigeland im arabischen Raum. Assad stockte den Bildungsetat auf 15 Prozent des Staatshaushaltes auf. Beachtlich. Schulpflicht herrschte für alle Kinder zwischen sechs und 15 Jahren. Die Einschulungsrate unter den Mädchen betrug 98, unter den Jungen 99 Prozent. Zwei Drittel aller Kinder gingen auf weiterführende Schulen. Die Analphabetenrate lag bei fünf Prozent.

Das Schulsystem selbst haben die Franzosen während ihres Mandats zwischen 1922 und 1943 eingeführt. So gehören Französisch und Englisch zu den Pflichtfächern. Sicher, internationale Organisationen monierten die immer noch angewandte Prügelstrafe in den Schulen, den angeblich schlechten Ausbildungsstandard der Lehrer. Aber immerhin: Vor dem Bürgerkrieg funktionierte das Bildungswesen.

Inzwischen? Zigtausende Schulen sind zerstört, viele werden umgewidmet in Hospitäler oder Kasernen. Nur noch 40 Prozent aller Kinder in Syrien gehen überhaupt in eine Schule. In Aleppo, der hart umkämpften

Stadt, gar nur noch sechs Prozent. Diejenigen, die noch zur Schule gehen, können das nur in einer relativ sicheren Region. Keinesfalls in den vom IS besetzten Gebieten. Da dürfen vor allem Mädchen nicht mehr in die Schule, und Jungen werden in den Medresen auf einen Islam getrimmt, der sie später als Selbstmordattentäter den Himmel ersehnen lässt.

Der Staat Libanon hat es immerhin geschafft, 2014 bereits 200 000 syrische Flüchtlingskinder in Schulen zu übernehmen. Oft, wenn es nicht anders ging, in Nachmittagsklassen. Wo dann auch arabischer Unterricht möglich war.

Jetzt aber gibt es seit 2015 jedes Jahr ein Projekt, um die Schulfähigkeit der Flüchtlingskinder zu testen. Daran nehmen nicht nur die syrischen Kinder, sondern auch die palästinensischen Kinder im Süden des Landes teil. Bedauerlicherweise aber schafft meist nur die Hälfte dieser Flüchtlingskinder den Test, die andere Hälfte fällt durch. Kinder, die dann in diesen Zeiten überhaupt nicht mehr in eine staatliche Schule eintreten können. Die nichts mehr lernen. Denn, wie gesagt: Die privaten Schulen kosten Geld. Das haben alle Mütter in den Lagern immer wieder betont. Geld, das die Kinder oft erst mal selbst verdienen müssen. Ein Teufelskreis.

Eines ist aber auf alle Fälle sicher: Dieser Krieg hat bis jetzt nicht nur 470 000 Syrern das Leben gekostet. Er wird auch eine Generation an jungen Menschen hervorbringen, die nicht lesen und schreiben kann, der keine Bildung zuteilgeworden ist. Wenn sie alle dann erwachsen sind, ist es doppelt und dreifach schwer, dies nachzuholen. Immer unter der Voraussetzung, dass irgendwann doch Frieden einkehrt in Syrien. Eine schlimme Bilanz. Noch eine.

# BUCH 4

## Jordanien

*Das kleine Königreich erstickt an der Flüchtlingszahl*

Nächstes Ziel: Jordanien. Durch eine lange gemeinsame Grenze mit Syrien verbunden. Kein Wunder, dass seit Kriegsbeginn rund 630 000 Syrer dorthin geflohen sind. Dabei hat das Land nur 6,5 Millionen Einwohner. Jordanien ist, wie auch schon der Libanon, heillos mit der Flüchtlingskrise überfordert. Die reiche Welt lässt die Zufluchtsländer rund um Syrien mit der finanziellen Last alleine. Jordaniens Schulden sind seit 2011 von 70 Prozent des BIP auf 90 Prozent in 2015 angestiegen. Die Regierung von Angela Merkel hingegen halbierte 2014 zeitweise den ohnehin schon bescheidenen Beitrag Deutschlands – zulasten Jordaniens. Die Stimmung »sei am Siedepunkt«, sagte König Abdullah Anfang 2016 der BBC.[20] Sein Land beherberge mehr als eine Million Syrer, denn ein beträchtlicher Teil ist illegal eingereist und nicht registriert. Hilfsorganisationen bestätigen, dass es mindestens 1,4 Millionen Menschen sind, die als Flüchtlinge im benachbarten Königreich Unterschlupf gefunden haben. Die Vereinten Nationen mussten 2015 allen, die nicht in den Flüchtlingslagern leben, die Hilfe streichen. Inzwischen gebe Jordanien 25 Prozent seines Staatshaushaltes (etwa 12 Mrd. US-Dollar) für die Flüchtlingshilfe aus, sagte der König dem britischen Fernsehsender. Bildungs- und Gesundheitssystem seien stark belastet. Dann fügt er noch, quasi als Schlusspunkt, hinzu: »Früher oder später droht der Damm zu brechen.« Da muss man sich schon wundern, dass das Land diese Last so lange fast klaglos getragen hat. Wenn es über ein Viertel der eigenen Bevölkerungszahl zusätzlich noch als Flüchtlinge aufnimmt ...

Die leben allerdings oft unter erbärmlichsten Umständen. Wie schon im Libanon und in der Türkei sind höchstens 20 Prozent von ihnen in den organisierten Flüchtlingslagern in den jordanischen Wüstenregionen untergekommen. 80 Prozent aller syrischen Flüchtlinge vegetieren dagegen in Ruinen, in leer stehenden Häusern und winzigen, feuchten und zudem überteuerten Apartments. Jordanien ist ihre Rettung vor den Assad-Truppen, vor den Auseinandersetzungen der unterschiedlichen Rebellengruppen und vor den Angriffen der IS-Terroristen. Aber zu welchem Preis! Und auch in Jordanien sind es überwiegend Frauen und Kinder, die in den Flüchtlingsbehausungen leben. Denn die Männer sind entweder tot, kämpfen in Syrien an den unterschiedlichen Fronten – oder sind auf dem Weg nach Westeuropa.

Eine dieser Flüchtlingsfrauen ist Asma. Die 32-jährige Syrerin lebt mit ihren fünf Kindern in einer Einzimmerwohnung im Ammaner Viertel Jabal Falsal. Sie zahlt im Monat 100 Dinar Miete, das sind umgerechnet 125 Euro. Im Winter tropft es durch die Decke. Nachts ist es eisig kalt. Zum Heizen fehlt ihr das Geld. Das Holz ist teuer, und der Rauch zieht zudem grässlich in das Zimmer. Dieses Viertel, in dem sie ein Zuhause gefunden hat, war früher ein palästinensisches Flüchtlingslager. Es entstand vor Jahrzehnten, als die Kriege von 1967 und 1991 Hunderttausende Flüchtlinge nach Jordanien trieben. Immer noch bietet Jabal Falsal die günstigsten Mieten der Stadt. Asmas ältester Sohn Faisal hat einen Job, er bringt etwa 50 Euro im Monat nach Hause. Aber seine Arbeit ist gefährlich, denn Flüchtlinge dürfen ohne Genehmigung in Jordanien nicht arbeiten. Wer erwischt wird, dem droht die Abschiebung, zurück in den Krieg nach Syrien. Dann kann es ihm so gehen wie Hunderten von Syrern, die von den Jordaniern einfach von der Militärpolizei in einen Bus gesetzt wurden. Ein Bus, der dann auf freier Strecke mitten in der Wüste anhält. Die Türen öffnen sich, und die Syrer werden hinausgeworfen. Für die Männer, so erzählen es einige, die durchgekommen sind, gibt es dann zwei bittere Optionen: Sie werden von der syrischen Armee erwischt und als Deserteure, Revolutionäre oder Flüchtlinge in die Foltergefängnisse Assads gesteckt. Oder die Revolutionäre erwischen sie, und je nach dschihadistischer Prägung der Brigade müssen sie kämpfen oder landen in den Gefängnissen des IS. Das ist inzwischen bekannt, und so geben sich die Jordanier bei Jugendlichen ein wenig großzügiger. Einer der Gründe für die Abwehrhaltung der Jordanier ist die Angst, dass ihnen die Syrer die Arbeit wegschnappen. Erstens arbeiten die für weniger Geld, zweitens – das hat sich längst herumgesprochen – sind sie wesentlich fleißiger und diskutieren nicht über zusätzlichen Urlaub. So haben die Flüchtlinge eine reelle Möglichkeit, in Jordanien zu arbeiten. Allerdings nur, wenn sie eine Arbeitserlaubnis erhalten. Die würde für Asma und die älteren Kinder 500 Euro im Jahr kosten – unerschwinglich für die junge Frau.

So ist sie, wie Hunderttausende der Flüchtlinge in Jordanien, auf Hilfe von NGOs, von internationalen Hilfsorganisationen, angewiesen. Zum Beispiel auf die Lebensmittelgutscheine des Welternährungsprogrammes. Die, wie bereits erwähnt, aufgrund der knappen Finanzlage der New Yorker Organisation im Sommer 2015 um die Hälfte gekürzt wurden. Jedem Flüchtling stehen seitdem nur noch etwa 50 Cent pro Tag zur Verfügung. Das Welternährungsprogramm hat auch deshalb kein Geld mehr, weil die Industrienationen ihre Zusagen nicht erfüllen. Denn dem WFP steht unglücklicherweise kein fester Etat zur Verfügung. Auch Deutschland hat seine Zahlungen vernachlässigt. Jetzt erst, mit den Hunderttausenden von neuen

Flüchtlingen, die in Europa ankommen, ist sich Europa, ist sich Deutschland wieder seiner Verantwortung bewusst geworden und hat gezahlt. Wenigstens das. Die deutsche Kanzlerin verkündete auf einer Geberkonferenz in London Anfang 2016, dass Deutschland 570 Millionen in das Welternährungsprogramm einzahlen würde. So viel wie alle anderen Einzahler zusammen. Ein Fünftel der in London vereinbarten 16 Milliarden übernimmt ebenfalls Deutschland. Die sollen dann direkt in die Not leidenden Länder, in den Libanon und nach Jordanien gehen. Zusätzlich zu den sechs Milliarden Euro, die die EU an die Türkei zahlen wird.

Jetzt also endlich: Geld für Jordanien. Hoffentlich kommt das auch wirklich den Flüchtlingen zugute. Denn die 50 Cent am Tag für einen einzelnen Menschen reichen kaum zum Überleben, sagt auch Asma. Und sie hat darum nur einen Wunsch: eine Arbeitserlaubnis. Denn Arbeit gibt es in Jordanien.

Anfang 2016 leben in Jordanien 630 000 Flüchtlinge aus Syrien. Die Palästinenser mit »älteren« Rechten als Flüchtlinge nicht eingerechnet. Aber beide Gruppen liefern sich, so berichtet der Vizebürgermeister Yousef al-Shawarbeh, einen Verdrängungswettbewerb.[21] Schwarzarbeiter überschwemmen den Markt. Dazu ist in ganz Jordanien Wasser Mangelware, es gibt viel zu wenige Drainagen, die Müllabfuhr kommt nur selten, und es gibt keine Möglichkeit zur Müllverbrennung. Das Land ächzt und stöhnt. Wen wundert das?

> Jordanien. Zahlen, Daten, Fakten
>
> – 6,5 Millionen Einwohner
> – Regierungsform: konstitutionelle Monarchie
> – 630 000 registrierte syrische Flüchtlinge, insgesamt geht die Regierung von 1,4 Millionen syrischen Flüchtlingen im Land aus

- Die Hälfte der arabischen Bevölkerung stammt von den etwa 1 000 000 Palästinensern ab, die nach den letzten Kriegen 1949 und 1967 nach Jordanien und in andere Staaten geflohen sind
- 93 Prozent der Bewohner bekennen sich zum sunnitischen Islam
- Analphabetenrate: Frauen: 14 Prozent; Männer: vier Prozent
- Arbeitslosenrate: etwa 20 Prozent
- Der Tourismus macht 20,7 Prozent des Bruttoinlandsproduktes aus (2015), ist aber aufgrund der Konflikte im Nahen Osten rückläufig
- Das BIP umfasste 2015 33,4 Milliarden Dollar, die Staatsverschuldung belief sich auf knapp 90 Prozent des BIP

*Die hübschen Syrerinnen sind auch hier sehr begehrt*

Asma ist die Mutter eines Sohnes und von vier Töchtern. Eine hübscher als die andere. Und das ist ein zusätzliches Problem. Auch die Mutter ist attraktiv. Eine Augenweide, würden in Europa die Männer sagen. Nun erlaubt jordanisches Recht jedem sunnitischen Moslem, vier Ehefrauen zu haben. Jordanische Männer schätzen gerade die syrischen Frauen. Warum nicht noch eine dritte oder vierte Ehefrau nach Hause holen? Natürlich ohne ihre bisherigen Kinder von einem syrischen Mann. Man will dann schon eigene zeugen … So erlebt Asma immer wieder, dass sie oder ihre Töchter auf der Straße aggressiv angemacht werden. Ihre Töchter will sie schon gar nicht mehr rauslassen. Der kleine dicke Lebensmittelhändler, bei dem sie ihre Gutscheine einlösen darf, macht ihr und den Töchtern immer wieder Angebote. Er sammelt von allen Flüchtlingsfrauen und deren Töchtern die Namen und Adressen auf den Lebensmittelgutscheinen. Auch die Telefonnummern. Wenn eine hübsche Syrerin zu ihm in den Laden kommt, fragt er prinzipiell, ob sie sich nicht etwas dazuverdienen will, für sich und ihre Kinder. Wenn sie zustimmen, dann vermittelt er sie an andere Männer – und schafft sich so ein lukratives Zubrot.

Das sind Geschichten, welche die derzeit höchst aktiv herumreisenden deutschen Politiker in Jordanien nicht hören. Wenn Außenminister Frank-Walter Steinmeier zu Besuch kommt, erlebt er die Staus in der Hauptstadt und eine Autostunde vor den Toren Ammans ein geordnetes Flüchtlingslager. Ebenso Finanz- und Wirtschaftsminister Sigmar Gabriel und Bundespräsident Joachim Gauck. Sicher, alle betonen, wie wichtig es ist, das kleine Jordanien mit den insgesamt geschätzten 1,4 Millionen Flüchtlingen finanziell besser zu unterstützen. Alle zeigen sich betroffen von der Situation der Syrer in den Containern und Zelten. Erklären immer wieder vor den Kameras und in die Mikrofone der Journalisten, dass jetzt Europa, die USA und die Golfstaaten zusammen jeweils 1,5 Milliarden Euro einbringen wollen, um die Region zu unterstützen und zu stabilisieren. Auf der Geberkonferenz im Januar 2016 in London sind es dann sogar 7,2 Milliarden Dollar rückwirkend für 2015 und 8,96 Milliarden Dollar für 2016, die an die drei wichtigsten Aufnahmeländer Türkei, Libanon und eben auch Jordanien gehen sollen. – Sollen! Erfahrungsgemäß aber sind das erst mal Absichtserklärungen. Bis eine Regierung dann wirklich Geld überweist, ist es oft ein langer Weg. Denn die reisenden Politiker bekommen bei ihren Rundgängen in den Flüchtlingslagern natürlich selten mit, wie es den rund 80 Prozent der syrischen Flüchtlinge ergeht, die außerhalb dieser Lager leben müssen.

Jetzt endlich sichert die internationale Gemeinschaft Milliarden zu, um zu helfen, um Hunger zu verhindern und im Winter die Menschen vor dem Erfrieren zu schützen. Das Geld ist in Jordanien willkommen und dringend vonnöten. Denn jeder vierte Einwohner ist inzwischen ein Flüchtling. Aber wenn die deutschen Politiker das Thema »Arbeitserlaubnis« ansprechen, stoßen sie bei der jordanischen Regierung auf taube Ohren. Die will keine Einmischung von außen. Noch dazu, wo auch aufgrund der Flüchtlingssituation die Arbeitslosigkeit auf über 20 Prozent gestiegen ist. Deshalb murren auch die Jordanier selbst. Was den Flüchtlingen nicht verborgen bleibt.

Ebenso wenig, wie den syrischen Flüchtlingsfrauen die in Jordanien herrschenden patriarchalischen Strukturen der Gesellschaft verborgen bleiben. Einige Frauen, die in Syrien wie selbstverständlich gearbeitet haben, erleben in Jordanien die klare Rollenverteilung. Ein Mädchen heiratet schnell nach der Schulausbildung, bleibt zu Hause und kümmert sich um die Kinder, Mann und Haus. Das ist gesellschaftlicher Konsens. Dazu sind aber auch noch tief greifende Benachteiligungen für Frauen im Gesetzbuch verankert: Selbst im 21. Jahrhundert bleibt die Polygamie in Jordanien verbreitet. Wonach laut Gesetz ein Mann bis zu vier Frauen ehelichen darf. Zudem kann sich der Mann sehr einfach und schnell von seiner Frau scheiden lassen, eine Frau hingegen nur unter großen Schwierigkeiten. Die Folge: Der Großteil der Ehefrauen, die in sogenannten unglücklichen oder gewalttätigen Ehen leben, bleibt bei den Männern. Die sie oft schon mit 15 Jahren heiraten mussten, vor allem wenn es um ihre finanzielle Versorgung ging. Grundsätzlich kann jede Frau in Jordanien auch gegen ihren Willen verheiratet werden. Das erledigt für sie und ihre Familie ein männlicher Vormund, der den Heiratsvertrag unterzeichnet. Es kommt aber noch schlimmer: Ein Vergewaltiger, so steht es im Gesetz, muss nicht zur Rechenschaft gezogen werden, wenn er die vergewaltigte Frau heiratet und mindestens fünf Jahre mit ihr verheiratet bleibt.[22] Wie grausam für die Frau: Erst wird sie vergewaltigt, und dann noch zwangsverheiratet. Zwar darf sie in diesem Fall die Heirat verweigern, aber meist ist der Druck der Familie und der Gesellschaft so groß, dass diese Frauen oft keinen anderen Ausweg sehen, als dieser Ehe nach einer Vergewaltigung zuzustimmen.

Es gibt noch weitere Gesetze, welche eine Gleichbehandlung von Frauen in der Gesellschaft verhindern: Wer als Frau außerehelichen Verkehr hat oder hatte, wird hart bestraft und ist zudem von der Gesellschaft ausgeschlossen. Da in einem solchen Fall die Familienehre als beschmutzt gilt, werden die Frauen nicht selten von ihren männlichen Familienmitgliedern mit dem Tod bedroht. Nun gibt es in Jordanien keine Frauenschutzhäuser. So sehen sich diese Frauen oft gezwungen, lieber für längere Zeit ins Gefängnis zu gehen, als unter einer Morddrohung im Verborgenen zu leben. Quasi als einzige administrative Obhut und Sicherheit. Das erinnert mich sehr an die Situation der Frauen in Afghanistan. Ich hätte solche Zustände allerdings nicht in der jordanischen Monarchie mit einer fortschrittlichen Königin Rania an der Seite König Abdullahs erwartet. Sollte nun ein Familienmitglied tatsächlich das Mädchen oder die Frau ermordet haben, kommt er oft mit nur sechs Monaten Gefängnis davon. Vorausgesetzt, jemand zeigt ihn an. Vor zehn Jahren allerdings wurden solche Verbrechen noch überhaupt nicht geahndet.

## *Die Araber brausen mit den SUVs durch die Wüste*

Kein Wunder also, dass sich die syrischen Frauen und Mädchen, die es ins vermeintlich sichere Nachbarland Jordanien geschafft haben, hier nicht wirklich sicher fühlen. Denn zusätzlich zu den vorhandenen patriarchalen und frauenfeindlichen Strukturen hat sich Jordanien zum erklärten Ziel der Männer von der Arabischen Halbinsel entwickelt. »Nimm dir eine Frau aus der Levante, und du wirst ein gutes Leben haben«, lautet deren Redewendung. Sie brausen mit ihren SUVs durch die Wüste und begeben sich auf Brautschau. Je jünger, desto besser. Auch: je teurer. 8 000 Dinar zahlen sie locker, das sind rund 10 000 Euro. Denn Syrerinnen gelten als fleißig und gehorsam, zudem als schön und anmutig. Der Lebensmittelhändler hat schon zwei Frauen, dennoch sucht er jetzt Frau Nummer drei. Er will noch mehr Kinder. Falls es ihm zu viel werden sollte, ist eine Scheidung in Jordanien wie in so vielen arabischen Ländern für die Männer kein Problem. Das geht schnell und unkompliziert. Zurück bleibt eine »geschändete« Syrerin, die jetzt noch weniger Zukunftschancen hat. Schon gar nicht, wenn sie ihre Kinder aus dieser neuen Beziehung behalten will. Denn die bleiben beim Erzeuger ... Die Männer in Jordanien sagen dann auch noch oft zynisch: »Danke, Baschar al-Assad, dass du uns deine schönen Töchter schickst.«[23]

Auch in Internetforen diskutieren die jordanischen Männer über syrische Bräute. In einem Zeitungsartikel[24] wird der Kommentar eines Mannes aus Saudi-Arabien im Chatroom zitiert: »Die weite Fahrt durch die Wüste lohnt sich, die guten Dinge werden zurzeit immer mehr statt weniger.«

Sogar regionale Gruppen, die sich selbst als Wohltätigkeitsorganisationen bezeichnen, scheinen gerne als Kuppler zu agieren. Syrische Flüchtlingsfrauen erzählen Journalistinnen immer wieder von einer saudischen Organisation, die sich vermeintlich um Witwen und Waisen kümmert. Allerdings gilt als Bedingung: Die Mütter und ihre Töchter müssen hübsch sein. Und jederzeit bereit, einen Mann aus den Golfstaaten zu heiraten.

Arabischen Männern auf Brautschau in Jordanien ist vor allem eines wichtig: das Alter der Frauen. Außerdem müssen sie Jungfrauen sein. So werden die Mädchen schon mit 13, 14 Jahren verheiratet. Auch wenn das gegen das Gesetz ist. Doch da hält die patriarchale jordanische Gesellschaft einen Ausweg bereit. Wer eine Jüngere heiraten will, muss sich von einem religiösen Führer, einem Imam oder Sheikh, verehelichen lassen.

Diese Ehen nach religiösem Recht sind schnell geschlossen – und ebenso schnell wieder geschieden. Wie gehabt. Denn rechtlich zählt erst die Registrierung der Ehe beim Gericht. Dass der weise Prophet Mohammed laut Koran das so nicht gewollt habe, interessiert in Kriegs- und Krisenzeiten niemanden. Denn: »Sind die Zeiten hart, dann verlieren viele Menschen ihre Würde«, erklärt ein junger Imam, der in einem Vorort von Amman die Flüchtlingsfamilien betreut.[25]

Im Vergleich zum »freien« Leben draußen in den jordanischen Städten sind die Frauen und Mädchen in den Flüchtlingslagern dagegen relativ sicher. Zum Beispiel in Saatari, 15 Kilometer entfernt vom Bürgerkriegsland Syrien. Das Camp ist das größte in der arabischen Welt, eine Ansammlung von Containern, Hütten und wieder Containern, so weit man sehen kann. Hineingesetzt in die Wüste, entstanden zwei Jahre nach dem Ausbruch des Krieges im Nachbarland. Als Jordanien täglich 3000, 4000 Flüchtlinge an den Grenzen registrierte. Inzwischen leben um die 80 000 Syrer in Saatari. Es gibt eine hinreichende medizinische Versorgung, zwei Supermärkte, Schulen für die Kinder. Aber Tatsache ist auch: Ein Drittel der Kinder geht nicht zur Schule. Zu wenig Platz in den Klassen. Eine verlorene Generation wächst auch hier heran. Vor unser aller Augen.

### *Warum hungernde Syrer zurück in die Heimat gehen*

Es gibt aber noch eine andere bedrückende Entwicklung: Viele geflüchtete Menschen, die in Syriens Nachbarländern Schutz gesucht haben, geben auf. Sie haben oft kaum etwas zu essen, arbeiten dürfen sie nicht, sie leben in bitterster Armut. So gehen sie dahin zurück, woher sie gekommen sind, in den Krieg, in ihre vom Bürgerkrieg geplagte Heimat. Allein aus Jordanien sind im Sommer 2015 rund 6000 Syrer nach Hause zurückgekehrt. Dabei ist den Betreuern in Jordanien nicht klar, ob die Syrer dann tatsächlich in ihrer Heimat bleiben wollen oder ob sie nur ihren Besitz dort verkaufen wollen, um Geld für eine Flucht nach Westeuropa zu haben.

So wie der 47-jährige syrische Vater, der sich mit seiner Familie im jordanischen Ramtha niedergelassen hat.[26] Immerhin: Zwölf Köpfe hat diese Familie. Sie lebten von den Essensgutscheinen, die ältesten Söhne verkauften Gemüse an Ständen, um die Miete bezahlen zu können. Dann gab es keine Gutscheine mehr. Darum will der Vater zurück nach Syrien. Etwas aber tröstet ihn: Die zwei ältesten Söhne sowie zwei andere Kinder der Familie sind inzwischen in Richtung Westeuropa aufgebrochen. Das Bitterste an der Geschichte dieser Familie aber ist, dass die Mutter mit ihren Töchtern zurückbleibt. In einem engen Loch, für das sie 200 Dinar Miete zahlen müssen. Das sind 240 Euro. Wie sie die erwirtschaften will und soll? Das weiß sie nicht. Jedenfalls sind die Männer alle weg: der Vater zurück in Syrien, die Söhne auf dem Fluchtweg.

Die älteste Tochter hält den Kontakt über WhatsApp. Und senkt den Blick, wenn sie auf die Straße geht. Damit kein Mann auf die Idee kommt, sie anzusprechen und womöglich um eine Ehe zu bitten. Schule? Bildung? Zukunft? Fehlanzeige ... Was für ein Schicksal. Aber eben auch nur eines von Hunderttausenden.

Es gibt jedoch auch positive Entwicklungen. Auch wenn sie von der jordanischen Regierung nicht gleich so gesehen wurden. Zum Beispiel das ausgemachte Geschick der Syrer als Unternehmer, Händler, Kaufleute. Sie haben es im Flüchtlingslager Saatari geschafft, Hunderte neuer Geschäfte auf die Beine zu stellen.[27] Die Einkaufsstraße im Lager heißt seitdem Champs-Élysées. Saatari klingt zwar auch nicht schlecht, abgeleitet ist das Wort vom arabischen »Thymian«, aber die französische Luxusstraße zu kopieren und den Hauch der großen, weiten Welt in einem Flüchtlingslager zu verbreiten, das ist schon gekonnt. Nach den Anfängen von Saatari ohne jede Infrastruktur gibt es inzwischen überall betonierte Straßen, Stromleitungen und Brunnen. Das Zeltlager verwandelte sich in die aus den Fernsehbildern in Europa bekannte Siedlung aus Wohncontainern. Jetzt funktionieren zwei Krankenhäuser, neun Gesundheitsstationen, sieben Spielplätze und Schulen für 16 000 Kinder. Bei Weitem nicht genug, aber immerhin ...Nur einen Haken hat das Ganze: Saatari ist ein geschlossenes Lager. Umgeben von einem aufgeschütteten Sandwall und einem Kommandoposten der jordanischen Streitkräfte. Eine Betonmauer, oben mit Stacheldraht bedeckt, verstärkt noch das Gefühl: Hier kommt keiner mehr raus, wenn er mal drin ist. Und rein kommt nur, wer angemeldet ist.

Denn klar ist auch, dass Jordanien die Flüchtlinge nicht integrieren will. Nicht mehr, nach den etwa 1 000 000 palästinensischen Flüchtlingen aus den Kriegen der Jahre 1967 und 1991.

Dennoch haben die Syrer es geschafft, sich in Saatari ein reges Geschäftszentrum zu errichten. Zu den rund 100 Läden entlang der Hauptstraße mit dem eleganten französischen Namen sollen es angeblich im ganzen Lager dreitausend sein. Offiziell dürfte es kein einziges geben. Doch auch die jordanischen Behörden haben sich vom syrischen Einfallsreichtum und Tatendrang überzeugen lassen. So lobt die Amerikanerin Codi Trigger vom UN-Flüchtlingshilfswerk: »Diese Verkaufsstände geben den Menschen Verantwortung und Halt. Sie sind auch soziale Treffpunkte. Orte, wo sie vergessen können, dass sie in einem Lager leben.«[28]

Woher kommt nun das Geld, das im Lager umgesetzt wird? Am Anfang, erzählen die Organisatoren im Lager, hatten die Flüchtlinge noch Ersparnisse. Denn alles zum täglichen Leben wird hier kostenfrei gestellt: Unterkunft, Gesundheitsversorgung, Kleidung, Lebensmittel. Inzwischen gibt es Plastikkarten von den Vereinten Nationen. Damit können die Flüchtlinge in den beiden Supermärkten einkaufen: Grundnahrungsmittel und frisches Fleisch. Allerdings sind diese Märkte teuer. Teurer als alles, was es auf dem freien Markt auf den Champs-Élysées gibt. Denn die kleinen Händler können ihre Waren viel billiger anbieten, sie zahlen keine Miete und keine Steuern. Ihre Waren kommen direkt von den Produzenten, aus Jordanien und aus dem syrischen Grenzgebiet. Also kaufen die Syrer im Lager bei ihnen. Bald soll es nun möglich sein, an mobilen Automaten Geld abzuheben. Das wäre dann das endgültige Konjunkturprogramm für den freien Handel im Flüchtlingslager.[29] Wie der boomende Taxi-Service. Dringend benötigt für Fahrten zum Arzt oder zum Einkaufen. So werden dann bald noch mehr Hähnchen in der Sonne brutzeln können, wird es dann überall nach Falafel duften und fein gehacktes Tabouleh angeboten. Oder die Hochzeitskleider locken in für Europäer erschreckend schrillen Farben und mit wild wallenden Röcken die Käufer an. Auch hier, im Lager, geben die Familien dafür viel Geld aus. Das ist schließlich Tradition. Da will sich kein Vater lumpen lassen. Wenn er denn seine Tochter verheiratet – und nicht verkauft, wie draußen, in den jordanischen Wohnvierteln.

Die Märkte im Lager florieren. Elf Millionen Dollar geben die Flüchtlinge jeden Monat in den syrischen Läden in Saatari aus. Das schätzt das Welternährungsprogramm. Eine kleine Summe im Vergleich zu den täglich zwei Millionen Dollar, welche die großen UN-Organisationen selbst in Jordanien ausgeben. Für die Anmietung von Büros, von Wohnraum, für Lebensmittel und sonstige Dinge des täglichen Lebens. Aber alle, die diese erstaunliche Entwicklung und den Beweis syrischen Unternehmergeistes in Saatari erleben, sind beeindruckt. An erster Stelle die Jordanier selbst. Und viele Mitarbeiter der Hilfsorganisationen sagen jetzt bewundernd: »Die Syrer, die lassen sich einfach nicht hängen.«[30]

Was sehr oft nicht einkalkuliert wird, wenn es darum geht, das kleine Königreich Jordanien finanziell in dieser Flüchtlingskrise zu unterstützen: Die Neuverschuldung Jordaniens blieb dank der Hilfsgelder 2015 von umgerechnet 1,5 Milliarden Euro nur halb so hoch wie im Vorjahr. Schon die Jahre 2012 und 2013, die ersten Jahre nach Beginn des syrischen Bürgerkrieges, hätten einen Wachstumsschub für die jordanische Volkswirtschaft gebracht, schreiben die Forscher der Konrad-Adenauer-Stiftung. Auch wenn die Arbeitslosigkeit steigt. Jordanien hat bisher fast sieben Milliarden Euro für die Versorgung der Flüchtlinge ausgegeben. Aber dem stünden, so die Wissenschaftler, auch Mehreinnahmen von mindestens fünf Milliarden Euro gegenüber.

Ein Blick in die Geschichte Jordaniens zeigt, dass das Land nicht zum ersten Mal von geflüchteten Menschen profitieren könnte: Noch vor 100 Jahren war das Land fast menschenleer, ohne Öl und nennenswerte Bodenschätze. Erst die arabischen Flüchtlinge, vor allem die palästinensischen, bevölkerten das Land nach und nach. So wird auch im kleinen Land, eingezwängt zwischen Syrien, Saudi-Arabien, dem Irak und Israel, heftig darüber diskutiert, ob die syrischen Flüchtlinge vielleicht nicht doch auch eine Chance sind und nicht so sehr eine Last. Eine bekannte Diskussion.

# BUCH 5

## Eritrea

*Sie hat ihre Flucht mit ihrem Körper bezahlt*

Sie wollte noch kein Kind. Schon gar nicht auf diese Weise. Die inzwischen 17-jährige Almaz ist auf der Flucht grausamst und mehrfach von drei Schleppern vergewaltigt worden. Wer von denen der Vater ihres kleinen Sohnes ist – das weiß sie nicht. Der Junge kam nach der Flucht durch die libysche Wüste in München zur Welt. Almaz hat ihn erst gar nicht angesehen. Sie wollte ihn gleich weggeben. Nichts mit dem Baby zu tun haben. Nicht immer wieder an die schrecklichen Tage und Stunden auf der Flucht erinnert werden. Aber eine Tante von Almaz aus der Münchner Eritreischen Gemeinde hat sie dann doch überredet und die junge Mutter in das Eltern-Kind-Haus von Condrobs für Flüchtlingsfrauen gebracht. Ein Anfang. Beinahe hätte ihr dann aber auch noch die Behörde das Baby genommen. Wegen »Kindeswohlgefährdung«. Weil die 17-jährige Afrikanerin an manchen Tagen überhaupt nicht fähig und bereit ist, sich um das Baby zu kümmern. Das machen jetzt die Betreuerinnen im Eltern-Kind-Haus. Die sind 24 Stunden, rund um die Uhr für die jungen Mütter und ihre Kinder da. Fast alle hier wurden auf der Flucht vergewaltigt. Oder sie haben die Schlepper mit ihrem Körper bezahlt. Weil sie kein Geld mehr hatten, keine andere Wahl.

Jetzt erleben sie gute Tage, wie den, an dem ich zum Frühstück am großen ovalen Tisch eingeladen werde. Oder schlechte, wenn sie nicht aus dem Bett kommen, vor lauter Kopfschmerzen oder nächtlichen Albträumen. Almaz geht das oft so. Dann wird ihr kleiner Sohn Jama von einer der fünf Frauen versorgt, die sich in der Einrichtung um acht Mütter und ihre Babys kümmern: Sozialpädagoginnen, Psychologinnen, Erzieherinnen. Dazu zwei ehrenamtliche junge Frauen, die einfach nur helfen wollen und dort ein Praktikum für die Schule absolvieren.

Manchmal redet Almaz ein wenig, erzählt von ihrem Land, ihrer Heimat. Aber nie von ihrer langen Flucht. Sie begreift inzwischen, dass ihr Kind besonders ernährt werden muss. Der Kinderarzt hat »Unterernährung« diagnostiziert. Jetzt bekommt Jama eine Spezialnahrung, alle zwei Stunden. Das ist anstrengend für die Mutter. Aber sie kommt von Woche zu Woche besser damit zurecht. Auch weil die eritreische Gemeinde im Norden der bayerischen Landeshauptstadt die junge Frau emotional unterstützt. Sie wissen alle, was Frauen auf der Flucht durchleben. Almaz kann dort jederzeit vorbeikommen. Ihre Sprache sprechen, von ihrer Kindheit erzählen, ihren Eltern. Von ihrer Heimat Eritrea reden, die sie bitterlich vermisst. Das spüren auch all die Frauen, die mit ihr im Mutter-Kind-Heim leben.

Eritrea, was wissen wir schon von diesem kleinen Land am Roten Meer, eingeklemmt zwischen den Molochen Äthiopien und Sudan, mit einer kleinen Grenze zu Dschibuti? Aus Eritrea kommen – nach Syrien und Afghanistan – die meisten Flüchtlinge. Aus keinem Land Afrikas fliehen mehr Menschen. Allein im Jahr 2014 waren es 360 000, und das bei einer Bevölkerung von gerade mal fünf Millionen. In Prozentzahlen sind das sieben Prozent. Das wäre genauso, als wenn in Deutschland 5,6 Millionen Menschen das Land verlassen würden. Sie fliehen vor dem Diktator Isayas Afewerki. Seit 25 Jahren führt er ein brutales totalitäres Regime. Menschenverachtend wie kaum ein anderes. Er lässt keine der Menschenrechtsgruppen einreisen, weil sie die Situation überprüfen könnten. So waren sogar die Vereinten Nationen gezwungen, sich für ihren im Juni 2015 veröffentlichten Bericht auf die Aussagen von Hunderten von eritreischen Zeugen innerhalb und außerhalb des Landes zu stützen. Das Fazit dieses Reports ist bitter: »Angst und Repression haben das Land im Griff«, schreiben die UN-Mitarbeiter. Das Regime sei »verantwortlich für außergerichtliche Hinrichtungen, weitverbreitete Folter, sexuelle Sklaverei und Zwangsarbeit«.[31] Sie konstatieren weiter: »Menschen in Eritrea werden in Straflager, Erdlöcher oder Schiffscontainer gesperrt.«[32] Wochenlang, monatelang. Es ist ein Horrorland.

Vor allem die staatlich angeordnete Zwangsarbeit, die unter dem Deckmantel des »Wehrdienstes« daherkommt, macht den Menschen solche Angst und treibt die jungen Eritreer aus dem Land. Die Flüchtlinge sind zwischen 18 und 50 Jahren. Männer wie Frauen, denn auch die werden eingezogen. Auch Almaz drohte der Einzug ins Militär. Davor hatte sie Angst. In Eritrea müssen alle volljährigen Menschen seit 1993 einen sogenannten »Nationalen Dienst« ableisten. In der Armee, beim Straßenbau oder in der Landwirtschaft. Anfangs war der Dienst auf 18 Monate begrenzt, das entspricht aber längst nicht mehr der Realität. Inzwischen können es auch mal zehn Jahre oder mehr werden, welche die Menschen in Eritrea meist ohne Bezahlung und mit wenig Essen unter der Militärknute durchleiden müssen.[33]

### Eritrea. Zahlen, Daten, Fakten

- 6,33 Millionen Einwohner
- Hauptstadt ist Asmara mit 500 000 Einwohnern (geschätzt)
- Offiziell ist Eritrea eine Demokratie mit einer Verfassung. Der Präsident ist Staatsoberhaupt und Oberbefehlshaber der Streitkräfte

- Laut der NGO Freedom House ist »Eritrea not an electoral democracy« (keine Wahldemokratie)
- Die Bevölkerung besteht je zur Hälfte aus Muslimen (Sunniten) und Christen
- In den letzten Jahren kam es zur systematischen Verfolgung nicht anerkannter christlicher Minderheiten durch die Regierung
- 75 Prozent der Bevölkerung arbeiten in der Landwirtschaft
- Eritrea verfügt über Bodenschätze, darunter Gold, Silber, Kupfer, Schwefel, Nickel, Pottasche, Marmor, Zink und Eisen. Salz wird in großem Umfang abgebaut. Diese Rohstoffe fördert Eritrea schon seit längerer Zeit für den weltweiten Export
- Es gibt außerdem eine Zement-, Textil- und Nahrungsmittelindustrie, darunter mehrere Brauereiunternehmen, Alkohol- und Weinproduktionsstätten
- Die neun Sprachen der neun größten Ethnien gelten formell als gleichberechtigte Nationalsprachen
- Formal besteht Schulpflicht für Kinder von sieben bis 13 Jahren. Dennoch besuchen nur rund 50 Prozent der schulpflichtigen Kinder eine Grundschule
- Der Anteil der Analphabeten liegt bei 35 Prozent
- Die Lebenserwartung wird auf 63 Jahre geschätzt
- Fast 90 Prozent aller Frauen sind genitalverstümmelt, obwohl es gesetzlich verboten ist
- Laut der Deutschen Stiftung für Weltbevölkerung haben nur sieben Prozent der verheirateten Frauen Zugang zu Verhütungsmitteln. Die Wachstumsprognose der Bevölkerung bis 2050 beträgt darum 14,3 Millionen
- Der Unabhängigkeitskrieg endete 1991 nach 30 Jahren mit dem Sieg der Eritreischen Volksbefreiungsfront. Sie bildete die neue Regierung und sorgte für die Unabhängigkeit Eritreas

*Die Ehemänner verschwinden auf Nimmerwiedersehen*

Die 32-jährigen Ashanti aus der Hauptstadt Asmara hat so ihren Ehemann verloren. Seit nun neun Jahren verschollen. Eingezogen zum Militärdienst und seitdem einfach weg. Auch ihr Vater ist auf diese Art und Weise entführt worden. Auf Nimmerwiedersehen. Daraufhin lässt Ashanti ihre zwei schon großen Kinder bei der Mutter und wagt die Flucht. Später will sie die Kinder nachholen und der Mutter Geld schicken, damit die ein besseres Leben hat.

Sie spart, pumpt Verwandte an, Freunde. Sie weiß, dass sie ungefähr 10 000 Dollar brauchen wird, um es bis nach Europa zu schaffen. Am liebsten nach Deutschland. Es dauert. Sie arbeitet hart. Tag und Nacht. Bis sie endlich die Scheine zählen kann, sie in kleinen Päckchen an ihrem Körper versteckt. Mit dem Schlepper hat sie lange über die Route und den Preis verhandelt. Hart verhandelt. Zweimal ist er gegangen. Zweimal zurückgekommen, dann sind sie sich einig, und Ashanti springt für die erste Etappe in das ein wenig wackelige und rostige Auto des Schleppers. Ziel ist Khartoum, die Hauptstadt des Sudan. Dazu erst mal: heimlich über die eritreische Grenze.

Das ist eine neue Route. Denn bisher führte die eritreischen Flüchtlinge der Weg über die ägyptische Sinaihalbinsel nach Israel. Zehntausende von Ashantis Landsleuten sind in den vergangenen Jahren auf diesem Weg der Repression entkommen, die meisten von ihnen sind in Israel geblieben. Aber die Israelis haben inzwischen einen Grenzzaun gebaut, auch um den Flüchtlingsstrom zu stoppen. Seit 2013 ist er fertig, und seitdem kommt auf dieser Route kaum noch einer durch. Wer nun in den Westen will, muss es machen wie Ashanti. Durch die Sahara an die Küste Libyens.

Nachts geht es über die Grenze. Problemlos. Sie weiß inzwischen von anderen Eritreern, dass die erste Etappe die einfachste ist, das wird sie auch später im sicheren Deutschland erzählen. In Khartoum hat Ashanti Verwandte, dort kann sie unterschlüpfen. Dann geht es weiter in ein Flüchtlingslager. Nach Shagarab, kurz vor der libyschen Grenze im Norden. Da sind Hunderte von Eritreer, auch viele Frauen. Ashanti entdeckt dort etwas für sie Unvorstellbares: Viele ihrer Landsleute verkaufen hier ihre Organe. Um Geld für den weiteren Fluchtweg zu haben. Sie ist froh, dass sie ihr Geld sicher verstecken konnte bis hierher. Nach einer Woche geht es endlich weiter, in einem Pick-up, zusammen mit zwölf anderen Eritreern und 20 Syrern. Darunter zwei Frauen und acht Kinder. »Wir waren viel zu viele«, erzählt sie später über ihre Flucht. »Die Schleuser zwangen uns, unser Gepäck zurückzulassen.« Sogar die lebensnotwendigen Wasserflaschen nahmen sie ihnen ab. Das ganze mühsam verpackte Essen verschwand. Ashanti bekommt Panik. Wie werden sie diese Fahrt durch die Wüste überstehen? Ohne Wasser, ohne Lebensmittel? Ganz zu schweigen von Decken oder Strickjacken, denn die Nächte in der Wüste sind eisig kalt. Das weiß sie längst.

Nach zwei Tagen begreift sie den üblen Trick der Schleuser: Sie haben die 60 Liter Wasser auf dem Pick-up zur Hälfte mit Benzin vermischt. Ashanti ist entsetzt. Aber bald ist der Durst nicht mehr auszuhalten. Die Schleuser verteilen tropfenweise das Benzin-Wasser-Gemisch. Und jeder trinkt. Obwohl es grässlich schmeckt. Der Grund? Ganz einfach: Wenn die Schleuser nicht so viele Wasserkanister mit aufladen, können sie mehr Menschen mitnehmen – und mehr Geld verdienen. So ist das.

Auch Almaz hat das so erlebt und durchgestanden. Doch sie erzählt nicht gerne von ihrer Flucht. Nach der Wüstenfahrt landete sie genau wie Ashanti in Bengasi in Libyen in einem sogenannten »sicheren Haus«, zusammen mit 180 anderen Flüchtlingen. Zwei Toiletten für sie alle, und keine Duschen. Der Gestank sei entsetzlich gewesen. Außerdem war Almaz ständig übel. Denn da war sie schon schwanger. Die Vergewaltiger aber hatten sich längst verdrückt. Sie sitzen auf dem nächsten Pick-up, um für Tausende von Dollar die Flüchtlinge an die Mittelmeerküste zu karren. Almaz hofft nur noch auf das Schiff, das sie auf einem »kurzen, vollkommen sicheren Weg«, so verkaufen die Schleuser die Tour, weiter nach Lampedusa bringt. 300 Kilometer über das Mittelmeer und Tausende Kilometer von ihrer Heimat entfernt. Aber sicher – sicher in Europa.

Der offizielle Grund für den jahrelangen Militärdienst der Bürger von Eritrea ist, laut Präsident Afewerki, eine permanent drohende äthiopische Invasion. 30 Jahre hatte Eritrea um die Unabhängigkeit von seinem großen Nachbarn gekämpft. 1998, nur fünf Jahre nach der ersehnten Ablösung, kam es aber wieder zum Krieg zwischen den beiden Ländern. Seitdem hält Äthiopien einen Streifen eritreisches Land besetzt. Darum regiert in Eritrea der Ausnahmezustand. Die 1997 verabschiedete Verfassung ist nie in Kraft getreten, die Wahlen wurden bis heute nicht nachgeholt. Seitdem leisten zwischen 200 000 und 300 000 Menschen in diesem kleinen Land ständig Wehrdienst. Sie bewachen die Grenze zu Äthiopien, bauen Straßen und arbeiten auf den Feldern der »Nomenklatura«, das heißt, sie dienen auf Staatskosten den Generälen und anderen führenden Politikern. Dabei werden sie bei diesem nationalen Pflichtdienst derartig drangsaliert und misshandelt, dass die Angst vor dem Regime das ganze Leben der Familien im Land bestimmt. Keiner wagt es, sich aufzulehnen. Auch, weil das Land von Spitzeln durchzogen ist. Wer sich trotzdem traut, den Diktator zu kritisieren, der verschwindet ganz schnell. Von einem Tag auf den anderen. Es gibt keinen öffentlichen Prozess. Der Bürger ist und bleibt verschwunden. So war es auch bei einer Gruppe von 15 Politikern, die in einem offenen Brief freie Wahlen forderten. In dem Schreiben wollten sie die vor Jahren verabschiedete Verfassung endlich umgesetzt haben. Elf von ihnen waren innerhalb von 24 Stunden verschwunden. Ebenso die Gruppe von etwa 100 Aufständischen, die das Informationsministerium erstürmt hatten, um dieselben Forderungen durchzusetzen. Eritrea scheint ein Albtraum zu sein. Dennoch fließen deutsche Entwicklungshilfegelder dorthin. Angeblich, um die Strukturen zu stärken und den Flüchtlingsstrom zu stoppen. Das ist zynisch.

Ashanti erzählt später, dass die Unterdrückung der Familien nicht bei einem kurzen Besuch des Landes zu erkennen ist. Es scheint alles friedlich und hübsch anzusehen. Italienische Kolonialbauten, Palmen und nette Cafés säumen die Straßen. Twitter und Facebook sind nicht verboten. Warum auch, wenn das Internet so langsam ist, dass es ohnehin nicht funktioniert.

*Bisher hat der eritreische Präsident keine Versprechen gehalten*

Der deutsche Entwicklungshilfeminister Gerd Müller hat sich 2015 nach Eritrea begeben. Auch wegen der immens anwachsenden Flüchtlingszahlen. Europa schickt immerhin 200 Millionen Euro zur »Bekämpfung der Fluchtursachen« in das Land. Mit dem Geld soll unter anderem die Stromversorgung verbessert werden. Die EU will Eritrea und den Sudan mit 1,8 Milliarden Euro unterstützen und damit verhindern, dass noch mehr Afrikaner nach Europa kommen. Präsident Afewerki hat im Gegenzug versprochen, den Nationalen Dienst, also die Militärzeit, wieder auf 18 Monate zu begrenzen. Aber bisher hat der eritreische Präsident noch keines seiner Versprechen gehalten. So wird wohl auch diesmal wenig passieren. Denn die Expatriots, die Auslands-Eritreer, sind eine wunderbare Einkommensquelle für das Land. Dieses Geld, das die Geflohenen aus Europa und Amerika nach Hause überweisen, ist eine der letzten verlässlichen Einkommensquellen, die dem Regime noch geblieben sind. Wie das funktioniert? Ganz einfach – mit einem Spitzelsystem: Jeder Auslandseritreer ist dazu verpflichtet, zwei Prozent seines Einkommens an das Regime in Asmara zu überweisen. Sonst erhält er bei Bedarf vom eritreischen Staat weder eine Geburtsurkunde noch ein Zeugnis, darf kein Erbe antreten und die Familienangehörigen nicht ins Ausland nachholen. Ganz schön raffiniert, dieses System der Abhängigkeiten und der Geldströme. Bis 2011 haben die Eritreer diese sogenannte »Aufbausteuer« sogar in den Botschaften und Konsulaten abgegeben. Das hat die EU inzwischen unterbunden. Jetzt kassieren regimetreue Auslandseritreer direkt bei ihren Landsleuten und bringen persönlich das Geld nach Asmara. Warum, fragt man sich, zahlt fast jeder geflüchtete Eritreer so viel Geld? Weil sie alle noch Familienangehörige im Land haben. Die ausländischen Geheimdienste berichten aber auch von einem funktionierenden Netzwerk regimefreundlicher Dolmetscher und Spitzel. Die alle auf der Gehaltsliste des Präsidenten stehen. Da kommt keiner davon. Da kann sich keiner verstecken.

Auch Almaz' eritreische Gemeinde in Bayern zahlt. Zu groß ist die Angst vor dem mächtigen Staat. Noch immer leben zu viele Familienangehörige in Eritrea. Die sind sonst den Schergen des Präsidenten ohne Schutz ausgeliefert. Almaz selbst muss nichts zahlen. Noch nicht. Denn sie hat kein Einkommen. Lebt von der Flüchtlingshilfe. Aber ihr Wunsch ist ein Deutschkurs, ein Schulabschluss. Dann will sie etwas zurückgeben. An das Land, das sie aufgenommen hat. In der Flüchtlingshilfe arbeiten, anderen Frauen helfen, hier Fuß fassen. Jama, ihr Sohn, kommt in ihren Wünschen zurzeit noch nicht vor. Aber die Betreuerinnen in der Einrichtung erklären mir voller Mitgefühl: »Das wird schon noch. Sie braucht einfach noch Zeit. Diese lange Flucht, diese Gewalt, diese Ängste, das kann niemand so schnell wegstecken und verarbeiten.« Die anderen

Frauen in der Mutter-Kind-Einrichtung helfen der jungen Eritreerin dabei. Gemeinsam sind sie stark, sagen sie mir noch zum Schluss. Wie wahr.

## *Zwei Mädchen aus Eritrea schaffen es alleine bis nach München*

Hilfe haben auch die beiden eritreischen Schwestern Bien und Milena, die beide alleine den gefährlichen Weg aus Asmara bis nach Deutschland geschafft haben. Wie diese Flucht abgelaufen ist? Das wollen sie nicht erzählen. Aber die beiden 15- und 17-jährigen Schwestern machen jetzt regelmäßig eine sogenannte »Biografische Arbeit« im Rahmen des Zentrums für Opfer von Folter und Krieg. Sie sind mit rund 50 anderen unbegleiteten Mädchen und 50 Jungen in einem Programm des Jugendamtes der Stadt München gelandet. Glücklicherweise. Der Sozialdienst katholischer Frauen zusammen mit einer Organisation für Heilpädagogik engagiert sich für die Geflüchteten. Bien, die 15-Jährige, will unbedingt so schnell wie möglich Deutsch lernen. In ihr Notizbuch schreibt sie jedes neue Wort, und nach sage und schreibe zwei Wochen spricht sie schon ganze deutsche Sätze. Sie und ihre Schwester gucken viel auf ihre Handys, auch weil es der einzige Kontakt zu den Eltern in Eritrea ist. Der Vater, ein Arzt, hat hin und wieder Internetverbindung. So erfährt er, was die Töchter machen. Zum Beispiel jeden Tag drei Stunden Deutsch lernen. Aber sie hören auch Vorträge, unter anderem von pro familia über Empfängnisverhütung und andere für sie wichtige Themen, gehen in Sondervorstellungen ins Kino und tanzen mit Münchner Mädchen vom Kreisjugendring Hip-Hop. Sicher, das erzählen alle, die sich um diese unbegleiteten Kinder kümmern: Es gibt auch Phasen, wo sie sich zurückziehen, nicht reden, einfach nichts machen wollen. Vor allem nach dem Frühstück verziehen sich die Mädchen gerne wieder in ihre Zimmer, verstecken sich unter den Bettdecken, und manch eine wischt sich später die Tränen aus dem Gesicht. Sie sind eben in der Fremde, alleine, ohne Familie.

Wer von den Mädchen in der Gruppe schon besser Deutsch spricht, verfolgt in den sozialen Netzwerken die politische Debatte in Deutschland. Oft mit Angst. So hängen sich die beiden Schwestern aus Eritrea am liebsten beide bei ihrer Betreuerin Uta ein, wenn sie in die Stadt gehen. Sehen wie aus einem Schonraum heraus die Menschen um sich herum an. Wie wird es ihnen hier in diesem fremden Land, in dieser fremden Kultur einst ergehen?

In der Straßenbahn sind Bien und Milena die Ersten, die aufspringen, wenn eine ältere Dame oder ein älterer Herr einsteigen. Mit freundlichem Lächeln bieten sie ihren Platz an. Das ist für sie selbstverständlich: »Ältere Menschen zu achten, das haben wir früh gelernt in unserer Kultur«, erzählen sie ihrer Uta. Die sich darüber sehr freut und sie ermutigt: »Bitte gebt das hier in Deutschland nicht auf … Die deutschen Jugendlichen sind da ganz anders.« So vieles ist hier anders, so vieles werden sie noch lernen müssen. Aber Bien und Milena, die es alleine von Eritrea durch die Wüste und über das Mittelmeer bis nach München geschafft haben, werden auch das hinbekommen. Sie sind stark, offen und mutig. Das wird ihnen helfen. Und uns in unserem Land vielleicht auch.

## *Vom Horror auf hoher See*

Vor dem Hintergrund der Berichte um die Fluchtdramen zwischen der Türkei und den griechischen Inseln ist das westliche Mittelmeer zwischen der Nordküste von Afrika und Süditalien ein wenig aus dem Blickfeld geraten. Aber auch diese Fluchtroute funktioniert unverändert. Allein 2015 haben etwa 154 000 Menschen die Überfahrt von Nordafrika auf eine der europäischen Inseln gewagt. 3 000 Flüchtlinge sind dabei ums Leben gekommen. Das Mittelmeer ist zu einem großen Grab geworden. Einige der Toten wurden von der italienischen Küstenwache als Leichen geborgen. Wie viele aber allein in Libyen angeschwemmt wurden, darüber gibt es keine Zahlen. Nur zerschrammte, schwarze Gummiboote, die zu Hunderten in den großen und kleinen Häfen an der 1 800 Kilometer langen Küste dahindümpeln. Als Zeichen für die missglückten Überfahrten. Da fehlt dann meist der Motor, ebenso jede weitere Spur der Migranten aus Syrien, Eritrea, Somalia oder Nigeria. Nur wenige persönliche Habseligkeiten bleiben manchmal in den Booten zurück: Pässe, Ausweise, Handys, Geldscheine, ausgeblichene Fotos der Familien. Alles Beweise, dass die Menschen wohl nicht überlebt haben. Denn wer, wenn er durchkommt, lässt diese lebenswichtigen Dinge zurück?

Die wohlhabenderen Migranten, die viele Tausende Dollar bezahlen, dürfen in die sicheren, motorbetriebenen Schlauchboote nach Frankreich einsteigen. Frankreich ist ein gutes Ziel, weil auf dieser Route meist keine Küstenwache kontrolliert. Da spielt auch die größere Entfernung übers Meer keine Rolle. Im Gegensatz zu den meisten armen Flüchtlingen, die mithilfe ihrer Schleuser die italienische Insel Lampedusa ansteuern. Denn die ist nur 320 Kilometer entfernt von der libyschen Hafenstadt Tripolis. Das ist dann die »Billig-Version« der Flucht, wenn sie denn gelingt und die Menschen überhaupt in Italien ankommen.

## *So berechnen die Schleuser ihre Preise*

Kostete zu Zeiten des Diktators Muammar al-Gaddafi die Überfahrt von Libyen nach Italien noch 5000 US-Dollar, so ist der Preis inzwischen auf 1600 US-Dollar gesunken. Alles inklusive, angeblich. Wenn es den Schleusern gelingt, in ein Boot 200 Migranten zu pferchen, dann kommen sie auf sage und schreibe 320000 US-Dollar. Ein schöner Gewinn. Den sie bei Nachfragen aber gleich kleinreden. Die »Nebenkosten« seien immens hoch, erzählen sie. Die Kosten für die Anmietung eines »sicheren« Hauses für die vorübergehende Unterbringung der Flüchtlinge liege allein schon bei 5000 US-Dollar im Monat. Wie lange dort die Flüchtlinge warten müssen, sei dann meistens offen. Dazu müssten die Schleuser mindestens 20000 US-Dollar im Monat an den lokalen Polizeichef entrichten, damit sie die Menschen ohne weitere Kontrollen in dieser Fluchtunterkunft unterbringen können. Dann koste das Zubringerboot hin zur wartenden Barke mindestens 4000 US-Dollar, dann das Boot mit ungefähr 250 Flüchtlingen für eine einfache Route 80000 US-Dollar. Außerdem halte der tunesische oder ägyptische Bootskapitän noch die Hand auf und wolle mit 5000 bis 7000 US-Dollar dabei sein. Das Satellitentelefon nur für den Kapitän, das er in einem Notfall gebrauchen kann, koste noch einmal 800 US-Dollar. Das sei einfach wichtig, wenn internationale Gewässer erreicht würden. Dann müssten noch die Rettungswesten bezahlt werden, mit 40 US-Dollar pro Stück.

Aber: Über 80 Prozent dieser Westen funktionieren nicht, sagt das Rote Kreuz. Sie ziehen, wie auch die Westen, die in der Türkei verteilt werden, die Menschen unter Wasser, anstatt sie zu retten. Die meisten Schleuser versprechen bei den ersten Gesprächen über die Flucht und ihre Kosten nicht nur totale Sicherheit, sondern auch diese Rettungswesten – und haben sie meist überhaupt nicht an Bord der kleinen Zubringerboote. Im zerfallenen Staat Libyen kümmert sich da keiner darum. Jeder kann alles tun. Gesetze gibt es keine mehr. Das Land, die Wüste und das Meer – alles offen und ohne staatliche Kontrolle. Damit auch ohne jeglichen Schutz für die Migranten.[34]

## *Die Toten eines Wochenendes im Mittelmeer*

An einem einzigen Wochenende im Jahr 2015 sind 700 Menschen, vielleicht sogar mehr als 900 ertrunken. Auf der Flucht nach Europa, nur sechzig Seemeilen vor der libyschen Küste. Sie waren, wie alle davor und danach, eingepfercht, gefangen auf einem übervollen Boot, das dann letztendlich kenterte. Woher sie kamen? Das wird wohl niemand mehr erfahren. Die Schlepper hatten sie mit Waffengewalt an Bord gedrängt, viele von ihnen unter Deck gezwungen, in den Bauch des Schiffes. Dann wurde die Tür zum Laderaum abgeriegelt. Als das Schiff unterging, kam keiner mehr raus. Das Mittelmeer verschlang die Flüchtlinge. Die Hilfsschiffe konnten später am Unglücksort nur 28 Überlebende bergen.

Ein zweites Beispiel aus dem Flüchtlingsjahr 2015, auch nur eines von Tausenden: Von Zuwara an der libyschen Küste startet ein Schiff mit rund 370 Flüchtlingen. Darunter zwölf Frauen und 13 Kinder. Sie waren alle schon fast in Sicherheit. Ganz nahe der Insel Lampedusa, die sie an diesem schönen Tag mit den Augen sehen können. Da kommen die Retter in Gestalt eines Bootes der italienischen Küstenwache. Panik bricht aus, die Menschen drängen sich auf dem völlig überfüllten Boot auf eine einzige Bordseite. Das Boot bekommt Schlagseite, kentert und geht mit dem Rumpf aus Metall schnell unter, so berichten Zeugen. Weil so viele Schiffe den abgesendeten Notruf erhalten und zu Hilfe eilen, können alle Menschen aus diesem Boot gerettet werden.

Ein dritter Fall: 110 Seemeilen vor Lampedusa sendet ein anderes voll gepferchtes Flüchtlingsboot einen Notruf. Es ist mitten im Winter. Angeblich springt der Motor nicht mehr an, oft ist das aber auch ein Trick der Schleuser. Damit dann in den internationalen Gewässern ein Schiff die Flüchtlinge aufnimmt. In Malta liegen zwei Containerschiffe. Die können aber nicht auslaufen, weil der Wellengang so stark ist. Die alarmierte Küstenwache von Lampedusa benötigt deshalb mit ihrem Schnellboot im Sturm fünf Stunden für den Weg zur sinkenden Barke. Da sind schon sieben Flüchtlinge tot. Nicht ertrunken, weil das Boot gekentert war, sondern erfroren. Dann erfrieren noch 22 weitere Menschen auf dem Weg nach Lampedusa. Die Fahrt auf dem Rettungsboot dauerte 19 Stunden. Das Küstenwachschiff hat keine Kabine, keinen wärmenden Unterschlupf. Es ist nicht dafür gedacht, 106 Menschen vor dem Kältetod zu retten. Auch die glitzernden Wärmedecken aus Aluminium können nicht mehr helfen. Sie flattern wild im Sturm an den Körpern. Nur die robusten unter den Flüchtlingen überleben diese Reise. 29 Menschen sterben.

## *Die Rolle der deutschen Marine*

Zwei deutsche Schiffe sind mit dem Auftrag, »in Seenot geratene Flüchtlinge zu retten«, im Mittelmeer im Einsatz. Das Seegebiet umfasst eine Größe von 1 000 mal 750 Kilometer. Sie kreuzen überwiegend vor der libyschen und der italienischen Küste. Dabei sind auf der Fregatte »Hessen« 255 Personen und auf dem Einsatzgruppenversorger »Berlin« 159 Personen stationiert. Dazu kommt noch das sogenannte Merz, das »Marine-Einsatz-Rettungszentrum«. Die »Berlin« kann problemlos, so sagt es die Marine jedenfalls, 250 Menschen aufnehmen. Die Fregatte fasst 100 Menschen. Aber je nach Notsituation können es auch mehr Menschen sein, die an Bord geholt werden. Die Unterbringung ist eher notdürftig auf den Schiffen, sie ist auch nur für maximal 48 Stunden gedacht. Es gibt Wolldecken und zusätzliche Verpflegung an Bord. Dazu hat die Marine weitere Duschen und Handwaschbecken eingebaut. Insgesamt wurden 2015 mehr als 12500 Menschen von der deutschen Marine im Mittelmeer gerettet. Sie werden meist in den italienischen Häfen von Pozzallo und Reggio Calabria abgeliefert und dort an die örtlichen Behörden übergeben. Es können aber auch andere Häfen sein, die die beiden Schiffe dann auf Anweisung der Italiener anlaufen. Der Einsatz beruht grundsätzlich auf dem Internationalen Seerecht, wo im Artikel 98 festgehalten ist, dass jeder Kapitän eines Schiffes verpflichtet ist, Menschen in Seenot oder Lebensgefahr auf See zu helfen.

# BUCH 6

## Lesbos

*Das östliche Mittelmeer:
Grab oder Brücke nach Europa?*

Es ist nur eine Stunde Flug von Athen auf die schöne Insel Lesbos. Die drittgrößte Insel der Ägäis. Knapp 90 000 Menschen leben hier. Eine Touristenattraktion. Die jetzt aber, im Zuge der Flüchtlingsströme aus dem Nahen Osten und aus Südosteuropa, zu einem dramatischen Krisenpunkt gerät. Vor allem, weil die türkische Küste so nah ist. Neun Kilometer an der engsten Stelle. Das ist ein Katzensprung. Könnte man meinen.

Über 848 000 Menschen sind laut UNHCR aus Syrien, dem Irak, Afghanistan und Pakistan allein im Jahr 2015 an den Küsten der griechischen Inseln angelandet. Aber auch 3 695 Menschen im Meer während der Überfahrt mit einem der wackligen Gummiboote ertrunken.

Im Winter 2015/2016 sieht es nicht so aus, als ob es weniger Hilfe suchende Menschen werden würden. Vor allem, wenn die Stürme nicht zu sehr das Meer aufwühlen und die Gummiboote ohne Kentern die Strecke schaffen. Bis April 2016 waren es schon 172 000 Migranten, die in die wackeligen Boote stiegen und nach Europa wollten. Solange es einen Fluchtgrund gibt, so lange gibt es flüchtende Menschen. Diese Erkenntnis ist nicht neu.

Ich habe mir im Winter 2015/2016 auf der Ostseite der Insel in der Hauptstadt Mitilini eine Unterkunft gesucht. Im Internet ist das heute leicht. Erst die Landkarte hochgeladen, dann mir die nahe Küste zur Türkei angesehen. Dort ist es. Ich will wissen, wie es den Flüchtlingen auf der griechischen Insel wirklich ergeht. Vor allem: den Frauen und Kindern. Die 2015 noch nicht in der Mehrzahl waren. Aber inzwischen, Anfang 2016, sind es viele geworden. Plötzlich kauern sie in den Booten, die Frauen und Mütter, die Schwestern und Töchter, oft mit kleinen Kindern und ihren Babys fest an sich gepresst. Das Hotel liegt gut, gleich nach meiner Ankunft am Abend falle ich bei meiner ersten Erkundung quasi um die Ecke in die Arme einer syrischen Flüchtlingsfamilie. Direkt vor einem der vielen, jetzt so hoch frequentierten Reisebüros in der Stadt. Die Syrer kommen aus Idlib, sind seit einem halben Jahr unterwegs. Geflohen vor den Bomben aus der Luft und den IS-Terroristen am Boden. Sie haben alles verkauft, was sie besaßen: das Haus, die Einrichtung, das Geschirr, die Wäsche. Ihr ganzer Besitz heute Abend: je ein Rucksack und eine größere Adidas-Tasche. Auch die Kinder tragen einen eigenen kleinen Rucksack. Die Eltern zeigen mir, was sie eingepackt haben: T-Shirts, Socken, ein Ersatzhandy und wärmere Pullover. Wenn ich an die deutschen Temperaturen denke, wird mir ganz anders. Aber es gibt ja tolle Kleiderkammern, beruhige ich mich. In Plastik versiegelt haben die Eltern auch die wichtigsten Dokumente, ein paar Fotos, zum Beispiel von ihrer Hochzeit und von den neugeborenen Babys. So viel – und doch so wenig für die lange Flucht. Es sind zwei Ehepaare mit je zwei Kindern, die hier an der Hauswand des Reisebüros lehnen. Die Ehemänner sind Brüder. Der Reisebürobesitzer übersetzt für mich ein wenig zwischen Arabisch und Englisch. Er selbst kommt aus Marokko und ist hier auf Lesbos vor drei Jahren gelandet. Auch als Flüchtling. Heute ein erfolgreicher Reise-Unternehmer. Na bitte, geht doch, denke ich. Das kleinste

Kind, ein etwa dreijähriges Mädchen mit großen schwarzen Kulleraugen, steht in Socken auf der Straße. Der Vater erklärt mir in brüchigem Englisch: »Sie ist uns ins Wasser gefallen, wir haben sie gerade noch packen können, aber dabei hat sie ihre Schuhe verloren.« Am nächsten Tag wollen sie ihr ein Paar neue Schuhe kaufen. Feste, damit die Kleinste weit laufen kann. Es gibt inzwischen viele Läden, die speziell auf die Bedürfnisse der Flüchtlinge ausgerichtet sind. Unter anderem mit billigen Turnschuhen, aber auch mit festen Wanderschuhen, in allen Größen. Heute Abend fahren die beiden Familien noch mit einem der gelben Taxis in eine Unterkunft. Der Marokkaner dolmetscht auch hier zwischen dem griechischen Fahrer und der Familie. Übergibt ihnen noch die Schiffstickets bis Piräus, in den Athener Hafen. Morgen Abend fährt dann das ersehnte Schiff weiter nach Europa. Nicht mehr so ein unsicheres Gummiboot wie das, mit dem die beiden Familien von der Türkei hierher nach Lesbos gekommen sind. Zusammen mit täglich rund 2 000 anderen Flüchtlingen. Bereits jetzt in den ersten Wintermonaten des Jahres 2016 hat die europäische Grenzschutzpolizei Frontex 45 000 Flüchtlinge registriert. Darunter 38 Prozent Kinder und 22 Prozent Frauen. Denn die flüchtenden Männer nehmen jetzt ihre Familien mit. Wenn es geht. Und das ist neu. Denn bisher waren es in der Mehrzahl die Väter, die Brüder, die erwachsenen Söhne, die die Flucht gewagt hatten.

Die besonders freundliche Mitarbeiterin an der Hotelrezeption hat mir einen Fahrer und eine sehr nette Übersetzerin organisiert. Stella, so heißt sie, hilft allen und jedem. Immer verbunden mit einem wunderbar strahlenden Lächeln. Ich verabrede mich mit dem Fahrer für den nächsten Morgen um sechs Uhr zur Fahrt in die Bucht von Skala Skamnias. Vangelis spricht gut Englisch. Er hat auch schon so einige prominente Besucher auf der Insel chauffiert. Später erfahre ich, dass er bei meiner

Übersetzerin Angela in die Schule gegangen ist. Angela war und ist Englischlehrerin.

Noch am ersten Abend im Hotel bitten mich drei freundliche Frontex-Mitarbeiter zu sich an den Tisch. Frontex wurde 2004 gegründet, als europäische Agentur, um die Grenzen der europäischen Staaten zu schützen. Inzwischen hat die EU 760 Polizisten nach Griechenland geschickt. Darunter auch 60 deutsche Beamte. Die drei hier im Hotel kommen alle aus Schweden und arbeiten im »Normalleben« als Polizisten. Sie unterstützen die Organisation zum Schutz der Schengen-Grenzen jeweils zwei Monate lang. Im Auftrag des schwedischen Staates. Das ist kein leichter Job. Sie müssen die Pässe der Flüchtlinge prüfen. Ist einer gefälscht? Kommt ein Flüchtling schon zum wiederholten Mal? Welches ist seine bzw. ihre Geschichte? Stimmt sie? Wohin wollen die Menschen? Wo hätten sie am ehesten eine Chance auf Asyl? Funktionieren der Scanner, die biometrischen Fotoapparate, die Geräte zur Abnahme des Fingerabdrucks? Alles muss übersetzt werden. Die drei sprechen zwar fließend Englisch, aber keiner von ihnen Arabisch, geschweige denn Farsi oder Dari wie die Afghanen. Der ältere der drei Männer erzählt, dass er an diesem Tag zum ersten Mal erlebt hat, dass zwei Kurden um Asyl in Griechenland bitten wollen. Das freut ihn einerseits, andererseits macht ihm die ganze Entwicklung große Sorgen. Die beiden Kurden haben alle Chancen, dass ihr Antrag schnell genehmigt wird. Aber sonst: Kaum einer der Flüchtlinge will in Griechenland bleiben. Im vergangenen Jahr haben nur 14 368 Migranten Asyl in Griechenland beantragt. Es hat sich wohl bei allen herumgesprochen, dass Griechenland genug Probleme hat mit sich selbst. Denn genauso lange wie in Syrien der Krieg tobt, kämpft die Regierung in Athen mit der Schuldenkrise.

Wer dann als syrischer Flüchtling von Frontex registriert wurde, darf sich sechs Monate lang in Griechenland frei bewegen. Afghanen und Pakistani erhalten nur einen 30-tägigen

Aufenthalt. Aber alle wollen nur eines: nach Deutschland. »Alemania«, das werde ich auch hier auf der griechischen Insel in den nächsten Tagen noch oft hören. Einige der Flüchtlinge zieht es nach Schweden. Weil sie dort Verwandte haben. Dann besteht auch für sie eine gute Chance auf Asyl.

Der Fernsehapparat läuft in der Hotelhalle den ganzen Abend. Wir hören, dass Mazedonien jetzt die Grenze dichtmacht. Fast dicht. Denn nur noch Syrer und Iraker mit ordentlichen Pässen werden durchgelassen. Afghanen und Pakistani bleiben zurück. Rückstau quasi als Reaktion auf die Grenzschließungen der Österreicher und Ungarn. Nur, was jetzt? Sollen denn all die Hunderttausenden auf der Flucht im kleinen und bitterarmen Griechenland verbleiben? Ausgerechnet in dem Land, das schon so lange mit einer Finanzkrise und um seine Existenz ringt? Die Situation scheint sich zuzuspitzen. Das sehen auch die drei Frontex-Polizisten so. Vor allem: Wer kümmert sich um die Menschen? Gibt ihnen etwas zu essen, hilft ihnen mit Zelten und Decken, mit Medikamenten, wenn einer krank wird? Im griechischen Fernsehen beherrscht das Flüchtlingsthema alle Kanäle. Die Journalisten diskutieren mit Politikern, die Redaktionen schalten zu ihren Reportern an der mazedonischen Grenze und nach Lesbos oder Kos, nach Piräus, in den Hafen von Athen, und nach Kavala, wohin auch viele Schiffe von Lesbos aus fahren. Jeder spürt die beginnende Panik in diesem kleinen Land. Das mit seinen vielen Inseln und seinen insgesamt über 13 000 Küstenkilometern in dieser Situation total überfordert ist. Präsident Alexis Tsipras bittet gar die deutsche Bundeskanzlerin um Hilfe und spricht von maximal 50 000 Plätzen, die Griechenland für Flüchtlinge bereitstellen könne. Immerhin. Das ist neu. Bisher war eher »durchwinken« angesagt ...

Ich mache mich auf den Weg nach Skala Skamnias. Noch ist der Himmel über der Insel dunkel. Die Bucht liegt im Norden, eine Autostunde entfernt von der Hauptstadt. Vor allen Dingen:

nur zwei Stunden mit dem Schlauchboot von der türkischen Küste entfernt. Die kürzeste Strecke. Neun Kilometer. Darum sind dort auch in den letzten Tagen Hunderte von Booten gelandet. Zudem stimmte der Wind. Er blies aus dem Osten hinüber gen Westen, gen Griechenland. Wenn Sturm ist, geben die türkischen Schleuser »Sturmrabatte«. Je nach Windstärke und Wellenhöhe sinkt der Preis für die Überfahrt. Aber in den ersten Wochen des Jahres 2016 sind schon 36 tote Flüchtlinge vor der türkischen Küste angetrieben worden. Im Jahr 2015 waren es fast 3 400 Menschen, die auf dem Mittelmeer zwischen der türkischen Küste und Griechenland umkamen. Ertrunken, angeschwemmt. Trotz der vermeintlich sicheren Schwimmwesten. Da klingt der »Sturmrabatt« dann nur noch zynisch.

### Lesbos. Zahlen, Daten, Fakten

- Lesbos oder Lesvos ist die drittgrößte Insel Griechenlands und die achtgrößte im Mittelmeer. Nach der Volkszählung von 2011 hatte die Insel insgesamt 86.436 Einwohner
- In Mitilini, dem Verwaltungs- und Wirtschaftszentrum der Insel, leben 37.890 Einwohner
- Lesbos liegt in der nördlichen Ägäis weit im Osten, gegenüber der türkischen Küste
- Lesbos ist landwirtschaftlich geprägt. Die Haupteinnahmequelle ist das qualitativ hochwertige Olivenöl. Weitere Einnahmen werden durch Käse, darunter Feta, Kaseri und Ladotyri, die Ouzoproduktion sowie die Fischerei und Salzgewinnung im Golf von Kalloni erzielt
- Das Wort »lesbisch«, im Sinne von weiblich homosexuell, wird vom Namen der Insel abgeleitet, da die von der Insel stammende berühmte antike Dichterin Sappho in ihren Gedichten u. a. von der Liebe zu Frauen sang

## *Enttäuschung bei den Helfern – das Flüchtlingsboot wird von der Küstenwache aufgebracht*

Langsam wird der Himmel im Osten rot, wir erreichen die kleine Bucht nach einer hübschen, pittoresken Fahrt über die Insel auf einer engen, kurvigen Straße. Es ist noch vollkommen still hier. In der Nacht ist kein Boot angekommen. Obwohl das Meer auch in der letzten Nacht für Februar erstaunlich ruhig war. Viele junge Menschen stehen herum. Schauen hinaus auf das Wasser. Greifen immer wieder zum Fernglas. Viele von ihnen tragen leuchtende Schutzwesten. Ich frage sie freundlich, woher sie denn kommen. Viele sind aus Norwegen, einige aus den Niederlanden, aus Irland, eine Ärztin ist aus den Vereinigten Staaten von Amerika hierhergeflogen. Andere sind aus Großbritannien gekommen. Es ist beeindruckend: Diese überwiegend jungen Menschen nehmen Urlaub, um zu helfen. Auf eigene Kosten. Ich werde noch alle Nationen dieser Welt hier auf der kleinen Insel vertreten finden. Tausende von freiwilligen Helfern. Es ist einfach unglaublich.

Der norwegische Vater, der mit seiner Tochter hier im Einsatz ist, sieht es als Erster: »Ein Boot kommt, mit vermutlich 25 Flüchtlingen.« Das scheint für alle eine gute Nachricht. In dem »Welcome«-Stand am Strand werden Marmeladenbrote geschmiert, Tee und Kaffee gekocht und in Thermosflaschen abgefüllt. Einige Männer springen in Neoprenanzüge, um den Menschen beim Aussteigen aus den glitschigen Gummibooten durch das Wasser zu helfen. Aber – alles umsonst. Denn die Küstenwache der Griechen stoppt das Boot bereits draußen auf dem Meer. Nimmt die Flüchtlinge auf und bringt sie nach Petra, in den Hafen im Nordwesten der Insel. Von dort werden sie dann mit Bussen in das Zentrum der Insel in das Lager nach Moria gefahren zum Registrieren. In der Bucht von Skala Skamnias hätten ihnen die Helfer zwar warme Kleidung gegeben, ihnen Tee eingeflößt und ihnen die eiskalten Füße massiert vor der Busfahrt. Deshalb auch die Enttäuschung hier unter den jungen Menschen aller Nationen. Aber es ist auch gut, dass die Menschen auf See in das Schiff der Küstenwache geklettert sind. Das ist manchmal sicherer, als am Strand auf wackeligen und glitschigen Steinen aus dem Gummiboot herauszuklettern. So weit also, so gut. Denn die 15 Frontex-Boote zusammen mit der griechischen Küstenwache wollen inzwischen vor allem eines: Menschen retten. Das war früher nicht so. Da haben sie nur Menschen in Seenot aus dem Wasser gezogen. Ansonsten konnten die Boote ohne Probleme die griechische Küste ansteuern. Keiner hat sie gestoppt.

Seit März 2016 patrouillieren fünf Nato-Schiffe im Mittelmeer. Sie sollen den Schleppern das Handwerk erschweren und die Flüchtlinge wieder zurück in die Türkei bringen. Macht aber aus meiner Sicht wenig Sinn, denn die Schlepper oder Schleuser kassieren das Geld, stoßen die Gummiboote ins Wasser und – weg sind sie. Kaum ein Schlepper oder Schleuser ist mit an Bord. Außerdem erbost dieses geplante Verfahren viele Hilfsorganisationen. Denn gerade aus der Türkei wollen die Menschen ja weg – weg nach Europa. Während meines Besuches ist das alles allerdings erst noch ein Plan. Griechenland und die Türkei, wiewohl beide Nato-Partner, arbeiten bis jetzt alles anderes als zusammen. Eher im Gegenteil. So soll das gemeinsame Unternehmen mit den Nato-Schiffen weniger eine Militarisierung der Flüchtlingspolitik, sondern vor allem erst mal eine vertrauensbildende Maßnahme zwischen Griechen und Türken werden. Das Chaos in der Ägäis zu beenden und das Geschäft der Schleuser zu stoppen ist sicherlich sinnvoll. Die Nato-Schiffe könnten hier also die Flüchtlingskrise zumindest entschärfen. Nur: Der Flüchtlingsstrom wird deshalb nicht enden. In der Türkei sitzen 2,8 Millionen Menschen überwiegend in schäbigen Unterkünften fest. Erst seit Mitte Januar 2016 dürfen sie arbeiten. Vorausgesetzt, sie sind schon länger als sechs Monate in der Türkei. Sie alle wollen nichts wie weg. Und kommen im Morgengrauen in den schwarzen Schlauchbooten auf Lesbos, Kos oder Chios an. Europa ist so nah.

*Orangefarbene Schwimmwesten –
ein Mahnmal für die Ertrunkenen*

Auf Lesbos funktioniert inzwischen alles gut. Die Hilfe für die Flüchtlinge scheint jeden Tag besser organisiert. Kein Vergleich mit dem Chaos des letzten Jahres, als Zehntausende auf den Straßen und Plätzen kampierten und verzweifelt, frierend und nass auf ein Schiff nach Athen warteten. Allein eine halbe Million Menschen kam 2015 über die kleine Insel in die EU. Im Spätsommer kollabierte hier alles. Das Stadion nahe dem Hafen geriet zum Wartezimmer unter freiem Himmel. Es fehlte an Wasser, Lebensmitteln, Medikamenten oder einfach nur trockenen Socken. Die Menschen kamen nicht weiter, niemand hat sie registriert, ihre Fingerabdrücke genommen, geschweige denn ihnen geholfen. Es waren zu viele. Obwohl die Menschen auf der Insel alles getan haben, was ihnen möglich war. »Aber wir waren auch vollkommen überfordert«, wie mir später die Übersetzerin Angela erzählt.

Wir fahren zurück nach Mitilini. Unser Fahrer Vangelis will mir unbedingt noch eine Müllhalde zeigen, eine ganz besondere Müllhalde, wie er betont. Gespannt und ein wenig ungläubig lasse ich ihn weiter in die Berge hineinfahren. Eine steinige Piste führt steil den Hang hoch, hinter einer Kurve leuchtet grell ein Berg in Orange. Ein riesiger Haufen aus alten Schwimmwesten, meterhoch. Bagger sind im Einsatz, die von den Lkws diese Westen auf den immer größer werdenden Plastikberg hieven. Sie kommen von den Stränden der Insel, wo sich die Menschen als Erstes an Land dieser Rettungswesten entledigen.

Für die sie viel Geld gezahlt haben. Die aber, das weiß man inzwischen, nicht retten, sondern den Menschen ins Wasser runterziehen. Weil sie nichts taugen, weil ihre Füllung aus minderwertigem Material ist, die sich im Wasser vollsaugt und die Menschen deshalb nicht über dem Wasser hält, sondern in die Tiefe zieht. Also keine Rettungswesten, sondern Todeswesten. So muss man sie meiner Meinung nach bezeichnen. Dieser orangefarbene Berg ist ein Mahnmal. Unvergesslich. Das hat der chinesische Künstler Ai Weiwei auch erkannt. Vangelis hat ihn in seinem Taxi gefahren, darauf ist er stolz. Denn Ai Weiwei gestaltete eine Installation in Berlin aus Hunderten orangenen gebrauchten Schwimmwesten. Inzwischen plant der Künstler auch die Errichtung eines Denkmals auf Lesbos. Er will damit auf die Menschen aufmerksam machen, die auf ihrem Weg nach Europa ertrunken sind. Das Kunstwerk an den Säulen des Konzerthauses am Gendarmenmarkt war vor allem eine Aktion für die Filmgala »Cinema for Peace«. Eindringlicher kann man an das Flüchtlingsdrama auf dem Meer nicht erinnern.

Das Bild geht mir nicht mehr aus dem Kopf. Wir fahren schweigend hinunter nach Mitilini. Dort bin ich jetzt mit der Übersetzerin Angela verabredet. Eigentlich wäre ich gerne als Erstes zum Hotspot Moria gefahren. Aber das können wir vergessen. Davor muss erst per E-Mail ein Antrag in Athen gestellt werden. Auch das ist neu. Nun funktioniert eben auch die Bürokratie. Ist sicher gut so. Vor allem, weil inzwischen so viele internationale Journalisten, von den Vereinigten Staaten von Amerika bis hinüber nach Japan, hier auf Lesbos recherchieren und von der griechischen Insel berichten.

Im Hafen läuft ein Frontex-Schiff mit Flüchtlingen ein. Es sind rund 200, die in der Nacht im Süden der Insel in der Nähe des Flughafens mit ihren Schlauchbooten angekommen sind. Sie sitzen neben Rettungsbooten oder unter dem Radarmast, ihre orangefarbenen Schwimmwesten leuchten grell vor dem strahlend blauen Himmel. Sehr beruhigt sehe ich, dass auch hier inzwischen gute Organisation greift: Frauen und Kinder zuerst, dann die Väter, dann die jüngeren Männer. So lassen sie die Beamten von Bord hinüber zum UNHCR-Bus gehen. Der wiederum die Flüchtlinge gleich nach Moria fährt.

Im Hafen sehe ich aber auch: Hunderte von Außenbordmotoren, fein säuberlich nebeneinander aufgereiht. Das sei nur die Hälfte der aufgelesenen Motoren, erzählt ein Frontex-Mitarbeiter. Wenn überhaupt. Frontex und die griechischen Behörden wollen sie versteigern. Die anderen, die, die am Strand liegen bleiben, die sollen wieder an die Türken zurückverkauft werden. Erzählt Vangelis. Der ohnehin bestens informiert ist über alles, was mit den Flüchtlingen passiert auf seiner Insel. Ich mag es nicht glauben. Aber es ist auch zu lesen, dass in der Türkei die Produktion der Außenborder gerade Hochkonjunktur erlebt. Weil den Schleusern und Schleppern die Außenbordmotoren fehlen. Die gebrauchten Motoren werden von den Griechen teilweise aber einfach wieder an die Türken verkauft. Ich habe selbst erlebt, wie schnell die Boote nach der Landung der Flüchtlinge zerlegt und abtransportiert werden. Da könnte es gut sein, dass sich hier ein neuer »Gebrauchtmarkt« auftut. Auch eine Seite der Flüchtlingskrise in Europa.

Wir fahren jetzt aber erst mal in das örtliche Krankenhaus. Hier sind im letzten Jahr allein über 100 000 Frauen und Kinder behandelt worden. Das habe die Klinik rund eine Million Euro gekostet, erfahre ich vom diensthabenden Oberarzt. Die Behandlung war umsonst. Freie Heilfürsorge, wie für die Griechen auch. Der Hals-Nasen-Ohrenarzt erzählt von den vielen Kindern, die mit Hals- und Ohrenentzündungen angekommen sind. Sie seien oft in einem ganz schlimmen Zustand. Weil sie auf der langen Flucht überhaupt keine medizinische Behandlung erhalten haben. Oft waren die Flüchtlinge ja ein, zwei Jahre unterwegs. Auf Warteposition in der Türkei, unter zum Teil menschenunwürdigen Bedingungen.

Die Chefin der Geburtshilfestation berichtet mir bedrückt von den vielen Frauen, die ihre Kinder im Schlauchboot oder gleich bei der Landung am Strand geboren haben. Vangelis, unser wie immer gut informierter Fahrer, erinnert sich, wie er den Vater und die anderen Kinder einer dieser Frauen nach solch einer Geburt in die Klinik gebracht hat. Dabei erzählte ihm der Vater in schlechtem Englisch, dass die junge Frau in der Türkei gar nicht in das Gummiboot habe steigen wollen. Denn die Wehen kamen in immer kürzeren Abständen. Da war ihr wohl klar, dass das Baby bald kommen würde. Aber der Schlepper zog die Pistole, hielt sie ihr an den Kopf und zwang sie so zur Überfahrt. Jetzt lag sie mit dem Baby im Rettungswagen auf dem Weg in die Klinik. Beide waren gesund und die Mutter sicherlich unglaublich erleichtert. Zehn Tage haben sie die Ärzte hierbehalten. Obwohl die Familie so schnell wie möglich weiterwollte. Weiter an die mazedonische Grenze, durch den Balkan bis nach »Alemania«. Aber die resolute Ärztin konnte sich zum Wohle von Mutter und Kind durchsetzen.

Sie begreife das sowieso nicht, sagt sie mir. Alle, erzählt sie weiter, wollten nach der Geburt schon oft nach einem Tag weiterziehen. Trotz ihrer Erschöpfung, obwohl sie vollkommen durchnässt in der Klinik angekommen sind: »Sie gefährden sich und die Gesundheit ihrer Babys.« Aber da kann die erfahrene Gynäkologin nichts machen. Sie arbeitet jetzt schon seit 35 Jahren hier, aber so etwas wie dieses Flüchtlingsdrama hat sie noch nie erlebt. »Da kann man doch nur helfen«, sagt sie traurig. Vor allem das Schicksal der jungen Mütter und ihrer Babys auf der weiteren Flucht nach Deutschland bedrückt die Ärztin sehr. Dann fügt sie auch gleich ihr Lebensmotto hinzu: »Alle schwangeren Frauen bedürfen des besonderen Schutzes.« Zum Schluss erzählt sie dann doch noch lachend: »Manche der

Babys sind jetzt kleine Griechen. Dazu werden sie von den Eltern mit dem Vornamen ihrer Retter getauft.« Eine von vielen liebevollen Gesten.

### *Janna hat Syrien nur wegen ihrer Kinder verlassen*

Pikpa heißt ein kleineres Auffanglager für Flüchtlinge auf der Insel. Zehn Holzhütten, mehrere große weiße Zelte und auch hier 30, 40 freiwillige Helfer aus der ganzen Welt. Früher war das hier ein Ferienlager für Schüler. Die Freiwilligen, überwiegend Männer, bauen gerade noch weitere Unterkünfte. Große weiße Rund-Zelte aus dichtem Material, die vor Wind und Regen, aber auch vor starker Sonne schützen. So als ahnten sie, dass das Flüchtlingsdrama auf Lesbos noch nicht überstanden ist. Heute aber ist ein ruhiger Tag an diesem im Grunde so friedlichen Ort.

Ich treffe hier Janna, 54 Jahre alt, Syrerin aus Helab. Eine junge Palästinenserin übersetzt. Sie hat einen israelischen Pass, die palästinensische Kefiah als politisches Signal um die Schultern geschlungen. Vier Wochen in ihren Ferien will sie hier helfen.

Janna sitzt gelassen an einem runden Tisch vor ihrer Holzhütte. Sie beginnt, freundlich lächelnd, mit ihrer wichtigsten Botschaft: »Wenn ich nicht Kinder hätte, hätte ich Syrien nie verlassen.« Zur Bestätigung schüttelt sie auch noch ihren Kopf. Schiebt sich das Tuch zurecht, das locker auf ihren Haaren liegt. Dreieinhalb Jahre hat sie mit der Familie in der Türkei gelebt, in Mersin, nahe der irakischen Grenze. Ihr Mann hatte dort einen Minijob. Oder besser: einen Hungerjob. Denn die Türken beschäftigten ihn ausschließlich gegen Ware. Da floss kein Geld. Was sie dringend benötigt hätten. Allein ihr kleines Haus mit den zwei Zimmern habe 450 Euro Miete im Monat gekostet. Ohne Strom oder Wasser.

Jetzt hat Jannas ältester Sohn in Schweden entschieden: Ihr kommt zu mir. Ein langer, ein teurer Weg. Zuerst führte sie die Flucht nach Izmir, wo eine andere ihrer Töchter verheiratet ist. Verhandlungen mit einem Schleuser. Letztes Packen. Nur ein Rucksack sei erlaubt, erzählt Janna heute. Dann weiter in den Norden, an den Strand. Dort warten sie zweimal eine Nacht, immer in einem Minibus ohne Sitze. Am Boden kauernd. Zusammen mit 15 anderen Erwachsenen und zehn Kindern. Dann endlich, leise und gebückt, hinunter durch die Sträucher zum Wasser. Eilig hinein in das Gummiboot. Ziel: Griechenland, Lesbos. Ihr Mann erklärt sich bereit, den Bootsführer zu machen. Obwohl er nicht schwimmen kann und noch nie zuvor ein Gummiboot mit Außenborder gesteuert hatte. Später zeigen mir Janna und ihr Mann noch Fotos, die ein Freund auf dem Boot mit seinem mobilen Telefon gemacht hat. Der Schlepper kassierte vorher noch schnell das Geld für die Überfahrt und die Schwimmwesten, und weg war er. 900 Euro pro Person, auch für ein Kind, 70 Euro für die Weste. Genau, wieder so eine schon beschriebene Weste, die nicht rettet, sondern sich mit dem Wasser vollsaugt.

Janna, ihr Mann und die drei Kinder schaffen es bis an die Südostküste von Lesbos. Landen im Hotspot Moria, werden registriert und hoffen jetzt im Camp Pikpa auf eine Weiterreise nach Athen und von dort nach Schweden zu ihrem Sohn. Sie wollen sich nicht auf die Balkan-Route begeben, hoffen auf Visa aus Schweden, die ihnen ihr Sohn beschaffen will. Dann können sie ab Athen nach Stockholm fliegen. Das ist aber noch in weiter Ferne ...

Während wir uns unterhalten, schnitzelt die Mutter Gurken und Kartoffeln klein, bereitet ein Mittagessen für ihre Familie und hofft, dass sie auch dieses Lager bald verlassen können. Es ist immerhin schon die dritte Station auf der Flucht. Aber allemal besser, als in der Türkei festzusitzen. Am Boden spielen die Kinder, Angela malt ihnen Gegenstände auf und schreibt gleich die englische Bedeutung dazu. Ganz klar: Sie ist eine Lehrerin mit Leidenschaft. Die jüngste Tochter von Janna jedenfalls ist begeistert und wiederholt mit schneller Auffassungsgabe die Worte.

Abends um 20 Uhr soll die riesengroße »Ariadne« auslaufen aus Mitilini, in Richtung Piräus. Elf Stunden braucht die Fähre über Chios bis nach Athen. 1 800 Menschen haben Platz auf dem Schiff. Nicht viel weniger als auf der Queen Mary II. Allerdings ist es wesentlich billiger. Die Preise für die Überfahrt liegen zwischen 45 und 72 Euro: Sitzplatz oder Bett in einer Kabine.

Schon zwei Stunden vorher stehen die Flüchtlinge, die Migranten, die Heimatlosen in langen Schlangen an. Viele Familien mit kleinsten Kindern, aber auch junge Frauen, die sich an den Händen halten. Dazu viele allein reisende, junge Männer. Sie strahlen alle, lachen, zeigen mir das Victory-Zeichen und gehen voller Schwung die Gangway hinauf in den Schiffsbauch. Das wenige, das sie noch besitzen nach der langen Flucht, steckt im Rucksack, oder sie tragen es in einer neuen sauberen Tasche in der Hand ... Ich habe inzwischen auf meinem Mobiltelefon die Nachricht gelesen, dass in Mazedonien die Grenze nur noch Syrer und Iraker mit gültigen Pässen passieren dürfen.

Heute Abend sind hier auch zwei ganz junge Frauen dabei, mit einem Baby im Arm, einem großen Rucksack auf dem Rücken. Sie halten sich an den Händen, voller glücklicher Erwartung. Hoffentlich besitzen sie zwei gültige Pässe mit dem Eintrag für das Kind. Hinter sich haben sie die Flucht durchs Kriegsgebiet bis ins türkische Antakya, über Izmir dann hierher nach Lesbos. Vorhin im Hafen hat die junge Mutter noch einen kleinen kuscheligen Bären für ihr Baby von einer Helferin geschenkt bekommen und dem Kind noch mal eine Tablette gegeben. Damit es auch in dieser Nacht wieder ruhig ist auf der Flucht. 25 Tage waren sie unterwegs bis hierher, die beiden sind Schwestern, geflüchtet mit einem Baby. Auch eine von Tausenden von Geschichten, die mich sehr berühren.

Auf Lesbos erzählt man sich inzwischen, dass alle Afghanen, Pakistaner und Eritreer in Lagern in Griechenland landen und schnellstmöglich abgeschoben werden sollen. Die Situation dort sei bitter. Kaum eine Versorgung mit Lebensmitteln, viel zu wenige Zelte. Und das im Winter, in dieser Kälte, im Regen. Idomeni wird jetzt schon als Ziel genannt. Aber das kommende Drama hat dort in dem kleinen Ort vor der mazedonischen Grenze noch gar nicht begonnen. Noch sind die flüchtenden Menschen voller Hoffnung, harren aus in ihren dünnen Zelten und sind sich sicher, dass sie morgen weiterkommen auf der Balkan-Route. Es wird nichts werden. Aber das wissen sie noch nicht.

All das geht mir durch den Kopf, als ich am Rande der Gangway stehe und den Menschenstrom betrachte. »Good luck« und »Have a safe trip«. Mehr kann ich nicht wünschen. Denn: Mir schnürt es die Kehle zu. 1800 Menschen, Migranten, Flüchtlinge. Die meisten haben ihre Heimat verloren oder in der Not hinter sich gelassen. Was erwartet sie auf dem langen und harten Weg über die Balkan-Route? Wird er überhaupt noch möglich sein? Oder müssen die Flüchtlinge sich neue Wege mithilfe von Schleusern und Schleppern suchen, durch Albanien, nach Italien? Denn eines ist klar: Keiner wird sich aufhalten lassen. Ihr Ziel ist Europa. Zu lange sind sie unterwegs. Zu schlecht waren die Lebensbedingungen in der Türkei.

Auf dem Weg zum Schiff erlebe ich aber ein weiteres bewunderswertes Beispiel für den selbstlosen Einsatz der Freiwilligen aus aller Welt: Sie haben eine lange Reihe von großen, prall gefüllten Kartons aufgestellt. Damit sich die Menschen noch mit warmer Kleidung, mit besseren Rucksäcken, mit Regenschirmen oder warmen Mützen versorgen können. Frauen bringen den Wartenden in der Schlange Wasserflaschen für die fast zwölf Stunden lange Schiffsreise. Kinder bekommen Spielsachen oder Kuscheltiere in den Arm gedrückt. Ein etwa 20-jähriger Pakistani fragt mich, welche Chancen er habe auf Asyl in Deutschland. Ich getraue mich nicht, ihm zu sagen: »Keine.« Sondern frage ihn nach seinem Pass, nach einem Ausweis. Was er beides nicht hat. Aber die Eltern in Pakistan schicken ihm das ganz bestimmt schnell nach, versichert er auf meine Nachfrage und, wenn ich ehrlich bin: auf mein Ablenkungsmanöver. Dennoch stimmt seine ganze Geschichte irgendwie nicht. Denn ohne Pass oder Ausweis hätte er gar kein Ticket kaufen können. Hätte, hätte, Fahrradkette ... hat er aber. Er zeigt es mir ganz stolz.«Good luck«, kann ich ihm da nur wünschen.

Ein großer, roter Vollmond steigt über der türkischen Küste in den dunklen Himmel auf. Leuchtet allen auf ihrem Weg, als um Punkt 20 Uhr die »Ariadne« ausläuft. Voller hoffnungsfroher Menschen. Endlich in Europa. Ich fühle mich, als hätte ich schwere Steine im Magen, und habe Tränen in den Augen. Mein Gott, was steht diesen Menschen noch alles bevor? Sie alle werden morgen früh in Piräus, im berühmten Athener Hafen, landen. Zusammentreffen mit Tausenden anderen, die dort schon hängen geblieben sind. Am Anfang haben die griechischen Behörden noch Busse organisiert, zur Fahrt an die mazedonische Grenze. Aber die ist inzwischen geschlossen. Die Flüchtlinge auf diesem Schiff werden alle dort hängen bleiben. Stacheldraht, Tränengas, auch gegen Frauen und Kinder – das wird sie dort erwarten. Griechenland, nach bald sechs Jahren Schuldenkrise ausgezehrt, kollabiert jetzt als erstes Land. Die 1 800 Menschen hier von der »Ariadne« gesellen sich zu den seit Mitte Februar wartenden rund 10 000 Flüchtlingen dazu. Die alle verzweifelt auf ein Fortkommen hoffen, am besten auf der Balkan-Route, dass sie wieder befahrbar, begehbar, wieder offen ist. In der Wartehalle für Fahrgäste im Terminal E 7 in

Piräus lagern seit Tagen all jene, die noch gar nicht weiterwollten bis an die mazedonische Grenze. Sie liegen hier ohne Betten, nicht einmal für die Kinder oder die Alten. Sitzbänke aus Metall schieben sie zusammen zu Pritschen, aber die meisten schlafen auf dem Boden. 50 000 Plätze zur Registrierung und Unterbringung will Griechenland schaffen. Aber Griechenland hat kein Geld mehr. Hofft auf Hilfe aus Brüssel, auf Nothilfe, wie der Migrationsminister Yannis Mouzalas am nächsten Morgen im Fernsehen ehrlich bekennt. Auch auf dem Athener Victoria-Platz schlafen längst Menschen unter freiem Himmel.

Bedrückt gehe ich nachts nach dem Auslaufen des Schiffes zurück in mein »Boutique Hotel« mitten in Mitilini. Was sich in Idomeni zusammenbraut für die Menschen, wage ich mir nicht vorzustellen. Noch dazu, wo die Wettervorhersage auf dem iPhone Regen, Wind und höchstens zehn Grad anzeigt.

Morgen heißt es früh raus, diesmal an die Ostküste südlich des Flughafens. Wenn der Wind gut steht und nicht »auflandig« in Richtung Türkei weht, dann werden dort Boote ankommen. Das jedenfalls bestätigt mir ein holländischer Freiwilliger. Ich hatte mich am Morgen in der Skala Skamnias mit ihm unterhalten. Jetzt begegnen wir uns auf der Promenade am Hafen. Er will noch mal bei seiner Hilfsorganisation nachsehen, was die Informanten auf der türkischen Seite berichten. Dann bis morgen!


*Die Helfer agieren am Strand hochprofessionell*

Punkt 6 Uhr: aufstehen, duschen und die SZ auf das iPad laden. Damit ich vor der Abfahrt noch alle Neuigkeiten vor allem zur Asylpolitik und zu den Diskussionen um Griechenland und die

Türkei mitbekomme. Vangelis ist pünktlich, und wir fahren Richtung Süden. Sehen die ersten der unzähligen freiwilligen Helfer. Diesmal vor allem den großen, weißen Wagen der Boat Refugee Foundation, einer holländischen Organisation zur Rettung der Flüchtlinge. Dave ist einer von ihnen, er erzählt mir, dass er gestern in der Bucht von Skala Skamnias an Bord war und den griechischen Küstenwächtern geholfen hat, die Menschen aus dem Flüchtlingsboot aufzunehmen. Es seien lauter jesidische Frauen und Mädchen gewesen. Aufgefallen ist ihm das nur, weil sie alle keine Kopftücher getragen haben. Die Küstenwache brachte sie dann nach Petra auf die Westseite der Insel und von dort mit dem Bus in den Hotspot Moria. Sicherlich eine gute Entscheidung, vor allem Frauen und Kinder bereits auf dem Meer aufzunehmen. Das ist allemal sicherer und trockener für sie als die oft sehr wackelige Landung am steinigen Strand. Auch wenn die Marmeladenbrote, der heiße Tee, die Pullis, Socken und Wärmefolien der Helfer damit nicht zum Einsatz kamen.

Während wir am Strand miteinander reden, entdeckt Daves Kollege mit dem Fernglas ein Boot, das direkt auf uns zusteuert. Trotz des starken Gegenwindes. Die Spanier, die Holländer, die Briten und die griechischen Helfer organisieren sich schnell und hochprofessionell. Die Männer ziehen eilig ihre Neoprenanzüge über. Denn das Boot muss näher ans Ufer gezogen werden. Meistens sind rund 60 Menschen drin. Die Küste ist hier extrem steinig. Noch zehn Minuten, fünf Minuten, die Helfer winken schon alle fröhlich den Flüchtlingen zu, ein »Warm Welcome«, ein freundlicher Gruß nach dieser langen, dunklen Nacht auf dem Meer.

Dann geht alles ganz schnell. Die Helfer ziehen das schwere, schwarze Schlauchboot so nah als möglich ans Ufer, legen dicke Steine zum einfacheren Aussteigen unter. Frauen und Kinder zuerst – auch hier funktioniert diese alte Seemannsregel. Blass sind sie alle, dazu vollkommen durchnässt. Ein junger

Mann hat Tränen in den Augen, wischt sie verstohlen und schamhaft mit der Hand weg. Er wendet sich ab, als ich das sehe. Zwei Babys weinen, Väter halten sie fest an ihre Körper gepresst. Damit sie ja nicht bei diesem Ausstiegsmanöver ins Wasser fallen. Sie wirken alle erschöpft, ängstlich. Eine Mutter umarmt weinend ihre beiden Kinder. Die gucken tapfer den Helfern zu, wie die den Flüchtlingen an Land erst mal die nassen Socken abstreifen, ihnen warme und trockene überziehen. Graue Decken werden ausgebreitet. Damit die Frauen mit den Kindern darauf Platz finden. Zutiefst erleichtert. Sie haben es geschafft. Es sind vor allem Afghanen und Pakistanis auf dem Boot. Den frierenden Menschen ziehen die flinken Helfer Wärmefolien unter die Pullover und Jacken. Ich vergesse, zu fotografieren, mir Notizen zu machen. Ich helfe mit und lerne auch gleich, wie man an einer Ecke der Folie einen Knoten macht und die Folie dann dem frierenden Menschen von hinten durch den Pulli oder die Jacke zieht, sie über den Kopf stülpt und ihn dann rundum damit bedeckt. Die neue dicke Jacke darüber zuziehen – und fertig ist das wärmende »Rettungspaket«. Eine freundliche Britin reicht heißen Tee in Plastikbechern, der UNHCR-Bus hält bereits am Straßenrand. Die Kommunikation funktioniert. Alle sind froh, erleichtert und glücklich. Flüchtlinge wie Helfer. Eine junge Ärztin verteilt Pflaster und Schmerztabletten und mahnt bei Verletzungen, gleich in die Ambulanz in Moria zu gehen. Die Verletzten nicken dankbar.

Aber noch etwas anderes geschieht zur gleichen Zeit: Einheimische stürzen sich wie Geier auf das Gummiboot, auf die wenig effizienten Rettungswesten, auf den Außenbordmotor, die Gurte und packen das Holzgitter des Schiffsbodens auf ihr Autodach. So schnell kann man gar nicht schauen, wie alles verstaut ist in kleinen Pick-ups und auf großen Lastwagen. »Recycling« bekommt hier eine ganz neue Bedeutung.

Inzwischen beginnt es zu regnen. Wie angekündigt. Hoffentlich kommen jetzt nicht noch viele andere Gummiboote. »Unsere« Flüchtlinge sitzen jedenfalls trocken im Bus und sind damit auf dem Weg in das Aufnahmelager. Sieben Kilometer entfernt von der Hafenstadt. Einer von fünf geplanten Hotspots in Griechenland. Geplant als Registrierungszentren für Flüchtlinge. Auf Lesbos umgeben den Ort zwei Zaunreihen, drei Meter hoch. Gekrönt von Stacheldraht. Das sei aber noch aus der Zeit, als Moria ein Militärcamp war, erzählt mir Vangelis. Drinnen: Zelte, Plastikhäuschen, Container. Wer nach Europa will, muss hier durch. Während ich auf der Insel bin, werden hier pro Tag 2000 Flüchtlinge registriert. Oft kommen schon am Morgen zehn UNHCR-Busse an. Dann warten die Flüchtlinge auf Bänken vor den Containern, bis ihre Nummer aufgerufen wird. Manche Frontex-Beamte betrachten die vorgelegten Pässe besonders kritisch bei Tageslicht. Vielleicht nicht so verkehrt. Zehn internationale Nichtregierungsorganisationen haben permanent Zugang zum Lager. Sie machen Frühstück, bringen Mittag- und Abendessen. Niemand muss noch draußen schlafen. 1300 Plätze stehen bereit.

*In Kara Tepe warten vor allem Frauen und Kinder auf die Chance, ihren Männern nachzureisen*

Wenn die Plätze in Moria alle belegt sind, werden die Menschen in »Kara Tepe« untergebracht, dem städtischen Camp im Norden von Mitilini. Dort ist während meines Besuchs noch Platz. Die Zelte und Container sind nicht alle besetzt. Ein freundlicher junger Mann begleitet uns. Er heißt Aimar und kommt aus Libyen. Vor drei Jahren schon flüchtete er über die Türkei nach Lesbos und hat inzwischen in Griechenland Asyl erhalten. Seine Organisation »Actionaid« aus Großbritannien betreut vor allem allein reisende Frauen und Kinder.

Uns begegnet Amal aus Homs in Syrien. Sie hält auf Aimars Bitte freundlich an, mit zwei Kindern an der Hand. Wirkt offen, froh und positiv. Dazu hat sie auch allen Grund. Denn ihr Mann ist bereits mit ihrem dritten Kind im letzten Jahr in Saarbrücken angekommen. Jetzt wartet sie darauf, dass auch sie mit den anderen beiden Kindern nachkommen darf. Es sehe nicht schlecht aus, übersetzt Aimar. Wir dürfen Amal fotografieren, und sie versichert mir, sie werde so schnell als möglich Deutsch lernen. Ihr Sohn in Saarbrücken könne es schon gut, erzählt sie und macht sich mit großen Schritten fröhlich auf den Weg in die Stadt. Da kann man nur die Daumen drücken, dass es mit dem »Familiennachzug« noch klappt.

Um 12 Uhr wartet die Syrerin Linda auf uns im Lager Pikpa, dort, wo wir schon mit Janna gesprochen hatten. Vor unserem Treffen kaufe ich noch mit Angela Gebäck für die Kinder. Die Ladenbesitzerin will wissen, für wen wir diese vielen süßen Sachen einkaufen. Als wir ihr von den Flüchtlingskindern erzählen, packt sie noch eine große Tüte als Geschenk dazu. Wie wunderbar, wie freundlich doch die Menschen hier auf der Insel sind.

Dann treffen wir Linda. Sie ist 42 Jahre alt und in Latakia an der Küste zum Mittelmeer aufgewachsen. In vermögenden Verhältnissen. Sie musste nie arbeiten, wie sie erzählt. Das alles kann Angela übersetzen, denn Linda spricht inzwischen fließend Griechisch. Aber durch den Krieg hat sich auch für die attraktive, lebenslustige junge Frau alles verändert. Die Geschwister sind längst im Ausland, ihre Freunde auch. Latakia ist der Luftwaffenstützpunkt der Russen geworden. Von dort fliegen sie mit über 50 Bombern, Antonovs und Tupolevs Angriffe – angeblich gegen die IS-Terroristen. Beobachter aber bestätigen, dass die russischen Piloten ihre Bomben überwiegend über den Gebieten der sogenannten Rebellentruppen abwerfen. Zur Unterstützung von Präsident Assad. Latakia ist also alles andere als eine ruhige Stadt. Latakia steckt mittendrin im syrischen Krieg. Auch noch, als Anfang März 2016 der russische Präsident den teilweisen Abzug seiner Truppen ankündigte.

Linda entscheidet sich zu fliehen. Packt ausreichend US-Dollar in ihren Bauchgurt, das Taxi bis Beirut kann sie mit 6 000 syrischen Pfund, rund 25 Euro, bezahlen. Sie will über den Libanon und den Flughafen Beirut in die Türkei. Noch bevor im Januar 2015 der Libanon seine Grenzen zu Syrien verschließen wird. Von Beirut fliegt Linda nach Mersin in der südlichen Türkei, nahe der syrischen Grenze. Von dort fährt sie mit dem Zug nach Izmir, wo ihr Bruder lebt. Bis hier läuft alles unproblematisch. Nach drei Tagen funktioniert in Izmir auch der Kontakt zu einem Schleuser. Mit 47 anderen Menschen sitzt Linda dann bereits zwei Tage später um Mitternacht in einem dunklen Gummiboot. 20 Menschen sollten es sein. Aber so ist es immer: In die kleinen Schlauchboote werden oft mit Gewalt so viele Menschen wie überhaupt nur möglich hineingepresst. Diesmal sind es fast 50. Sie kann sie nicht alle zählen, erzählt sie mir später. 1 250 Euro verlangt der Verbindungsmann für die Überfahrt: »Es ist alles ganz sicher, kein Problem.« Das sagen sie alle. Das höre ich auch auf Lesbos immer wieder.

Aber dann gibt es doch ein Problem. In Gestalt der türkischen Polizei. Keiner hat sie gehört, geschweige denn gesehen in der Dunkelheit. Die Polizisten, so erzählt Linda immer noch völlig panisch, versuchten mit Stangen und Gewehren das Boot zu zerstören. Jetzt bricht Chaos aus. Die flüchtenden Menschen schreien, voller Angst. Wasser fließt hinein in das Gummiboot, es steht der jungen Frau schon bis zur Brust. Längst sind alle Taschen, Rucksäcke und Beutel untergegangen. Da zerrt Linda aus der oberen Jackentasche ihr Mobiltelefon und ruft verzweifelt Ärzte ohne Grenzen an – und die kommen. Vertreiben die Polizei und helfen den Flüchtlingen, das vollgelaufene Boot wieder klarzukriegen. Es gelingt. Langsam und noch voller Angst gleiten die Männer, Frauen und Kinder nach Mitternacht hinaus auf das Meer und steuern Lesbos an. Linda ist erschöpft und hofft nur, dass das Benzin im Außenborder reicht bis zur Küste. Im Morgengrauen dann das große Glück: Der Motor hat durchgehalten. Das Boot ist nicht wieder voll Wasser gelaufen, und keine türkische Küstenwache hat sie aufgehalten. Das griechische Rote Kreuz steht am Strand, empfängt sie alle und bringt sie zum Registrieren. Für Linda ist seitdem alles wieder gut.

Mit blitzenden Augen und temperamentvollen Armbewegungen erzählt sie ihre Geschichte. Wie glücklich sie jetzt ist, hier in Pikpa. Wie sehr sie etwas zurückgeben möchte. Am liebsten dem griechischen Roten Kreuz. Deren Mitarbeiter sie damals am Strand empfangen haben. Linda spricht inzwischen Griechisch, dazu Arabisch als Muttersprache und ist sich sicher, dass sie helfen kann. Ihr Asylantrag in der Türkei wurde – man höre und staune – innerhalb eines einzigen Tages genehmigt. Den Antrag auf eine Arbeitserlaubnis hat sie eingereicht. Wenn die kommt, dann will sie helfen, zupacken und dankbar sein. Wie jetzt auch schon. »Ich liebe Griechenland«, und dabei strahlt sie Angela an. Das macht die Übersetzerin sichtbar glücklich.

Auf einer seiner ersten Reisen besuchte der neue Hohe Flüchtlingskommissar der Vereinten Nationen, Filippo Grandi, Lesbos. Das hat die Menschen gefreut und ermutigt, denn der Italiener ist erst seit dem 1. Januar 2016 im Amt. Auf der Insel ließ er sich alles zeigen: wo die Flüchtlinge nachts und im Morgengrauen ankommen, wie sie registriert werden, danach versorgt und schließlich auf die großen Schiffe gehen mit Ziel Piräus, Kavala oder Thessaloniki. »Ich will Ihr Botschafter sein«, versicherte ein tief beeindruckter Kommissar den Bürgern von Mitilini, und weiter erklärte er: »Wenn Europa das hier zulässt, was für ein Europa haben wir dann geschaffen?« Grandi scheint wütend, denn er fährt fort: »Europa zeigt keine Solidarität, aber was wir hier auf Lesbos sehen, das ist die Solidarität der Menschen hier.«[35]

So erlebe ich das auch. Das ohnehin von der Finanzkrise gebeutelte Griechenland muss jetzt auch noch mit Zehntausenden Flüchtlingen fertigwerden – wie soll das ohne europäische Hilfe gehen? Die deutsche Kanzlerin setzt auf die Türkei. Aber alles, was ich auf Lesbos von den syrischen, afghanischen, irakischen Flüchtlingen über die Türkei höre, klingt nicht gut. Die Menschen, und um die muss es gehen, werden wohl in der Türkei nicht gerade menschenwürdig behandelt. Warum dann dorthin Milliarden Euro schaufeln – und nicht mit diesem Geld die geplagten Griechen unterstützen? Wenigstens stellt Brüssel zusammen mit den europäischen Staaten im Winter 2016 für schnelle Hilfe 700 000 Euro zur Verfügung. Abrufbar bis 2017. Da kann man nur hoffen, dass diese Gelder auch wirklich bei den Bedürftigen an der mazedonischen Grenze und in den schon bestehenden Hotspots und Flüchtlingslagern in Griechenland ankommen.

## *Verscharrt: die Toten aus dem Meer*

Nachdem die *BILD*-Zeitung Lesbos als »Insel der Toten« beschreibt, will ich auf dem Friedhof von Mitilini einmal sehen, wie viele Flüchtlinge dort tatsächlich begraben sind. Das geht aber nicht so einfach. Nur mit einer schriftlichen Erlaubnis von der Friedhofsverwaltung dürfen wir dort hinein. Die bekommt man in der Stadtverwaltung, aber immer nur vormittags zwischen 10 und 11 Uhr. Das ist jetzt vorbei. Also dann erst morgen.

So treffe ich mich vorerst mit ein paar tüchtigen Lesbierinnen in einer kleinen Kneipe in Hafennähe. Ja, die Bewohnerinnen von Lesbos heißen tatsächlich so. Im Herbst 2015 haben die

Frauen angefangen, für die Flüchtlingskinder zu stricken, kleine Mützchen und Schals, immer hübsch farblich aufeinander abgestimmt. Inzwischen sind es 20 Frauen auf der Insel, die sich jeden Sonntagnachmittag treffen, sich austauschen und ansonsten an jedem Tag der Woche Mützen stricken. Sie zeigen mir vollgefüllte Plastiktüten mit den kleinen Kunstwerken.

Zu Beginn ihrer Aktion haben sie noch im Morgengrauen am Strand versucht, den frierenden Kindern die frisch gefertigten warmen Mützen und Schals anzuziehen. Aber die Frauen erkannten schnell, dass die Hilfsorganisationen professioneller helfen. Darum bringen sie jetzt ihre prall gefüllten Tüten direkt in die Lager, damit sie dort verteilt werden. 150 Sets schaffen sie pro Woche ... Das macht die Frauen glücklich und gibt ihnen das Gefühl, etwas Sinnvolles in dieser schlimmen Situation zu machen. Inzwischen sind es in ganz Griechenland mindestens 400 Frauengruppen, die für die Flüchtlingskinder stricken. Über Facebook haben sie sich miteinander vernetzt, geben sich bei YouTube Tipps, zum Beispiel wie ein Bommel am besten gelingt. Eine kleine Aktion – aber auch ein schönes Beispiel für das Mitgefühl der Menschen in Griechenland.

Gestern, so erfahre ich, sind wieder 2000 Flüchtlinge im Hotspot Moria registriert worden. Danach ziehen sie mit ihren Papieren und Bestätigungen hinunter in die Stadt, warten auf Parkbänken und Kaimauern auf die Abfahrt der großen Schiffe nach Piräus oder Kavala. Was ich im griechischen Fernsehen sehe, scheint sich unter den Flüchtlingen auf der Insel noch nicht herumgesprochen zu haben: die stockende Anzahl an Menschen in Idomeni an der mazedonischen Grenze. Die Demonstrationen der Flüchtlinge auf der Autobahn nach Thessaloniki. Das Chaos im Hafen von Piräus. Wo sich zeigt, dass Europa im Augenblick jedenfalls keinen gemeinsamen Weg aus der Flüchtlingskrise findet.

Während meiner Recherchen im Februar 2016 sollen sich 22 000 Flüchtlinge im Land aufhalten. Aber hier auf Lesbos weiß ich, dass jeden Tag etwa 2 000 neu ankommen. Die Schleuser hören nicht auf, die Menschen in Gummibooten nach Europa zu schicken. Es ist ein lukratives Geschäft: 60 Menschen in einem Boot zu durchschnittlich je 800 Euro ergibt pro Fahrt 48 000 Euro. Bei 2 000 Flüchtlingen pro Tag alleine auf Lesbos sind das 1,6 Millionen Euro. Pro Tag!

Es ist ein Skandal. Der sich nicht bessert, auch wenn, wie seit März 2016, fünf NATO-Schiffe zwischen der Türkei und Griechenland im Einsatz sind, um Flüchtlinge aufzugreifen und zurückzubringen in die Türkei. Ganz im Gegenteil. Die Menschen sind ihr Geld los, aber den Fluchtgedanken werden sie noch lange nicht begraben. Das haben Flüchtende noch nie.

Wenigstens hier auf Lesbos sind sie halbwegs gut versorgt durch die Hunderte von Helfern der Organisationen, die ihnen rund um den ehemaligen Militärstützpunkt Moria Kleidung und Wasser, Lebensmittel, Pflaster und Medikamente geben. Dazu aber haben sich auch kleine Geschäftsmodelle entwickelt: Imbissbuden, Stände mit SIM-Karten oder Rucksäcken. Auch in der Stadt machen die Bürger von Lesbos gute neue Geschäfte: Schlafsäcke gibt es da plötzlich zu kaufen, Regenschirme, Powerladestationen für Mobiltelefone und Regenumhänge. Nichts, was früher zu den besten Zeiten des Tourismus gekauft worden wäre. Wie überhaupt die Angst vor dem Wegbleiben der Touristen alle Menschen auf der Insel bewegt. Ein bitteres Kapitel, denn früher haben die Menschen auf Lesbos gut vom Tourismus gelebt. Aber jetzt, sagen die einheimischen Reiseveranstalter genauso wie die Hotelbesitzer, seien die Buchungen für den Sommer bereits um 70 Prozent gesunken. Vor allem die Pauschal-Reiseveranstalter hätten abgesagt. Andererseits belegen die Hundertschaften von Frontex-Polizisten und die vielen europäischen Helfer die Zimmer in den Hotels und Pensionen. Im sonst ruhigen Februar sicher lukrativ – aber die Angst vor dem Einbruch im Sommer »danach«, dem Sommer 2016, bleibt groß.

Einen Tag später gelingt es uns dann tatsächlich, die Besuchserlaubnis für den Friedhof zu bekommen. Mit zwei Fotokopien, vom Ausweis der Übersetzerin und von meinem Pass. Wir gehen still durch den imposanten griechischen Friedhof. Ganz oben, am hintersten Rand hoch über Mitilini, liegen sie, die muslimischen Toten, zum Teil ohne Namen. Irgendwie verscharrt. Rund herum Matsch und Dreck, sogar eine Müllhalde. Ich entdecke die Namen von zwei Kindern, nebeneinander, zwei und sieben Jahre alt, daneben ihre Mutter, die nur 30 Jahre wurde. Der Vater, höre ich später, hat als Einziger die Überfahrt überlebt. Seine Frau und seine Kinder: ertrunken. Wie mag er damit fertigwerden?

Traurig ist zudem für die muslimischen Verwandten der Toten, dass in Griechenland bereits nach drei Jahren die Gräber aufgelöst werden. Nicht so bei den Muslimen. Sie dürfen nach dem Koran nicht mehr umgebettet werden. Mit dicken, feuchten Erdbatzen an den Schuhen gehen Angela und ich wieder hinunter zum Eingang. Rund 100 ertrunkene Flüchtlinge liegen alleine hier auf diesem kleinen Friedhof. Wie viele werden es noch werden, bis endlich niemand mehr fliehen muss?

Es ist ein Drama, überall auf der Insel. Auch die Bewohner leiden. Sie leiden mit den Menschen. Ein letzter Blick über das Meer auf die alte, schon ziemlich verfallene Burg. Auch hier, wie an fast allen Stränden: Rettungswesten, in allen Größen und Farben. Wo, frage ich mich, sind die Menschen, die sie getragen haben? Abends in den Nachrichten sehe ich, dass wütende Afghanen und Pakistani die Autobahn nach Thessaloniki blockieren. Weil sie in Mazedonien nicht mehr über die Grenze gelassen werden. Rückstau. Ab Österreich bis hierher. Bis nach Griechenland. Es regnet, es ist kalt. Wie geht dieses

Sie alle wollen ihren Männern nach Deutschland folgen: die syrischen Frauen mit ihren Kindern im Flüchtlingslager Kara Tepe auf Lesbos.

In Neoprenanzügen springen die freiwilligen Helfer ins winterlich kalte Meer, um die Flüchtlinge an Land zu holen.

Letzte Ruhestätte für die Kinder der Flüchtlinge: der Friedhof auf Lesbos.

Warme Socken, warme Strickjacken, ein Tee und ein Bärchen: »warm welcome« im besten Sinne am Strand von Lesbos.

Ein Geschenk der freiwilligen Helfer vor der Abreise: Ein Spielzeugauto hilft auf der langen Reise bis Athen.

Abends endlich auf das Schiff in Richtung Festland: 1800 Flüchtlinge gehen in Mitilini an Bord.

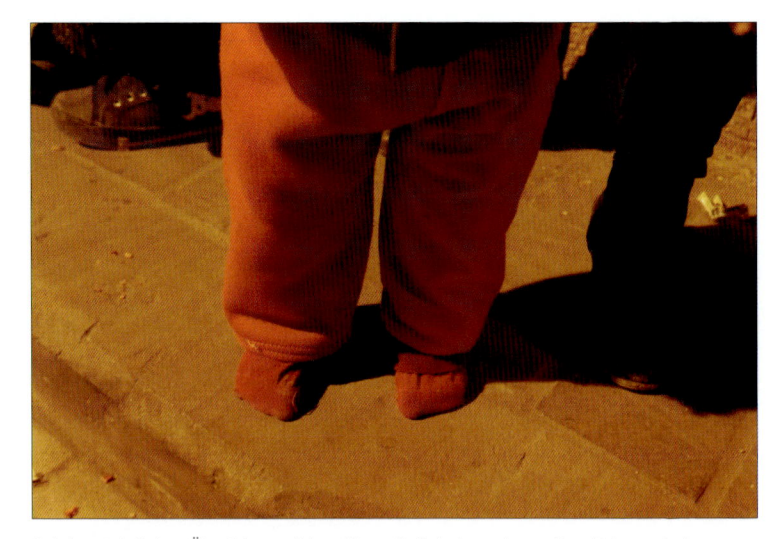

Bei der nächtlichen Überfahrt auf dem Meer die Schuhe verloren: Das kleine syrische Mädchen läuft auf Socken durch Mitilini.

20 Frauen stricken auf Lesbos für die kleinen Kinder – inzwischen sind es in ganz Griechenland etwa 400 Frauengruppen, die sich engagieren.

menschliche Drama weiter? Ich mache mir große Sorgen. Um die Menschen, die vor Krieg, Attentaten, Unsicherheit und Bomben fliehen. Nicht, weil sie ein besseres Leben haben möchten. Keiner verlässt freiwillig seine Heimat. Davon bin ich überzeugt, und Angela, die weltgewandte Übersetzerin, sieht das genauso. Sie fliehen, weil sie in Frieden leben wollen. Ist das so schwer zu begreifen?

*Nach dem EU-Abkommen herrscht erst mal Chaos in Griechenland*

Am 20. März 2016 ist es so weit: Ein Abkommen zwischen den EU-Staaten und der Türkei tritt in Kraft. Um die Schengen-Grenzen zu sichern. Alle Flüchtlinge, die ab diesem Zeitpunkt die gefährliche Überfahrt auf einem Gummiboot überstehen und auf den griechischen Inseln landen, müssen nun erklären, ob sie in Griechenland einen Asylantrag stellen wollen. Zwei syrische Flüchtlinge erleiden bei der Ankunft auf Lesbos nach der stürmischen Überfahrt eine Herzattacke und sterben am Strand. Ob die Hoffnungslosigkeit, die Aussicht auf ein weiteres Leben in einem Flüchtlingslager ihre Herzen so strapaziert hat? Wer weiß das schon …

Wenn die Flüchtlinge jetzt keinen Asylantrag in Griechenland stellen wollen, zum Beispiel im Lager auf Lesbos, dann werden sie zurück in die Türkei geschickt. Die nimmt die Flüchtlinge auf. Für sechs Milliarden Euro von der EU. Die Rückführungen, wie sie so schön auf Beamtendeutsch heißen, beginnen bereits zwei Wochen später, am 4. April. Für jeden Syrer, der abgeschoben wird, soll ein anderer syrischer Flüchtling auf legalem Weg aus der Türkei in die EU gelangen. Die abgeschobenen Afghanen, Pakistani und Irakis bleiben erst mal in der Türkei in Lagern. Genau dieses Verfahren soll Migranten davon abhalten, mithilfe von Schleppern illegal in die Europäische Union zu kommen. Das soll den Schleppern das Geschäft vermiesen. Aber auch Migranten aus anderen Staaten, seien es Bürgerkriegsflüchtlinge oder Menschen, die aus wirtschaftlicher Not ihre Heimat verlassen haben, werden in die Türkei zurückgebracht. Ist das jetzt Menschenhandel? Kauft sich Europa so frei? Und vor allem: Was ist mit dem Recht auf Asyl? Das ist die zentrale Frage zu diesem Abkommen. Denn nicht nur Deutschland hat das Asylrecht im Grundgesetz festgeschrieben, sondern auch die Europäer haben sich auf ein EU-Asylrecht geeinigt und verständigt. Das bedeutet, dass jeder einzelne Flüchtling, der um Asyl bittet, angehört und sein Fall einzeln geprüft werden muss.

Und noch ein kritischer Punkt findet sich in diesem Abkommen: Damit Griechenland Flüchtlinge wieder in die Türkei zurückschicken kann, muss Griechenland die Türkei zuerst als sicheren Drittstaat anerkennen. Das will die Regierung in Athen im März 2016 auf den Weg bringen. Dabei ist es interessant, dass die Türkei für die Einstufung die Genfer Flüchtlingskonvention nicht in vollem Umfang unterzeichnet haben muss. Sie muss den Flüchtlingen lediglich Schutz gemäß der Konvention gewähren. Genau dies soll dann wiederum Griechenland prüfen.

In jedem Fall haben Asylbewerber Anspruch darauf, dass Griechenland ihren Einzelfall prüft. So könnten sie etwa eine Abschiebung verhindern, wenn sie nachweisen, dass die Türkei für sie kein sicherer Staat ist. Alle Asylbewerber müssen auch die Möglichkeit bekommen, ihr Anliegen vor Gericht zu bringen. So lesen sich die Bedingungen dieses Abkommens. In den ersten Wochen nach diesem Deal sind bereits wieder 8000 Flüchtlinge auf den griechischen Inseln gelandet. Sie sitzen jetzt dort fest. Unter zum Teil unmenschlichen Umständen. Vor allem auch in der ehemaligen Registrierungsstation, dem Hotspot Moria. Der ist inzwischen ein von hohen Zäunen und

Stacheldraht gesichertes Gelände, aus dem keiner mehr rauskommt.

Dazu kommt, dass die Hilfsorganisationen ihre Hilfe eingestellt haben. Aus Protest gegen das EU-Abkommen. Auch der UNHCR fährt nicht mehr mit Bussen die Flüchtlinge vom Strand in das Lager. Das ganze so gut funktionierende Rettungssystem ist durcheinander. Leidtragende sind die fliehenden Menschen. Mal wieder.

Griechenland war zwar bei der Ausgestaltung des Abkommens in Brüssel dabei, das Land und seine Strukturen aber waren keineswegs dafür vorbereitet. Jetzt bastelt das Land verzweifelt an Lagerplätzen für rund 50 000 Flüchtlinge. Das haben sie den europäischen Regierungschefs versprochen. Aber: Das dauert. Die EU schickt aus Brüssel so schnell als möglich 4 000 Experten. Die gehen aber nicht nach Idomeni, wo sich im April/Mai noch etwa 13 000 Flüchtlinge aufhalten. Immer noch unter dünnen Zelten, im Matsch und Dreck, ohne richtige Versorgung. Wie ist das nur möglich, wo nach jedem Erdbeben, nach jeder Umweltkatastrophe in wenigen Stunden Nothilfe-Strukturen aufgebaut sind? Wollen die Griechen hier bewusst nichts tun? Einige der Flüchtenden sagen in die Mikrofone der internationalen Fernsehsender, dass sie nicht weichen, dass sie lieber dort sterben möchten. Nach der langen Flucht bis hierher, an die geschlossene mazedonische Grenze. Das EU-Abkommen ignorieren sie, sie wollen weiter »nach Europa«. Keinen Asylantrag in Griechenland stellen. Wer will ihnen das verdenken? Nach all den Strapazen und Ängsten auf ihrer Flucht? Das Flüchtlingsdrama ist noch lange nicht beendet. Solange der Krieg wütet, werden Menschen fliehen.

## *Aus dem eisigen griechischen Warteraum doch noch nach Europa?*

Die meisten der Flüchtlinge, denen ich auf Lesbos begegnet bin, sitzen auch noch, als dieses Buch gedruckt wird, fest. In dem Zeltlager Idomeni vor der mazedonischen Grenze. In Schlamm, Dreck und eisiger Kälte. Es regnet so viel, als würde der liebe Gott voller Mitleid mit den Menschen dort weinen. Die Zahl der Flüchtlinge im Lager schwankt: Mal sollen es 12 000 sein. Mal 14 000. Überwiegend Syrer, aber auch viele Afghanen, Pakistani und Iraker. Gerade unter den Syrern befinden sich viele Familien. Die Kinder erkälten sich schnell in dieser Situation. Medizinische Hilfe fehlt.

2 000 Flüchtlinge haben in ihrer Not versucht, durch einen eisigen Grenzfluss zu waten, um nach Mazedonien zu kommen. Aber am Ende des Zaunes warteten die mazedonischen Polizisten und schickten die Menschen wieder zurück. Auf dem Rückweg sind drei Menschen im Fluss ertrunken. Diese Nachricht schaffte es aber schon nicht mehr in die aktuellen Berichte über die Flüchtlingskrise.

Tatsache aber ist im März 2016: Aus Idomeni gibt es keinen Weg mehr hinüber nach Mazedonien und auf die Balkan-Route. Hier kommt keiner mehr weiter. Höchstens mit einem griechischen Bus wieder hinein ins Landesinnere, in eines der gerade erst entstehenden Flüchtlingslager. Insgesamt sind seit der geschlossenen mazedonischen Grenze rund 50 000 Flüchtlinge in Griechenland gestrandet. Trotz des Vertrages zwischen den EU-Staaten und der Türkei vom 20. März kommen täglich Hunderte, manchmal Tausende dazu. Es soll »Last-Minute-Angebote« der Schlepper auf der türkischen Seite geben. Zu noch höheren Preisen. Zynismus pur.

Die Flüchtlinge in Idomeni jedenfalls wollen nicht weichen. Das Lager ist sich selbst überlassen. Auch weil es offiziell gar nicht existiert. Nur einige Hilfsorganisationen versorgen die

Menschen. Die Luft, so beschreiben es die Reporter im Radio und im Fernsehen, sei beißend. Weil alle versuchen, sich mit kleinen Feuerchen unter freiem Himmel ein wenig aufzuwärmen. Ist Idomeni das letzte Kapitel in der an Dramen reichen Flüchtlingsgeschichte der Jahre 2015 und 2016? Jetzt soll eine große Bürokratie-Maschinerie anlaufen. Alle Flüchtlinge, die ab dem 20. März in Griechenland ankommen, müssen registriert und gefragt werden, ob sie Asyl beantragen. Wer das nicht tut, landet in einem griechischen Lager und wird schnellstmöglich wieder zurück in die Türkei transportiert. Wer um Asyl bittet, dessen Asylantrag wird in einem Schnellverfahren beurteilt und entsprechend bewilligt oder abgelehnt. Laut EU-Recht ist es den Asylsuchenden erlaubt, Einspruch gegen eine Ablehnung einzulegen. Das zieht dann ein längeres Gerichtsverfahren nach sich, das auch in Griechenland abgewickelt werden muss. Auf das Land kommen also zusätzliche immense Verwaltungsaufgaben zu. Deutschland und Frankreich sind die ersten EU-Länder, die Unterstützung angeboten haben und Beamte nach Griechenland entsenden. Im Frühjahr 2016 sollen 4000 EU-Experten in Griechenland ankommen und helfen. Auch sonst sind sich die anderen Unterzeichner-Länder in Brüssel einig gewesen: Jetzt darf man bei dieser Herkulesaufgabe das Land nicht alleinlassen. Und alle hoffen, dass die Flüchtlinge in Idomeni auch bald nachgeben werden, die geschlossene Grenze akzeptieren und sich – so wie einst mit dem Schengen-Abkommen geplant – in ihrem ersten europäischen Eintrittsland dem Asylverfahren stellen. Jedenfalls ist im März 2016 ein erster Schritt gelungen, die Flüchtlingskrise europäisch, demokratisch und entsprechend den Werten Europas zu lösen.

*Die neuen Fluchtwege sind nichts mehr
für Frauen und Kinder*

Genau das aber ist wieder einmal die große Stunde des Schlepper-Geschäftes. So schnell kann man sich gar nicht umdrehen, wie die neuen Routen entstehen. Die erste: von der Türkei über das Mittelmeer nach Italien. Mit Fischkuttern und kleinen Handelsschiffen, ab Antalya. Da, wo deutsche Urlauber gerne in der Sonne bräunen. Eine zweite beginnt in der Hafenstadt Mersin nahe der syrischen Grenze. Wo die Flüchtlinge landen werden? Angeblich erfahren sie das erst an Bord. Wenn sie bereits 3 000 bis 5 000 Euro für die Überfahrt bezahlt haben. Zwei Fahrten wöchentlich sollen möglich sein. 200 Menschen auf einem Schiff, eng gedrängt. Macht durchschnittlich 800 000 Euro, pro Fahrt.

Das Geschäft ist im Frühjahr 2016 noch nicht so richtig angelaufen. Zu gefährlich, sagen sich viele, vor allem Familien mit Frauen und Kindern. Aber spätestens im Sommer, wenn das EU-Abkommen zu funktionieren beginnt und die fliehenden Menschen aus Griechenland wieder in der Türkei landen, werden die Schlepper wieder ihre Millionengeschäfte abschließen. Auf Schiffen, auf denen die gesamte Mannschaft Bescheid weiß und mitverdient.

Eine dritte Route wird von Griechenland durch Albanien führen und dann mit dem Auto weiter nach Norden oder von Albanien mit dem Schiff hinüber nach Italien. Aber die Reise nach Albanien ist vor allem für Familien beschwerlich, da die Grenze zu Griechenland im Gebirge liegt. Züge gibt es nicht, und wer es bis Montenegro und Bosnien schafft, läuft Gefahr, auf Minen zu treten. Diese Länder sind immer noch verseucht davon.

Jedenfalls ist eines sicher: Die Menschen werden weiter versuchen nach Deutschland zu gelangen, aber die Wege werden für Frauen und Kinder gefährlicher und schwieriger. Wer durch

Bulgarien geht, muss Wärmebildkameras und gerodete Waldstücke an der Grenze überwinden. Rumänien wird vom Karpatengebirge geschützt, und Serbien ist eine Sackgasse, da alle Staaten auf dem Balkan versuchen, die Grenzen dicht zu halten.

Noch ein weiterer Fluchtweg wird unter den fliehenden Menschen in der Türkei diskutiert: mit Booten über das Schwarze Meer nach Rumänien. Dann weiter auf dem Landweg. Über unwegsames Gebirge. Auch das wieder: anstrengend und nicht mit Frauen und Kindern zu bewältigen. Außerdem patrouilliert der polnische Grenzschutz an der Grenze zur Slowakei. Da Polen ganz deutlich erklärt hat, keine Flüchtlinge aufnehmen zu wollen. Fazit: Es gibt sie, die Wege. Sie sind teuer und langwierig. Und oft für Familien, für Frauen und Kinder nicht zu schaffen. Die werden dann wohl wieder in den Lagern in der Türkei, im Libanon, in Jordanien bleiben. Wie schon 2015. Wie gehabt.

# BUCH 1

## Die Syrerin – 2. Teil

*Ende gut, alles gut? Endlich in Europa –*
*Wo werden Miryam und ihre Kinder landen?*

Die italienische Polizei ist freundlich zu der Frau mit den fünf Kindern. Sie bekommen alle trockene Kleidung. Wie auch die anderen rund 150 Flüchtlinge, die mit Miryam und den Kindern auf dem Boot waren. Es gibt etwas zu essen, italienische Küche, wie sie mir später mit lachenden Augen erzählen wird. Das einzig Bittere für sie ist: Sie wird von den Beamten gezwungen, ihre Fingerabdrücke abzugeben. Erst wehrt sie sich noch, aber hinter ihr stehen Hunderte andere Flüchtlinge. Die Sonne brennt ihnen ins Gesicht. Sie alle warten auf die Registrierung. Aber Miryam haben die Fluchthelfer schon in Syrien immer wieder eingeschärft: Wenn sie nach Deutschland will, darf sie erst in Deutschland alle Informationen über ihren Namen, ihren Pass, die Fingerabdrücke abgeben ... Aber der Beamte bedrängt sie weiter, droht ihr und den Kindern mit Gefängnis. Aber Miryam spricht weder Italienisch noch Englisch. Wie hat sie dann die italienischen Polizisten verstanden, frage ich mich. Mit Händen und Füßen, erklärt sie mir. Es gibt wohl eine internationale Zeichensprache, die überall funktioniert.

Jedenfalls drückt sie widerwillig ihren Daumen und den Zeigefinger auf das blaue Tintenkissen und gibt damit ihren Fingerabdruck ab. Nennt ihren Namen, zeigt ihren Pass, den sie wie ihr Heiligstes in einer Plastikfolie am Körper gerettet hat. Auch die Kinder müssen das machen. »Nur noch eine Nacht im Lager, im Sechsbettzimmer mit Stockbetten«, beruhigen sie jetzt die Beamten, »dann geht es mit dem Flugzeug nach Mailand.« Klingt gut, klingt nach Hoffnung.

Die kleinen Kinder und ihre älteren Töchter sind tapfer. Keines der Kleinen weint, und die Großen haben keine schlechte Laune. Sie wissen alle, um was es geht. Um ihre Zukunft. Sie dürfen noch mal alle duschen, das fühlt sich an wie im Paradies nach den Wochen in Libyen und den Tagen und Nächten auf dem Meer.

Früh am nächsten Tag bringt sie ein Bus an den nur zwei Kilometer entfernten Flughafen. Ein kleiner Airport auf der winzigen und seit dem Flüchtlingsstrom jetzt so geschundenen Insel Lampedusa. Mit einer extrem kurzen Start- und Landebahn. Bereits im Jahr 2014 wurden von dort 170 000 Menschen aus Nordafrika, Syrien und Afghanistan ausgeflogen. 2015 waren es dann dreimal so viele.

Es sind nur 1 144 Kilometer Flugstrecke nach Mailand. Aber die Maschine landet dazwischen noch in Palermo und kommt erst nach vier Stunden in Mailand an. Die Flüchtlinge bekommen etwas zu trinken im Flugzeug der Alitalia. Cola für die Kinder, das ist ohnehin ihr Lieblingsgetränk. Miryam trinkt nur Wasser. Lehnt sich zurück, schaut hinunter auf den »Stiefel«, den sie zum ersten Mal in echt sieht. Was bringen die nächsten Tage? Wie wird es weitergehen? Wo sie doch jetzt in Italien registriert ist, aber immer sagt, sie will mit den Kindern nach Deutschland. »Alemania«, das kann sie im Schlaf.

Noch ahnt sie nicht, wie es genau zu dieser Zeit in Deutschland zugeht, wie es aussieht. »Wer in Deutschland Asyl sucht, braucht Glück. Hat er es nicht, landet er in Zelten, Busgaragen oder in einem Wohncontainer auf dem Wasser«, schreibt die *Süddeutsche Zeitung* im September 2014.[36] Dass das erst der Anfang ist, wissen die Leser noch nicht. In Neumünster wollen sie

Zelte für die Flüchtlinge aufstellen, in München schlafen die ersten Migranten in Busgaragen. Die Plätze in den Aufnahmeeinrichtungen reichen nicht aus. Das zumindest weiß man bereits 2014. Bundesinnenminister Thomas de Maizière von der CDU spricht von einer »extrem angespannten Lage«.[37]

Die Deutschen lernen, was der Königsteiner Schlüssel bedeutet. Nach ihm werden die Asylsuchenden untergebracht. Er errechnet sich aus der Einwohnerzahl und Finanzkraft jedes Bundeslandes. Eine vernünftige Lösung, mit der die deutsche Politik damals ernsthaft meinte, die Probleme gut gelöst zu haben. Die Theorie heißt dann aber auch praktisch: Nordrhein-Westfalen nimmt 21 Prozent der Flüchtlinge auf, das kleine Saarland 1,2 Prozent. Als in Miryams Ankunftsmonat in den überfüllten Unterkünften Masern und Windpocken ausbrechen, verkünden Bayern und Nordrhein-Westfalen einen Aufnahmestopp. Das wird im kommenden Jahr 2015 überhaupt nicht mehr funktionieren. Denn da stellen in einem Monat nicht mehr 16 900 Menschen einen Antrag auf Asyl, sondern doppelt so viele.

Landung in Mailand. Am Flughafen steht ein Mann mit einem Schild in arabischer Schrift. »Wir helfen Ihnen«, heißt es da, und Miryam geht auf ihn zu, die fünf Kinder im Schlepptau. Er scheint ihr vertrauenswürdig, aber welche andere Chance hat sie denn auch in Malpensa, dem immens großen italienischen Flughafen? Noch mehr Flüchtlinge schließen sich ihnen an, man bringt sie im Bus an den Stadtrand in eine Flüchtlingsunterkunft. Mal wieder. Sie wirft ihren kleinen Rucksack auf das untere Bett. Das wird sie mit Amir teilen. Es ist jetzt inzwischen Mittag. Essen? »Über den Hof, drüben ist eine kleine Kantine, da gibt es etwas«, sagt ihr der freundliche Mann auf Arabisch, der hier für die muslimische Gemeinschaft in Mailand den Flüchtlingen hilft. Jetzt erst mal die Kinder füttern, dann kann sie weiter nachdenken. Wie kommt sie nur weiter nach Deutschland?

Diese Frage klärt sich bereits am Abend. Da schlendern nordafrikanische Männer durch die Gänge des Wohnheims und schauen in die Zimmer hinein. »Nach Deutschland? Kein Problem«, sagt einer, ein Kleiner, Dicker mit Schnurrbart. »600 Dollar, für alle« ist sein Angebot. In einem Privatwagen, durch die Schweiz bis Frankfurt. Für Miryam klingt das gut. Aber: Das ist ihr absolut letztes Geld. Der Rest des gesparten Fluchtgeldes. Sie willigt ein, am nächsten Morgen schon soll es losgehen. Abfahrt um acht Uhr, vorher frühstücken. Und jetzt gleich ins Bett. Vor allem die Kleinen. Die sind heute müde, knatschig, unleidig. Kein Wunder. Miryam ist seit über vier Wochen mit den Kindern unterwegs. In dieser Nacht schläft sie gut, tief und fest. Sie hat ein Dach über dem Kopf, es wackelt nicht, wie auf dem Schiff. Es knallt und kracht nicht, wie bei ihr zu Hause im Krieg. Morgen wird sie in Deutschland sein. Wie wunderbar!

Sieben Stunden beträgt die Fahrtzeit, dazu noch die Pausen. Für die Kleinen und Großen. Nur noch rund 700 Kilometer. Sie haben alle in einem normalen Pkw Platz. Vier hinten, zwei vorne. Angeschnallt. Darauf legt der Fahrer Wert. Die beiden schlanken mittleren Mädchen Djamila und Kalila kennen das nicht aus Syrien. Aber sie lachen beim Anschnallen. Ein fremdes Land, fremde Sitten. Das ist ihnen längst klar.

Ein Jahr später sitzen wir im Hamburger Containerdorf in der Wohnung von Miryam, als sie das alles erzählt. Lachend, mit viel Humor. »Aber jetzt in Frankfurt, da geht es erst richtig los«, versichert sie mir. Ich mag es gar nicht glauben. Sie erzählt das so, als sei die Flucht bis dahin nur ein Klacks gewesen. In Frankfurt werden sie wieder registriert. Die Polizei macht den »Total-Check«, wie es die Mutter umschreibt. Damit meint sie die Ganzkörperuntersuchung inklusive der Köperöffnungen. Was für sie und ihre Töchter erst mal ganz furchtbar ist. Sicher, es sind weibliche Polizistinnen, die sie untersuchen. Aber für eine Syrerin ist das schlicht der Horror.

Wo Miryam auf der ganzen Flucht ihr Geld versteckt hatte, will ich wissen. »In der Tasche«, versucht sie mir weiszumachen. »Und da hat keiner nachgeschaut?«, frage ich sie ungläubig. »Du kannst mir glauben oder nicht, so war es wirklich!«

Nach der »Behandlung« durch die Frankfurter Polizistinnen nehmen ihr die Beamten 50 Dollar ab, das allerletzte Geld, das sie noch hatte. Dafür kaufen die Beamtinnen Essen für die ganze Familie. Und dann führen sie die Mutter mit den Kindern auf ein Bahngleis. Zwischen zwei Züge. Dort sollen sie sich hinlegen und die Nacht verbringen. Miryam ist fassungslos. Keine Decken, keine Matten, einfach gar nichts. Nur der blanke Boden. Erst am nächsten Morgen um sechs Uhr gehe der Zug weiter nach Hamburg. Dort will sie hin. Das ist ihr Ziel. Das haben ihr die Schleuser schon in Syrien so eingebläut. Also jetzt, um Mitternacht, da legen sie sich hin. Sie haben keine andere Wahl: die Mutter, die vier Töchter und der kleine Amir. Es ist jetzt ruhiger auf den Gleisen des Frankfurter Hauptbahnhofs. Sie kuscheln sich eng aneinander, legen ihre Jacken über die Oberkörper, die Mutter gibt ihre den beiden Kleinen. Damit wenigstens die Kinder ein wenig besser zugedeckt sind. Es ist ein Uhr morgens. Nur noch Betrunkene randalieren und grölen. Die Kinder schlafen schnell ein. Auch wenn der Boden beinhart ist. Miryam tut kein Auge zu. Sie hat außerdem Angst um ihre Töchter, den kleinen Amir hält sie wie immer fest in ihren Armen. Um fünf Uhr weckt sie die Mädchen. Schickt sie immer zu zweit auf die Bahnhofstoilette. Als Letzte gehen sie und Amir. Um sechs Uhr soll der Zug abfahren. Vorher kommt noch ein Bahnbeamter und bringt ihnen allen Zugtickets bis Hamburg. Ohne Bezahlung. Denn jetzt hat sie keinen einzigen Dollar mehr, auch nichts mehr in ihrer Tasche. Mit ihnen steigen Hunderte Flüchtlinge in den Zug. Einige wenige sind darunter, die schon mit ihnen auf dem Boot waren. Sie grüßen sich, ziemlich müde. Jetzt geht es weiter. Endstation – oder Anfang: Hamburg. Sie hat eine Adresse in ihrer Tasche. Hamburg-Harburg.

Wo immer das sein mag. Später wird sie mir auf ihrem Mobiltelefon die Fotos ihrer Kinder auf dem Bahnsteig in Frankfurt zeigen: »So haben wir da gelegen, so haben wir geschlafen ...«

### *Erster Eindruck: Chaos auf dem Hamburger Bahnhof*

Der ICE ist schnell. Alle sechs schlafen tief und fest während der Fahrt. Die Nacht war kurz – und ziemlich unbequem. Nach gut vier Stunden Fahrt steigen sie auf dem Hamburger Hauptbahnhof aus. Miryam sieht sich suchend um. Sie ist mit ihrem Kopftuch und den fünf Kindern sofort als Flüchtlingsfrau zu erkennen. Zwei Frauen gehen auf sie zu, eine spricht Arabisch und fragt sie, wohin sie fahren will, was auf ihrem Zettel steht. Die Hamburger Helferinnen nehmen die Kinder an der Hand. Gehen mit ihnen durch die Wandelhalle des Hauptbahnhofs. Da lagern mindestens 250 andere Flüchtlinge. Sie haben, anders als Miryam in der letzten Nacht, bunte Decken auf die Fliesen gelegt. Sie sitzen im Kreis, im Schneidersitz. Miryam hat Angst, wird sie auch so warten müssen? Wieder auf einem Bahnhofsboden? Eine der beiden Helferinnen holt eine Übersetzerin, eine Ägypterin. Sie erklärt der etwas verschreckten Mutter, dass diese Flüchtlinge schon seit dem Wochenende hier sind, dass sie weiterwollen nach Schweden. Aber Krawalle rund um den Bahnhof, das Verkehrschaos und ausgefallende Züge hätten diese Menschen jetzt wieder hierhergedrängt. Miryam sieht, wie einige ihre Zugtickets fest in der Hand halten. Andere diskutieren mit dem Sicherheitspersonal. Den Kindern ist langweilig. Sie flitzen durch die Hallen und toben auf den Rolltreppen herum.

Aber jetzt erreicht Miryams Familie mit den Helferinnen das Flüchtlingszelt. Als Erstes bekommen sie alle etwas zu essen. Ein paar Plastikstühle zum Ausruhen. Ein Mann sieht sich ihre Papiere aus Frankfurt genauer an. »Sie müssen noch weiter«, sagt er, »nicht Hamburg, sondern Harburg ist Ihr Ziel.« Das hat Miryam erst mal überlesen. Ist auch schwer in einer fremden Schrift, wenn es nur um zwei Buchstaben geht.

Wie ihr ist es vielen Flüchtlingen ergangen. Denn in Harburg ist eine große Erstaufnahmeeinrichtung entstanden. Und in der Fremde, in einer anderen Sprache wird schnell mal aus einem M ein R ...

In Harburg jedenfalls werden in den kommenden Monaten nach Miryams Ankunft noch Tausende Flüchtlinge durchgeschleust. Denn ein Jahr später erreicht rund eine Million Menschen Deutschland. Nach dem Königsteiner Schlüssel ist Hamburg verpflichtet, 2,5 Prozent dieser Flüchtlinge aufzunehmen. Tut aber mehr. Mehr als Niedersachsen und Nordrhein-Westfalen. 35 000 werden es sein, alleine im Jahr 2015. Und die Politik ist sich klar darüber, dass es 2016 nicht weniger werden. Sicher, nicht alle wollen dauerhaft bleiben, nicht alle können dauerhaft bleiben.

Hamburg jedenfalls ist gerüstet, Hamburg bewältigt diesen Ansturm bewundernswert gelassen und professionell. Während der Jahresdurchschnitt für die Bearbeitung eines Asylantrages in der Bundesrepublik bei 4,2 Monaten liegt, kriegt das Hamburg in 2,7 Monaten hin. Die städtische Gesellschaft »Fördern und Wohnen« wächst über sich selbst hinaus. Und Tausende von Hamburgern engagieren sich ehrenamtlich, freiwillig. Ohne sie ginge nichts. Zum Beispiel als in Wilhelmsburg vor dem zweiten Winter in der Flüchtlingskrise 800 Menschen aus den dünnen Zelten herausmüssen, um in Holzhütten unterzukommen. Da legen die einheimischen Schreiner und Zimmerer Sonderschichten ein, nachts und am Wochenende. In kürzester Zeit stehen die ersten Hütten auf der Insel zwischen Norder- und Süderelbe. Mit richtigen Doppel-Stockbetten. Keine Feldbetten mehr. Mit einer Steckdose pro Flüchtling, elementar wichtig für das Aufladen des Handys. Dazu das zentrale

Hotmobil, das die Hütten heizt. Eine organisatorische Meisterleistung.

Auch die Wohnschiffe am Ufer der Elbe in Altona sind wieder voll besetzt. Mit mehr als 2 000 Flüchtlingen. Besser Schiffe als Zelte – sagt sich die SPD-Regierung der Hansestadt. Denn: »Wir stehen mit dem Rücken zur Wand«, erklärt der zuständige Sozialsenator. Er wird bald noch kreativer sein müssen, auf der Suche nach der Unterbringung von Tausenden von Flüchtlingen. Aber noch mehr Schiffe wollen vor allem die Politiker nicht an die begehrten Liegeplätze am innerstädtischen Elbufer legen. Dort, wo die luxuriösen Kreuzfahrtschiffe neben den schicken Geschäften, den Bürotürmen und den hochfrequentierten Joggingstrecken ankern. Eignen sich die Binnenhäfen außerhalb der Stadt? Oder die Nebenarme der Elbe? All das wird geprüft. Aber: Die Schiffe sollen auch so liegen, dass die Kinder der Flüchtlinge von dort zur Schule gehen können. Dass die Menschen per Nahverkehr an die Stadt angebunden sind. Da ist noch viel zu entscheiden, im September 2014. Miryam ahnt von alldem nichts.

Harburg, dazu die Flüchtlingseinrichtung und auch die Erstaufnahme dort, kommen ihr und den Kindern wie das Paradies vor. So erinnert sich die Syrerin auch ein Jahr später noch: »Das war so schön dort, die Betreuung so freundlich und liebevoll, ich wollte da gar nicht mehr weg.« Sie bekamen ein Zimmer mit sechs Betten zugewiesen. Ein Bett für Miryam alleine, das war schon was. Männer und Frauen waren in der Einrichtung getrennt. Das entspannt die Situation in den Duschen und auf den Toiletten. Sie wurden eingekleidet, Kleidung gab es im Überfluss, erinnert sie sich.

Zwei Wochen dürfen Miryam und die fünf Kinder nach ihrer Ankunft 2014 dort bleiben. Dann war klar: nächste Station Alsterdorf, Sportallee. Aber: »Das war ein Schock für uns. Kein Vergleich mit Harburg. Meine Tochter hat sich ganz schnell eine Blasenentzündung zugezogen – das war überhaupt nicht sauber dort«, erzählt sie heute und schüttelt sich immer noch.

Die Erkrankung ihrer Tochter hatte aber auch etwas Gutes: Die Syrerin wurde bevorzugt mit den Kindern und kam so ganz schnell in die jetzige Einrichtung von »Fördern und Wohnen« in Hamburg-Stellingen. Ein Glücksfall. Drei Zimmer, Küche, Duschbad. Mit Fernsehapparat. Waschräumen mit Trocknern neben den Büros, Betreuung für alle Familien. Bushaltestelle vor der Haustüre. Die Mädchen haben keine langen Schulwege. Amir darf noch bei der Mama bleiben. Er braucht sie wohl auch noch am meisten. Schmiegt sich an sie, während wir auf dem Boden sitzen und von Miryam bereitetes Hummus mit Fladenbrot genießen. Und Cola, klar. Ohne geht es wohl nicht.

Zurzeit wohnt auch die älteste Tochter Akilah mit ihrem Mann wieder bei ihr. In zwei Wochen soll das erste Baby kommen. Da sind die beiden sicherer zu Hause bei der Mutter und von dort auch schneller im Krankenhaus, wenn die Geburt beginnt.

Akilah ist – trotz Babybauch – eine zarte, schlanke und bildschöne junge Frau. In Stellingen in der Kantine hat sie ihren Mann kennengelernt. »Liebe auf den ersten Blick?«, frage ich europäisch direkt. Sie lachen und schauen ein wenig verschämt auf die Seite. Aber so scheint es wohl tatsächlich gewesen zu sein, zwischen Hassan und der jungen Frau. Sie hat sogar inzwischen die Asylbescheinigung erhalten, als Einzige in der Familie. Die beiden durften eine Wohnung in Oldesloe in Schleswig-Holstein beziehen. Jetzt aber erst mal: warten auf das Baby.

Wie es Miryam jetzt geht nach einem Jahr und drei Monaten, hier in Hamburg, in Deutschland, in Europa? »Alle Kinder gehen in eine Schule, wir haben hier Sicherheit, Ruhe, das ist wunderbar.« Aber, es gibt auch ein großes Aber: Sie wartet unverändert auf die Anerkennung ihres Asylstatus. Weil sie in

Lampedusa ihren Fingerabdruck abgegeben hat und damit in Europa registriert wurde, ist sie in Deutschland von der Behörde jetzt erst mal abgelehnt worden. So funktioniert das Schengen-Abkommen. Wer Europa betritt, soll dort an der Grenze seinen Asylantrag stellen. Das hat Miryam nicht. Sie wollte ja nach Deutschland. Jetzt kümmert sich ein Spezial-Anwalt um Miryams Problem, derzeit genießt sie Duldung. Aber sie wünscht sich nichts sehnlicher, als hier richtig anzukommen. Anerkannt zu werden, als Asylantin. Mit allen Rechten und Pflichten.

Mir fällt auf, dass sie schon lange nicht mehr von ihrem Mann erzählt. »Wo ist der denn abgeblieben?«, frage ich ganz harmlos. Da berühre ich wohl einen wunden Punkt, darüber will sie nicht reden. Über ihre Flucht erzählt sie immer alles bereitwillig, auch über ihre Kinder – aber sie spricht nicht mehr über ihren Mann. Später kommt heraus, dass er in Papenburg in einer Erstaufnahmeeinrichtung sitzt, manchmal zu Besuch kommt. Er konnte auch aus Syrien fliehen. Aber das Ehepaar scheint sich getrennt zu haben. Miryam jedenfalls lebt allein, will alleine bleiben, wie sie mir später erklärt. Die Kinder sitzen während unserer Gespräche gebannt vor dem Fernsehapparat und sehen Zeichentrickfilme. Sieht sie auch syrisches Fernsehen? Wie die Frauen in den Settlements im Libanon? »Nein – das bekommen wir hier nicht.« Aber arabisches Fernsehen sehen sie alle, Al Jazeera aus Doha, das bekommen sie hier über Kabel. Und sonst? Nachrichten aus der Heimat, von der Familie, den Freunden, Verwandten? Da ziehen Schatten über das hübsche Gesicht der ja noch so jungen Frau. Von acht Schwestern seien nur noch vier in Syrien. Aber die hätten nichts zu essen, nichts zum Heizen, die Wohnungen und Häuser sind zerstört. Sie leben in einer Turnhalle, alle zusammen. Es sei schrecklich. Auch Tudmur, die Heimatstadt von Schwiegersohn Hassan, ist völlig zerstört. Keiner aus seiner Familie lebt noch dort. Er weiß nicht, wo die Eltern sind, die Brüder. Und auch er hat noch keine Bestätigung seines Asylstatus. Obwohl er seit 2013 in Deutschland lebt. Jetzt aber wird er Vater, hat mit seiner Frau Akilah, mit Miryam und den Geschwistern eine neue Familie. Wenigstens das.

### *Erst mal abschotten, um zu überleben*

Viel von dem, was in Deutschland in diesem ersten Jahr nach ihrer Flucht alles passiert, was in Hamburg geschieht, bekommen sie alle nicht mit. Die syrische Familie schottet sich ab, schützt sich irgendwie auch nach den schlimmen Erlebnissen in der Heimat. Kontakt mit anderen Syrern? Mit Syrerinnen? Miryam nickt, aber es sind keine engen Kontakte. Jeder scheint sehr mit sich und mit seiner Lebenssituation beschäftigt. Sie geht ganz in der Nähe der Flüchtlings-Einrichtung einkaufen, kann erfreulicherweise vieles dort erstehen, was sie auch aus der syrischen Küche noch kennt und was die Kinder lieben. Sie mag die Leiterin dieses kleinen Containerdorfes mit dem lustigen Namen Lila, die zu allen so freundlich ist, sich um sie kümmert und jetzt an alle Flüchtlinge Kalender verteilt hat. Weil diese doch oft Probleme haben, Termine einzuhalten.

Dass die deutschen Zeitungen voll sind mit Geschichten über Flüchtlinge, dass Tag für Tag, Nacht für Nacht Menschen auf der Flucht und in kleinen Gummibooten ums Leben kommen – nein, das erfährt Miryam nicht. Wenn sie Kontakt mit einer ihrer Schwestern über das Handy hat, kann sie danach sowieso nicht schlafen. Dann gehen ihr die Bilder nicht aus dem Kopf, und sie sorgt sich so sehr um ihre Familie. Der Anwalt, den sie jetzt empfohlen bekommen hat, um mit Argumenten gegen ihre Ablehnung vorzugehen, erzählt zwar immer wieder, dass sie nicht die einzige syrische Flüchtlingsfrau ist, die um den Asylstatus kämpft. Dass die Syrer, noch vor den

Afghanen und den Irakern, die größte Flüchtlingsgruppe seien. Aber das ist zurzeit für Miryam nicht wichtig. Sie ersehnt die Anerkennung als Asylantin. »Und dann tanzen wir hier in der Wohnung eine ganze Nacht«, lacht sie. Und fügt hinzu: »Aber erst wenn ich aus der Ohnmacht nach dem Bescheid aufgewacht bin ...«

Wie alle Asylbewerber erhält sie 149 Euro im Monat aus dem Asylbewerberleistungsgesetz. Mal sechs für die ganze Familie macht 894 Euro. Miete muss sie im Containerdorf für ihre drei Zimmer, Küche, Bad nicht bezahlen. Auch keine Heizkosten. Wenngleich ich schon spüre, wie die Kälte aus dem Boden heraufkriecht. Und das schon nach zwei, drei Stunden im Schneidersitz während der Interviews. Dazu gibt es vom deutschen Staat noch ein Hygienepaket und ein sogenanntes »Kleingeschirr-Paket« im Wert von 82 Euro. Kleidung für die ganze Familie ist auch kein Problem. Durch die unglaubliche Spendenbereitschaft der Hamburger sind die Kleiderkammern gut gefüllt, gerade auch vor dem nächsten Winter. Es gibt genug dicke Anoraks, warme Unterwäsche, Mützen und Handschuhe. »Das alles haben wir nie gebraucht in Damaskus«, sagt Miryam und seufzt ein wenig. Vielleicht doch manchmal: Heimweh? Aber ganz gewiss nur nach den »guten« Zeiten vor dem Krieg. Der jetzt fünf Jahre dauert.

Für Miryam ist Hamburg ein guter Platz. Denn die Stadt ist freundlich zu den Flüchtlingen. Gibt allein im Jahr 2015 239 Millionen Euro für die Flüchtlingshilfe aus, plus 68 Millionen Euro aus dem Etat des Jahres davor. 2016 werden es dann 262 Millionen Euro sein. Davon wird die Unterbringung und Betreuung der ankommenden Flüchtlinge bezahlt. Aber auch die Sicherheitsbeamten und Sicherheitsorganisationen, die Sprachkurse und zusätzlicher Schulunterricht für die Kinder. Die große »Kleiderkammer« mit den tonnenschweren Kisten aus der Messehalle B 7 ist umgezogen an die Elbchaussee. Von dort transportieren freiwillige Helfer die benötigten Sachen in die Zweit-Aufnahmeeinrichtungen. Wie nach Stellingen in das Containerdorf von Miryam. Die Zeiten, als über tausend Menschen in einer einzigen Messehalle schlafen mussten, sind vorbei. Die Dixi-Toiletten wieder zurückgegeben. Hamburg und seine Helfer kommen zurecht. Auch wenn nach dem Ende der Balkan-Route nicht sicher ist, wie die Flüchtlinge jetzt nach Deutschland gelangen. Aber Wege werden sie finden. Sie fliehen dann eben über das Schwarze Meer und Rumänien, über Italien oder wieder über Lampedusa, wie Miryam und ihre Kinder.

Zwei Drittel aller Flüchtlinge in Hamburg kommen aus Syrien, aus Afghanistan und dem Irak. 65 000 allein 2015. Nach dem Königsteiner Schlüssel sind 22 315 in der Stadt geblieben. Dazu noch rund 1 400 unbegleitete Minderjährige. Die erfahren in den Erstversorgungseinrichtungen dann besondere Betreuung, besonderen Schutz.

Ende des Jahres 2015 allerdings bricht in der Hansestadt eine heftige Diskussion über die Art der Unterbringung von Flüchtlingen aus. So eine kleine Einrichtung wie das Containerdorf von Miryam stört wohl keinen der Anwohner in Stellingen. Aber in Lehmsahl-Mellingstedt und in Klein Borstel sind von der Stadt Wohnhäuser für 950 und 700 Flüchtlinge geplant. Die Richter geben den Anwohnern recht, dass das zu groß gerät. Jetzt verhandeln Bürgergruppen und der Senat über kleinere Unterkünfte, die aus Sicht der Kläger auch eine Integration besser ermöglichen. Es brennt der Stadt auf den Nägeln, denn immer noch leben Tausende von Flüchtlingen in prekären Verhältnissen, zum Beispiel in Baumärkten, Hallen oder, zwar beheizten, aber dennoch in: Bundeswehrzelten.

Es gibt aber auch viele gute Nachrichten aus Hamburg: Die ersten Flüchtlinge sind bereits in einer Handwerksausbildung untergebracht, gepaart mit Sprachunterricht. Vier von fünf

Hamburger Unternehmen stellen Flüchtlinge als Praktikanten ein, und 70 Prozent aller Hamburger Firmen wollen Migranten als Azubis ausbilden. Das ist enorm, das ist eindrucksvoll und ein toller Beweis für die Mitmenschlichkeit der Zivilgesellschaft.

Den Vogel aber schießen Hamburger Friseure ab: »Free haircut for refugees« ist ihr Motto.[38] Die »Herzlichen Haarschneider Hamburgs« mit 330 Mitgliedern betrachten die Haar- und Bartpflege der Migranten als etwas, das »mit Wertschätzung zu tun hat«, wie das einer von ihnen so schön formuliert. Sie kommen aus allen Stadtteilen, aus den unterschiedlichsten Salons regelmäßig am Wochenende zusammen, auch weil sie etwas Positives tun wollen. Es sei auch eine Chance für uns Deutsche, sich mal von einer anderen Seite zu zeigen. Sagen viele von ihnen. Und der erste Kunde, ein 16-jähriger Syrer, der strahlend auf dem Friseurstuhl Platz nimmt, wünscht sich den Haarschnitt »gerne etwas deutscher«. Da lachen sie alle und freuen sich wie Bolle. Der Übersetzer lacht mit ihnen, denn ohne ihn kämen sie nicht weit mit ihrer Haar- und Bartpflege bei den Flüchtlingen. Es gilt eben auch für alle: schnell Deutsch lernen!

Wenn sich Miryam und ihre Kinder besser eingewöhnt haben in Hamburg, dann werden sie vielleicht auch eines Tages dorthin gehen: in ein Theater-Foyer, das sich Nachmittag für Nachmittag zum »Sprachcafé« entwickelt. Syrer, Afghanen, Somalier, Eritreer und Iraker sitzen hier zusammen mit Hamburgern und lernen Deutsch. Besprechen ihre Sorgen und Kümmernisse, wenn zum Beispiel die neue HVV-Karte für drei Monate mehr als 80 Euro kostet. Es ist für viele von ihnen der einzige Ort, der eben nicht das Flüchtlingscamp oder ein Amt ist. Dazu gibt es freies WLAN – ganz wichtig.

Inzwischen haben sechs weitere Willkommens-Cafés in Hamburg geöffnet und werden von den Flüchtlingen dankbar angekommen. Miryam lässt ihre Töchter allerdings ausschließlich allein in die Schule gehen – und sonst nicht aus den Augen. Zu sehr ist sie noch von der syrischen Kultur geprägt, dass man hübsche Mädchen bewachen muss. Auf Akilah passt der Ehemann Hassan ja jetzt auf. Das ist nicht mehr so ihr Problem. Mehr sorgt sich Miryam, dass die Kinder gesund bleiben. Dass sie sie gut und vitaminreich ernähren kann. In der Kantine der Einrichtung gibt es jetzt viel Obst und Gemüse. Das ist neu. Auch weil die Zeitungen über die Warnungen der Kinderärzte in Hamburg berichtet haben, dass gerade die Flüchtlingskinder an Vitaminmangel und Untergewicht leiden würden. Doch sonst? Allmählich bewegt sich Miryams Leben in ruhigeren Bahnen. Wenngleich sie täglich sehnsüchtig auf einen Bescheid wartet, dass ihre Duldung umgewandelt wird und sie dann endlich »Asylantin« ist. Anerkannt in diesem Status. Bis dahin gehen die Töchter brav in die Schule. Ihr Deutsch wird von Tag zu Tag besser. Miryam allerdings besucht leider keinen Integrationskurs, lernt auch nicht Deutsch. »Zu viel Arbeit zu Hause«, erklärt sie mir jedes Mal, wenn wir uns treffen. Wobei die älteren zwei Mädchen fleißig daheim helfen.

Inzwischen hat Akilah ihr Baby bekommen – ein Mädchen. Die ersten Wochen wohnt sie bei ihrer Mutter, zusammen mit ihrem Mann. Jetzt ist es ganz schön eng in der Container-Wohnung. Aber sie rücken zusammen, breiten Matratzen auf dem Boden aus. Es geht irgendwie, und für die junge Mutter ist das sicherlich auch eine Beruhigung in den ersten Wochen, mit dem Kind nicht weit draußen in Schleswig-Holstein zu sitzen. In den Osterferien sagt sich der Vater von Miryams Kindern zu Besuch an. Es wird also noch enger. Aber der muss ja wieder gehen, zurück in seine Flüchtlingsunterkunft in Niedersachsen. Miryam scheint das zu beruhigen. Immer noch mag sie nicht über die Gründe für die Trennung sprechen. Es müssen schon handfeste Motive sein, wenn sich eine Syrerin mit fünf

Kindern entschließt, nicht mehr mit ihrem Mann zu leben. Wenn sie so eine Flucht alleine plant, alleine durchzieht und es – Gott sei Dank – schafft.

Wir stehen zusammen an der Haustüre, ich ziehe mir die Schuhe an. Miryam lacht ihr herzliches, junges Lachen. Die Übersetzerin Christina sagt, dass sie auch getrennt sei, dass ihr Scheidungstermin im nächsten Monat sei. Wir Frauen verstehen uns, gerade auch in Bezug auf Männer. Wobei Miryam noch immer ein schweres Päckchen zu tragen scheint. Noch ist das alles nicht bewältigt. Erst mal herrscht: Ruhe. Das ist ja auch schon was. Keine Bomben mehr, kein Krieg. Ein geregeltes Leben mit Aussicht auf eine Zukunft. Angekommen.

# BUCH 7

# Das Jahr 2015:
# Was in Deutschland geschah

Es gibt Daten, Jahre im Gedächtnis der Menschen, die nicht vergessen werden. Das Jahr 2015 wird den Deutschen für immer in Erinnerung bleiben. Als das Jahr des Flüchtlingsstromes. 1,3 Millionen Flüchtlinge und Migranten sind in diesem Jahr in Deutschland angekommen. 1,1 Millionen wurden offiziell registriert, die anderen seien »illegal« im Land, so heißt es jedenfalls. Es ist die größte Flüchtlingswelle seit dem Ende des Zweiten Weltkriegs 1945: Syrer, Afghanen, Pakistanis, Iraker, Eritreer – sie alle stellen Asylanträge. Die Politiker sprechen von der größten Herausforderung seit der Wende. So, als seien Fukushima oder die Finanzkrise nach der Lehmann-Pleite, die Wiedervereinigung oder der drohende Grexit dagegen nur ein Klacks. Das sind und waren sie aber nicht.

Fremde Menschen im eigenen Land, noch dazu mit einer anderen Sprache, einer fremden Religion. Das ist wohl für viele in Deutschland schwer zu ertragen. Aber erfreulicherweise nicht für alle. So zieht sich seit 2015 ein Graben durch die deutsche Gesellschaft. Hier diejenigen, die eine Willkommenskultur praktizieren und sagen »Wir schaffen das« – dort die Ängstlichen, die nicht daran glauben, dass 81 Millionen Deutsche 1,3 Millionen »fremde Menschen« verkraften könnten. Und das, obwohl ein Großteil der Deutschen selbst einen Migrationshintergrund hat, obwohl nach dem Zweiten Weltkrieg allein Bayern sechs Millionen Flüchtlinge aufgenommen hat. Was ist in Deutschland passiert? – Hier eine Chronologie der wichtigsten Ereignisse 2015:

Bereits im *April 2015* beklagt die Staatsministerin Aydan Özoguz, die Beauftragte der Bundesregierung für Migration, Flüchtlinge und Integration, dass Deutschland, Schweden und Frankreich die Hauptlast der Versorgung und Unterbringung der Flüchtlinge trügen. Andere europäische Staaten täten nichts, so bemängelt sie. In das gleiche Horn stößt der Bundesinnenminister Thomas de Maizière. Er kritisiert nur kurze Zeit nach Özoguz, dass Griechenland und Italien die Flüchtlinge in den Schengen-Raum entlassen würden, ohne ihre Asylanträge aufzunehmen. »Sie winken einfach durch.« Das werden wir noch öfter hören. Schon in diesem Frühjahr ist klar, dass die Situation nicht leicht ist. Auch der Flüchtlingskommissar der Vereinten Nationen erklärt etwa zur gleichen Zeit, dass es langfristig nicht durchzuhalten sei, dass in Europa die Mehrheit der Flüchtlinge allein von Deutschland und Schweden aufgenommen würde.

Die deutschen Politiker suchen im *Juli 2015* händeringend nach Wegen, um die Bearbeitung der Asylanträge zu beschleunigen. Ein Ziel ist es dabei, die rund 46 Prozent aller Asylbewerber aus Serbien, Bosnien-Herzegowina, Mazedonien, Kosovo, Albanien und Montenegro schneller abzuschieben. Die letzten drei Staaten gelten erst ab Oktober 2015 als »sichere Herkunftsländer«, die anderen bereits davor. Aufgrund des deutschen Asylgesetzes sind die Voraussetzungen für ein Asyl dieser Personengruppen nicht gegeben. Nun werden deren Anträge vorgezogen. Die der Asylsuchenden aus anderen Staaten, aus Syrien, dem Irak, Afghanistan und Eritrea, werden nach hinten geschoben. Aber zugleich wird auch entschieden, dass die Asylverfahren für syrische Kriegsflüchtlinge sowie für Christen und Jesiden aus dem Irak vereinfacht werden. Vor allem sollen ihre Anträge auf einer schriftlichen Basis bewilligt werden, ohne die sonst übliche mündliche Anhörung. Auch die sogenannte »Widerrufsprüfung« entfällt. Aber da regt sich Widerstand. Der Gesamtpersonalrat des Bundesamtes für Migration und Flüchtlinge moniert, dass das beschleunigte Verfahren so nicht rechtsstaatskonform sei. Es sei keine Identitätsfeststellung erfolgt. Man wisse daher nicht mit Sicherheit, ob die betreffenden Personen tatsächlich aus Syrien stammten oder sich nur als Syrer ausgeben. Die Anerkennung wird erteilt, wenn ein Dolmetscher den Flüchtling als Syrer identifiziert. Die Dolmetscher jedoch würden weder vereidigt, noch stammten sie aus Syrien. Dass die Entscheider in den Behörden außerdem dazu angehalten sind, einem Flüchtling mit einem syrischen Ausweis den Flüchtlingsstatus zuzuerkennen, ist ein weiterer kritischer Punkt, der in der Öffentlichkeit heiß diskutiert wird. Denn zeitgleich tauchen Meldungen von gefälschten syrischen Pässen auf. Pässe, die der IS auf seinem Kriegszug erbeutet hatte. Die Lage in Deutschland wird kritischer. Sowohl was die Informationsflut betrifft als auch die Stimmung im Lande.

An jedem Tag im *August 2015* suchen im Schnitt 3000 Menschen in Deutschland Zuflucht. Sie werden erst vom Bundesamt für Migration und Flüchtlinge als Asylbewerber erfasst, sobald sie einen Asylantrag stellen. Schon im *Juli 2015* waren 37531 Anträge auf Asyl dort eingegangen.

Dabei versuchen sich bis *Sommer 2015* die Europäer an die Dubliner Verträge zu halten. »Das Dubliner Übereinkommen (DÜ) ist ein völkerrechtlicher Vertrag über die Bestimmung des zuständigen Staates für die Prüfung eines in einem Mitgliedstaat der Europäischen Gemeinschaft gestellten Asylantrages. Das entsprechende Asylverfahren wird auch als Dublin-

Verfahren bezeichnet. Wichtigste Regel für die Zuständigkeit: Der Staat, in den der Asylbewerber nachweislich zuerst eingereist ist, muss das Asylverfahren durchführen. Das Dubliner Übereinkommen wurde am 15. Juni 1990 von den damals zwölf EG-Mitgliedstaaten unterzeichnet. Es trat am 1. September 1997 in Kraft. (...) Durch vertragliche Vereinbarungen gilt das Dubliner Übereinkommen – beziehungsweise inzwischen Dublin III – auch in den Nicht-EU-Staaten Norwegen, Island, Schweiz und Liechtenstein.«[39]

Das muss man wissen, um den weiteren Verlauf der Flüchtlingskrise zu begreifen. Denn mit der Zahl der Flüchtlinge, die jetzt vor allem über die Balkan-Route nach Europa kommen, geraten sich die Regierungen Ungarns, Österreichs und Deutschlands in die Haare. Die Maßnahmen der einzelnen Regierungen entsprechen keinesfalls mehr dem Dublin-Abkommen. Dazu werden sie kurzfristig eingesetzt, dann wieder ausgesetzt. Allein aus Italien reist inzwischen mindestens die Hälfte der dort gelandeten Flüchtlinge entgegen dem Dublin-Vertrag ohne Registrierung und Asylantrag weiter in andere EU-Staaten. So verzeichnet das Bundesamt für Migration und Flüchtlinge (BAMF) im ersten Quartal 2015 40 Prozent aller in der EU gestellten Asylanträge, in Italien sind es im gleichen Zeitraum nur acht Prozent. Ebenso in Griechenland. Die deutsche Bundeskanzlerin muss zugeben: »Das Dublin-Abkommen entspricht nicht mehr den Gegebenheiten, die wir mal hatten.« Allerdings gilt das nicht nur für die anderen Länder. Auch Deutschland schickt längst keine Asylbewerber mehr zurück. Auch nicht nach Italien oder Griechenland. Und schon gar keine Syrer. Während die Deutschen Sommerferien haben, wird die Situation immer dramatischer.

## Deutschland wird zum »Weltmeister der Herzen«

*September 2015:* Das erste Gerücht kursiert im Internet. Vor allem auf Facebook, über WhatsApp und andere Kommunikationswege, die die Flüchtlinge erreichen, ist zu lesen: »Deutschland erlaubt auch allen anderen Flüchtlingen die Einreise.« Die Bundeskanzlerin erklärt noch am *1. September,* dass die derzeitige Rechtslage gelte, also das Dublin-Abkommen. Diese Aussage hält nicht lange. Sie hält schon gar nicht dem stetig weiter steigenden Strom der Flüchtlinge auf der Balkan-Route stand. Am *4. September* kommt es erneut zu einem Aussetzen des Dublin-Abkommens. Diesmal aber auf internationaler Ebene. Die Bundeskanzlerin und ihr österreichischer Kollege Werner Faymann vereinbaren in Absprache mit der ungarischen Regierung ein Abweichen vom Dublin-Abkommen. Das Aussetzen der Dubliner Übereinkunft wird als »Nothilfe« in einer »Notlage« bezeichnet: Flüchtlinge dürfen ohne Registrierung durch Ungarn nach Österreich und Deutschland reisen. Das bleibt in den Köpfen der Menschen. Diesen Moment werden viele nicht mehr vergessen. Vor allem nicht die Flüchtlinge, die nach wochenlangen Strapazen jetzt nicht mehr vor verschlossenen Grenzen ausharren müssen.

Auf jeden Fall ist in diesem *Herbst 2015* Deutschland der »Weltmeister der Herzen«, wie die *Frankfurter Allgemeine Sonntagszeitung* schreibt.[40] Der Empfang der Flüchtenden zwischen München und Hamburg, in Berlin und Düsseldorf und an vielen anderen Orten in Deutschland ist berührend, beeindruckend, Mut machend. Ein Signal gegen die Fremdenfeindlichkeit, gegen Ressentiments, Hassreden und Gewalt. Hunderttausende Deutsche engagieren sich ehrenamtlich und helfen. Stellen sich einem Staat zur Seite, der im Augenblick des Geschehens unfähig erscheint. Packen zu an Bahnhöfen und in Schulen, in Kindertagesstätten, in Arztpraxen, Kliniken, in Mutter-Kind-

Einrichtungen. Nicht nur ein paar Tage lang, nein, wochenlang, monatelang. Ganz wider alle Prognosen, dass den Menschen in der Flüchtlingshilfe irgendwann die Puste ausgehen könnte. Es engagieren sich auch die, die selbst einmal fremd waren in Deutschland. Die als Gastarbeiterkinder hier geboren wurden, als politische Flüchtlinge Aufnahme fanden, als Bürgerkriegsflüchtlinge vom Balkan, als Spätaussiedler aus Russland. Auf Kommunal-, Landes- und Bundesebene wird Außerordentliches geleistet. 40 Prozent aller Deutschen wollen sich aktiv in der Flüchtlingshilfe engagieren. 34 Prozent sind bereit, für die Flüchtlinge zu spenden. Der Bundespräsident sagt in diesen Tagen: »Darauf kann dieses Land zu Recht stolz sein und sich freuen. Ich sage: Danke, Deutschland!«[41]

Im *September 2015* beschließen »die Staats- und Regierungschefs der EU, 160 000 Menschen eine vorübergehende Bleibe zu geben – in einer Europäischen Union mit mehr als 500 Millionen Einwohnern. Zunächst waren nur die Slowakei, Tschechien, Ungarn und Rumänien strikt dagegen – doch es schien damals nur eine Frage der Zeit zu sein, bis sie unter dem Druck der mächtigen West- und Nordeuropäer einknicken würden.«[42]

Als am *13. September,* also nur neun Tage nach der »Nothilfe-Öffnung« die Grenzkontrollen wieder vorübergehend eingeführt werden, überschreitet die Zahl der Flüchtlinge, die die deutsche Grenze in Bayern passieren, allein in diesem Monat 135 000 Menschen. Mehr, als in den vorangegangenen acht Monaten dort angekommen waren.

Getrieben von den Flüchtlingszahlen, von den Berichten in den Zeitungen, den Bildern im Fernsehen ändert die Bundesregierung schon wieder ihre Linie: Sie setzt das Dublin-Abkommen gegenüber Österreich aus. Zur Entlastung der Region verkehren jetzt täglich mindestens acht Sonderzüge aus dem österreichischen Salzburg direkt in deutsche Erstaufnahmeeinrichtungen.

Inzwischen ist immer häufiger zu hören: »Macht die Grenze zu, das geht so nicht weiter.« Als dann durch den Druck der wachsenden Flüchtlingszahlen Grenzkontrollen eingeführt werden, senkt das die Zahl der Neuankömmlinge keineswegs. Nur die Autoschlangen an den Grenzübergängen werden länger. Die Stadt Passau im Dreiländereck vermerkt, dass innerhalb von drei Wochen über 100 000 Flüchtlinge über die Grenze in Deutschland eingereist sind. Mehr als 4 750 Menschen pro Tag.

*15. Oktober:* In einer Regierungserklärung resümiert die Bundeskanzlerin Angela Merkel: »Mit der Entscheidung für Dublin haben wir die Kontrolle im Wesentlichen an die europäischen Außengrenzen verlegt. Das war ein Vertrauensvorschuss, den wir gegeben haben. Wir müssen heute konstatieren, dass diese Kontrolle an den Außengrenzen nicht funktioniert. Deshalb muss sie stärker auf die Europäische Gemeinsamkeit gestellt werden, deshalb muss sie effektiver gemacht werden, deshalb müssen wir Personal zur Verfügung stellen. Die Kommission hat bis zu 1 100 Personen angefordert. Gemeldet haben sich wenige Mitgliedstaaten, unter anderem Deutschland und auch Österreich. Aber ich erwarte – das muss Ergebnis dieses Europäischen Rates sein –, dass alle ihren Beitrag dazu leisten. Das ist selbstverständlich.«

Der Europäische Rat tagt zwei Tage später, aber ohne Einigung in der Flüchtlingsfrage, geschweige denn in einer Verteilung eines Kontingentes von Flüchtlingen. Die Deutschen haben das Gefühl, dass sie das Problem alleine schultern müssen. Die Kanzlerin gibt die Losung aus: »Wir schaffen das.« Sie wiederholt diesen Satz im Bundestag, in der Talkshow »Anne Will« in der ARD. Jetzt teilen sich die Deutschen: Die einen, die inzwischen oft kritisierten Gutmenschen, sind mit Merkel einer Meinung. Andere, und es werden immer mehr, halten es mit der

AfD, mit Pegida und mit dem bayerischen Ministerpräsidenten Horst Seehofer. Der will die Grenzen streng kontrollieren, eine Obergrenze für die Flüchtlingszahlen festsetzen und überhaupt alles tun, um die Kanzlerin zu einer Umkehr in der Flüchtlingspolitik zu bewegen. Außerdem sollen die Asylgesetze verschärft werden. Etwas, das vor der Flüchtlingswelle nirgendwo zur Diskussion stand. Die Kanzlerin kontert scharf: »Abschottung und Abriegelung in Zeiten des Internets sind eine Illusion.«

## *Das Asylrecht wird verschärft*

*Oktober 2015:* Inzwischen ist alles anders in Deutschland. Voraussichtlich eine Million Flüchtlinge in einem Jahr. Das ist die neue Zahl. Vor diesem Hintergrund einigt sich die Große Koalition deshalb auf ein weiteres Gesetzespaket. Das Asylverfahrensbeschleunigungsgesetz besagt unter anderem, dass die Ankommenden bis zu sechs Monate in den Erstaufnahmeeinrichtungen bleiben können, zudem sollen Bargeldzahlungen vermehrt durch Sachleistungen ersetzt werden und nur noch ein geringes »Taschengeld« ausgezahlt werden. Abgelehnte Asylbewerber, die nicht ausreisen, erhalten nur noch eine absolute Notversorgung. Auch sollen Abschiebungen schneller vollzogen werden. Die Liste der sogenannten sicheren Herkunftsländer wird um Albanien, Kosovo und Montenegro erweitert.

*November 2015:* Das Klima in Deutschland wird rauer. Die rechten Gruppierungen agieren immer lauter. Der Präsident des Bundesverfassungsschutzes, Hans-Georg Maaßen, will die Bürger in dieser Phase beruhigen: »Die Gewalt gegen Flüchtlinge ist nicht organisiert. Wir haben keine Hinweise, dass bundesweite Strukturen dahinterstehen. Aber: Die Gewalt gegen Flüchtlinge geht auch von Bürgern aus, die vorher nicht als Rechtsextremisten aufgefallen sind. Wir sehen die Gefahr, dass Leute, die vorher demokratische Parteien gewählt haben, sich radikalisieren. ... Menschen lehnen die Asylpolitik ab, sehen aber keine Chance, darauf Einfluss zu nehmen. Sie wollen ein Signal setzen – und greifen zur Gewalt.«[43]

> **Bundespräsident Joachim Gauck findet im Herbst 2015 mahnende Worte**
>
> »In einer offenen Gesellschaft kommt es nicht darauf an, ob diese Gesellschaft ethnisch homogen ist, sondern ob sie eine gemeinsame Wertegrundlage hat. Es kommt nicht darauf an, woher jemand stammt, sondern wohin er gehen will, mit welcher politischen Ordnung er sich identifiziert. Gerade weil in Deutschland unterschiedliche Kulturen, Religionen und Lebensstile zu Hause sind, gerade weil Deutschland immer mehr ein Land der Verschiedenen wird, braucht es die Rückbindung aller an unumstößliche Werte. ... Unsere Werte stehen nicht zur Disposition. Sie sind es, die uns verbinden und verbinden sollen. Hier ist die Würde des Menschen unantastbar. ... Hier werden Errungenschaften wie die Gleichberechtigung der Frau oder homosexueller Menschen nicht infrage gestellt. ... Toleranz für Intoleranz wird es bei uns nicht geben.«[44]

Bis hinein in das Jahr 2016 diskutiert die Große Koalition ein weiteres, noch härteres Asylpaket. Denn der Flüchtlingsstrom reißt nicht ab. Dabei wurde das Asylrecht in den vergangenen Jahrzehnten bereits mehrmals reformiert. Meist standen am Ende Verschärfungen für die Menschen, die Asyl suchen.

Dabei sollten wir stolz sein auf unser Grundgesetz: »Politisch Verfolgte genießen Asylrecht« heißt es dort seit 1949 – eine Reaktion auf die Schreckensherrschaft der Nationalsozialisten, die zahlreiche Menschen zur Flucht aus Deutschland zwang. Wird ein Ausländer als asylberechtigt anerkannt, ist er rechtlich einem Flüchtling gleichgestellt und bekommt eine Aufenthaltserlaubnis, in der Regel zunächst für drei Jahre. Eine Ausnahme gilt für Menschen, die Anspruch auf subsidiären Schutz haben: Sie werden zwar nicht als Flüchtlinge anerkannt, dürfen aber auch nicht in ihre Heimat abgeschoben werden, wenn ihnen dort »ernsthafter Schaden« wie etwa Tod oder Folter droht. Über Jahrzehnte galt uneingeschränkt das Grundrecht auf Asyl. Die Zahl der Antragsteller schwankte – sie blieb jedoch meist auf einem niedrigen Niveau: Bis 1975 waren es in der Regel weniger als 10 000 pro Jahr.

*Jahreswechsel 2015/2016:* Mit dem neuen Jahr verändert sich die Stimmung unter den Menschen in Deutschland dramatisch. Es heißt jetzt überall: »Vor Köln? Nach Köln?« Das ist passiert: Wie immer wollen sich Hunderte junger Menschen im Schatten des Kölner Domes treffen und feiern. Aber aus dem fröhlichen Feiern wird nichts. Denn in der Silvesternacht 2015/2016 kommt es im Bereich des Hauptbahnhofs und rund um den Kölner Dom zu zahlreichen sexuellen Übergriffen auf Frauen und Mädchen. Junge Männer, vornehmlich aus dem nordafrikanischen und arabischen Raum, umzingeln Mädchen und Frauen, greifen ihnen an die Brüste, zwischen den Schritt und einigen Mädchen gar in die Unterhosen. Über 700 Anzeigen werden später von den Opfern erstattet. Den meisten Mädchen und Frauen sind die Handys mit diesem als »Antanzen« bezeichneten Trick geklaut worden. Zusätzlich zu den sexuellen Übergriffen. Aus weiteren deutschen und europäischen Städten werden ähnliche Vorfälle aus der Silvesternacht berichtet. Vor allem die Polizei in Köln wird scharf kritisiert. Denn viel zu wenige Beamte haben am Hauptbahnhof und rund um den Kölner Dom für Sicherheit und Ordnung gesorgt. Später werden syrische und afghanische Flüchtlinge, die selbst nicht an den Übergriffen beteiligt waren, in Interviews über diese Nacht berichten. Sie hätten panische Angst gehabt und seien darauf vor Mitternacht wieder zurück in ihre Unterkünfte gefahren. Die Übergriffe erfahren große nationale und internationale Beachtung. Die Weltpresse berichtet nicht ohne Häme, dass Deutschland mit der Flüchtlingssituation überfordert sei. Außerdem wird danach der Kölner Polizei vorgeworfen, die Lage nicht unter Kontrolle gehabt und am Folgetag zunächst einen geschönten Polizeibericht herausgegeben zu haben.

Das ist nicht schön, das ist ganz bitter und liefert genau denen Argumente im Land, die sich schon immer gegen Ausländer, gegen Flüchtlinge, gegen das »Fremde« stark positioniert haben. Wie die AfD, das Alternative für Deutschland, deren Vorsitzende Frauke Petry im Zuge dieses veränderten Klimas in Deutschland als Ultima Ratio gar den Gebrauch von Waffen an der geschlossenen Grenze gegen Flüchtlinge fordert. Ihre Mitstreiterin, die stellvertretende AfD-Chefin Beatrix von Storch, verstärkt auf Facebook dann noch diese Meinung und sagt, dass man zwar nicht auf Kinder, aber auf Frauen schießen dürfe, da diese »verständig« seien.[45] Gerade in den neuen Bundesländern mischt sich auf gefährliche Weise die AfD mit den Anhängern von Pegida, die von Neonazis durchsetzte und hauptsächlich in den neuen Bundesländern populäre Protestbewegung. Eine gefährliche Gemengelage. Der Graben geht durch das ganze Land.

Die AfD-Funktionäre sind nun in jeder Talkshow zu Gast. Aber Heribert Prantl von der Süddeutschen Zeitung bringt es auf den Punkt: »Wer diese Diskussion im Zusammenhang mit der Flüchtlingspolitik beginnt, der geht den Rechtsradikalen auf den Leim.« Und weiter: »Der AfD darf nicht die Kraft zur Verrohung der Gesellschaft gegeben werden.«[46]

Der rechte Ruck erreicht sogar Städte und Gemeinden, die als ökologisch, friedensbewegt, weltoffen und feministisch gelten. Zum Beispiel Freiburg, ganz im Südwesten der Bundesrepublik. Hier fege seit den Vorfällen in Köln ein »Tornado« durch die Stadt. Sagen die Freiburger selbst. Denn Bars, Clubs und Discos wollen jetzt Flüchtlingen den Eintritt verwehren. Weil sie klauen, und vor allem: weil sie sich an Frauen vergreifen.[47] Die AfD dort ist begeistert, endlich habe die Flüchtlingskrise auch das linke Milieu erreicht. Aber wie immer, wenn man die Schlagzeilen und Überschriften genauer recherchiert, ist alles anders. Der Plan, Flüchtlinge auszusperren, ist so nie in Freiburg verwirklicht worden. Einer der Clubs versucht nur, bei Konzerten die Lage unter Kontrolle zu halten. Bald soll dort nur noch eingelassen werden, wer einen Clubausweis besitzt. Wer außerdem an der Unterweisung über die hier geltenden Benimmregeln teilgenommen hat. Beim ersten Termin erscheinen ein Dutzend Flüchtlinge.

Aber auch das passiert: Der Bürgermeister hat schon seit Jahren mehr Polizei gefordert. Jetzt wird er sie wohl bekommen. Wenn die Vorfälle in Köln überhaupt etwas Gutes hatten, dann dies: In Deutschland geht es voran mit der Verschärfung des Sexualstrafrechts. Denn sexuelle Übergriffe begehen keineswegs nur wenige Flüchtlinge, sondern auch viele deutsche Männer. Da ist noch viel zu tun.

*Januar 2016:* Auch die Bundesregierung fühlt sich nach den Ereignissen von Köln immer mehr unter Druck. Die Koalitionsparteien einigen sich auf das Asylpaket II. Demnach wird der Familiennachzug für die Flüchtlinge, die aus sogenannten sicheren Herkunftsländern stammen, auf zwei Jahre ausgesetzt. Das betrifft vor allem diejenigen, die »subsidiären« Schutz genießen. Denn das bedeutet, dass sie keinen individuell begründeten Flüchtlingsstatus besitzen, aber etwa wegen einer Bürgerkriegssituation bleiben dürfen. Dabei ist der Familiennachzug die logische Folge nach dem Flüchtlingsstrom: Erst kommen überwiegend jüngere Männer, danach ihre Frauen, ihre Kinder.

In dieses neue Paket der Bundesregierung gehört jetzt auch

der Aufbau von Registrierungszentren, um den Zuzug besser zu ordnen, sowie schärfere Richtlinien, um abgelehnte Asylbewerber schneller und leichter abschieben zu können. Krankheit soll nicht mehr vor Abschiebung schützen. Es wird »qualifizierte Kriterien« für eine ärztliche Bescheinigung geben. Geplant ist die Einrichtung neuer Aufnahmeeinrichtungen, in denen bestimmte Gruppen von Asylbewerbern Schnellverfahren durchlaufen können.

Dazu denkt die amtierende Regierung *Anfang 2016* schon über das nächste Asylpaket nach, das Asylpaket III. Obwohl das zweite noch gar nicht durch den Bundestag ist und auch noch nicht vom Bundesrat genehmigt wurde. Im dritten Asylpaket ist geplant, den Behörden das Recht zu erteilen, die Flüchtlinge an bestimmte Orte zu schicken und ihnen dort den Wegzug während des Asylverfahrens zu verwehren. Außerdem sollen die Flüchtlinge an den Kosten für Integrationskurse beteiligt werden.

Eine Zahl wird im *Januar 2016* veröffentlicht, die wenig Beachtung findet: 2015 sind doppelt so viele Asylsuchende abgeschoben worden wie im Jahr zuvor. Nach Angaben des Bundesinnenministeriums mussten 20 888 Ausländer das Land verlassen. Dazu kommen noch 37 220 Menschen, die das Land freiwillig verlassen haben. Zum Jahresende meldet das Ministerium außerdem, dass etwa 50 200 Menschen abgeschoben hätten werden können. Aus unterschiedlichen Gründen klappte das nicht. Unter anderem, weil sie keine Pässe mehr hatten und ihre Identität nicht festgestellt werden konnte. Daraufhin reiste der Bundesinnenminister in den ersten Monaten 2016 in die nun als sichere Herkunftsländer geltenden Staaten Marokko, Tunesien und Algerien. In der Hoffnung, dass diese Länder bei der Identifizierung helfen würden. Was sie alle auch versprechen. Aber bis zur Umsetzung ist es dann doch ein längerer Weg.

## *Im Internet überschlagen sich die Gerüchte*

*Februar 2016:* Immer mehr Ängste und Vorurteile gegen die Flüchtlinge und Migranten machen sich breit. Die Gesellschaft »wird überfremdet«, heißt es da, besonders in den sozialen Netzwerken. Vor allem »nach Köln«. Es entstünden soziale Unwuchten, der Wohnungsmarkt werde immer enger und die bedürftigen Deutschen hätten bald gar keine Chancen mehr auf bezahlbaren Wohnraum. Die Gerüchte überschlagen sich vor allem im Internet.

Da meldet sich die deutsche Wirtschaft zu Wort, greift diese Ängste auf und hält dagegen. Sie unterstützt die Losung der Bundeskanzlerin und signalisiert ebenfalls: »Wir schaffen das.« Denn schon zu Beginn der Einwanderung waren sich die deutsche Wirtschaft und die Forschung einig: Einwanderung ist gut. Für alle. Allein 2015 waren 37 101 Ausbildungsstellen unbesetzt. Hochrangige Vertreter der Wirtschaft fordern darum, Flüchtlingen den Zugang zu einer Ausbildung zu erleichtern. Bisher kann kein Flüchtling arbeiten, solange sein Asylverfahren nicht abgeschlossen ist. In einzelnen Städten und Landkreisen will man das am Ende des Jahres 2015 und vor allem in den ersten Monaten 2016 dann auch tatsächlich ändern.

Eine Studie, die das Zentrum für Europäische Wirtschaftsforschung (ZEW) im Auftrag der Bertelsmann Stiftung durchführte, entkräftet zudem ein häufig vorgebrachtes Vorurteil.[48] Zuwanderung, so das Ergebnis der Studie, belastet keinesfalls die Sozialsysteme. Ein Vorurteil, das viele deutsche Bürger immer wieder im Zuge der Diskussionen um den Flüchtlingsstrom anführen. Das Gegenteil ist vielmehr der Fall: Die 6,6 Millionen jetzt schon in Deutschland lebenden Bürger ohne deutschen Pass sorgen für einen Überschuss in den Sozialkassen. Fachleute beziffern den Überschuss durch die bereits heute in Deutschland lebenden Ausländer auf 147,9 Milliarden Euro. Jeder Ausländer zahlt demnach im Laufe seines Lebens

22 300 Euro mehr an Steuern und Sozialabgaben, als er an Leistungen vom Staat erhält. Derzeit seien das durchschnittlich 3300 Euro pro Jahr – eine Steigerung ist möglich, wenn das Bildungsniveau der Ausländer in Zukunft steige. So würden sich selbst erhebliche zusätzliche Bildungsinvestitionen finanziell am Ende für den Staat und damit für die Bürger in diesem Lande lohnen, schreiben die Wissenschaftler.

Wenn dann immer wieder in den Medien des Landes zu hören ist, dass die künftigen arbeitssuchenden Asylanten den Deutschen die Arbeit wegnehmen würden, schüttelt Detlef Scheele, Vorstandsmitglied der Bundesagentur für Arbeit, den Kopf: »Die Deutschen können da beruhigt schlafen.« Der Aufholweg der Flüchtlinge sei zu lange, und angesichts von 30 Millionen sozialversicherungspflichtig Beschäftigten im Lande ist die Gruppe der Flüchtlinge viel zu klein. So sieht er die Lage auf dem Arbeitsmarkt für die Zukunft positiv. Auch wenn die Neu-Bürger nach der Anerkennung ihres Asylantrages nicht so schnell Arbeit finden werden. Scheele rechnet 2016 mit 335 000 Flüchtlingen, die auf staatliche Grundsicherung, also auf Hartz IV, angewiesen sind. Aber Modellprojekte zeigen, dass nach fünf Jahren die Hälfte der Arbeitssuchenden und nach 15 Jahren 70 Prozent eine Arbeit gefunden haben. Das sei bei deutschen Langzeitarbeitslosen nicht anders.[49]

Nach Schätzungen kostet ein Flüchtling überschlägig 12 500 Euro im Jahr. Bei 1,1 Millionen registrierten Flüchtlingen macht das 13,75 Milliarden Euro. Dieser Betrag bildet aber auch nicht alles ab, was gezahlt wird. Da kommen Deutschkurse dazu, Sozialberatung, Personal- und Sachkosten. Damit das funktioniert, hat der deutsche Finanzminister insgesamt acht Milliarden aus den Etat-Überschüssen bundesweit für die Lösung der Flüchtlingsthemen im Land zur Seite gelegt. Allein in den Jobcentern sind im Jahr eins nach den Flüchtlingsströmen 2800 neue Mitarbeiter an Bord. Für das neue Personal gibt es 350 Millionen Euro, für die aktive Arbeitsmarktpolitik

250 Millionen Euro obendrauf. Wer sich diese Zahlen ansieht, kann sich nur fragen: Wenn nicht Deutschland mit 81 Millionen Einwohnern und bekannt effizienter Bürokratie – wer soll es denn dann hinkriegen?

Das aber ist auch im *Winter 2015/2016* weiter unfassbar und erstaunlich: In dem Land, in dem noch vor gut 20 Jahren Flüchtlingsheime brannten, erwächst eine anrührende Solidarität mit Flüchtlingen. Landauf, landab packen die Menschen zu, unterstützen ihre Bürgermeister und Landräte bei deren Flüchtlingspolitik. Sie stehen weiter auch im Winter an Bahnhöfen mit Willkommensschildern, geben tagelang, nächtelang Kleidung und Suppen aus, helfen bei den ersten bürokratischen Schritten. Und das nicht nur eine Woche lang, einen Monat, sondern das gesamte Jahr. Und auch noch 2016. Bis es auch die Politik kapiert, was in Deutschland passiert. Sicher, es gibt immer wieder die Abschreckungsformeln zu hören. Vor allem am rechten Rand der Gesellschaft. Aber der Großteil der deutschen Bürger erkennt, dass es so viel Vernünftiges zu tun gibt: die Betreuung der Menschen aus den Kriegs- und Krisenregionen, die Vorbereitung der Kinder auf Hort und Schule, Sprachkurse, Lebenshilfe und Beratung vor den Besuchen auf Ämtern und Behörden. Zudem können alle leer stehenden Gebäude freigegeben werden, damit die Kommunen neuen Wohnraum anbieten können. Die Bürger sorgen jetzt dafür, dass die Menschen bald arbeiten und in eigene Wohnungen ziehen können. Es ist viel zu tun. Und viele packen es an.

## *Das gute Beispiel Passau*[50]

Die Einsatzbereitschaft auch der oft geschmähten Bürokratie wächst über sich selbst hinaus. Zum Beispiel in Passau, das eine der Hauptlasten des Flüchtlingsstroms in Deutschland trägt: Denn hier endet die Balkan-Route. 300 000 Menschen kamen hier in drei Monaten an, bei einer Bevölkerung von 50 000. Das muss eine Kommune erst mal schaffen. Nach den ersten Wochen im Jahr 2016 sagt die Polizei in Passau: »500 bis 1 000 Menschen am Tag, das ist gut zu schaffen.« Auch der Bürgermeister der Stadt gibt sich gelassen. Er hat noch an dem Tag, als die Kanzlerin Tausende zusammengepferchte Flüchtlinge vom Budapester Bahnhof nach Deutschland holte, einen Krisenstab einberufen. Denn sie kennen sich aus in Passau mit Krisen, haben unter anderem 2013 die Donauflut bewältigt. 50 Passauer waren sofort in der Nacht zur Stelle, zusammen mit Polizei, Feuerwehr, Rotem Kreuz. Seitdem rollt Tag für Tag, Nacht für Nacht das Programm für die Flüchtlinge. 100 der rund 2 000 Freiwilligen sind jeden Tag vor Ort. Schmieren Brötchen, geben Tee aus, fegen den Asphalt. Sie schieben Zwölf-Stunden-Schichten. Auch im Flüchtlingsamt. 30 Mitarbeiter wurden neu eingestellt. 50 Soldaten der Bundeswehr helfen. Jeden Tag funktioniere die Registrierung besser, sagen die Beamten. In der »Bearbeitungslinie 2B« zum Beispiel, in Halle 2. Wo sich je ein Polizist und ein Dolmetscher oder eine Dolmetscherin die Pässe genau ansehen, das Foto, die Stempel. Alles wird in die Sprache des neu Angekommenen übersetzt. Die Beamten fragen, ob die Frau oder der Mann nach Deutschland wolle. In Richtung Asyl? Oder ob sie in die »Bearbeitungsspur Z« zurückmüssen. Zurück nach Österreich. Sind alle Fragen so beantwortet, dass zum Beispiel die Flüchtlingsfrau mit dem Kind nicht nach »Z« muss, kommt sie weiter an den nächsten Tisch. Dort stehen andere Beamte mit einem Gerät. Hier werden die Finger der Frau und ihres Kindes mit einem grünen

Laser gescannt, das erste Foto gemacht. Der Computer der Polizisten schiebt die Passbilder in Raster auf dem Schirm, speichert die Fingerabdrücke in der Datenbank der Polizei und der EU-Staaten. In der Halle in Passau erhalten die Flüchtlingsfrau und ihr Kind dann eine Nummer. Jetzt sind sie registriert. Mit Namen, Foto und Fingerabdruck. »Die Nächste, der Nächste bitte«, heißt es dann freundlich. Erst mit der geschlossenen Balkan-Route und dem EU-Abkommen vom 20. März 2016 wird es in Passau ruhiger. Wie lange?, fragen sich alle Helfer und Helferinnen ... Denn der Flüchtlingsstrom ist nur gestoppt und nicht beendet.

Koordiniert wird diese enorme Organisation in der ganzen Bundesrepublik von Berlin aus. Genauer im Innenministerium. Sicher, am Anfang lief das noch alles ziemlich holprig. Erst wurde die Situation unterschätzt, dann zur Willkommensfeier hochgejubelt. Später drohten Landkreise und Städte in die Knie zu gehen. Die Politik schien überrascht, überrannt, überfordert. Aber inzwischen läuft die Krisen-Maschinerie ab sechs Uhr morgens, Tag für Tag, ziemlich rund. Auch am Wochenende. Spätschicht, Frühschicht, allgemeines Lagezentrum. Hier laufen alle Informationen zusammen über das, was im Lande geschieht. Hier werden die Flüchtlingszahlen der vergangenen Stunden analysiert. Wer kommt woher, und wie viele sind es? Wer befindet sich noch auf der Balkan-Route? Wie rau ist zurzeit das Mittelmeer? Bundeswehr und Bundespolizei, mit Tausenden Freiwilligen und erfahrenen Hilfsorganisationen, beherrschen die Lage. Nicht überall, leider, wie zum Beispiel ausgerechnet in der Hauptstadt Berlin. Dort beweist das zuständige Landesamt seit Monaten die eigene Unfähigkeit. Es ist nicht zu glauben, dass die Berliner Verwaltung das, was in den anderen Bundesländern von Süd bis Nord erfolgreich praktiziert wird, nicht hinbekommt.

Derweil treffen sich einmal in der Woche der Lenkungsausschuss zur Flüchtlingslage und die Ländervertreter im Kanzleramt. Es scheint alles auf einem guten Wege. Die Unterbringung und alltägliche Versorgung der allermeisten Neuankömmlinge gelingt in den ersten zwei Monaten des neuen Jahres 2016 immer besser. Jetzt ist das Ziel, die Zahl der neu Eintreffenden zu verringern. Schnellere Asylverfahren, konsequente Abschiebung der abgelehnten Bewerber, Sprachkurse, Aus- und Fortbildungsangebote, aber auch Bauprogramme und Integration am Arbeitsmarkt, das sind die Aufgaben der nächsten Jahre. Die Logistiker in Deutschland sind noch lange gefordert.

*Ende Februar 2016* nimmt der Streit in Deutschland um die Finanzierung der Ausgaben für Flüchtlinge an Schärfe zu. Das Finanzministerium betont, dass »jeder Euro Überschuss des Bundes per Gesetz vollständig zur Finanzierung der Flüchtlingskrise reserviert« sei.[51] Hintergrund sind die Meldungen über Rekordeinnahmen an Steuern und Abgaben. Denn 2015 verbuchte der deutsche Staat den historisch höchsten Überschuss seit der Wiedervereinigung von etwa 19,4 Milliarden Euro. Zudem kommt noch ein Haushaltsüberschuss aus dem Jahr 2015 von insgesamt 12,1 Milliarden Euro dazu. Finanziell sieht es also gut aus. Das »Wir schaffen das« der Kanzlerin scheint auch von der finanziellen Seite her gerechtfertigt. Wie die *Süddeutsche Zeitung* zudem berichtet, rechnet die Bundesregierung intern mit insgesamt 3,6 Millionen Flüchtlingen bis 2020 und pro Jahr bis dahin mit einer Aufnahme von einer halben Million Flüchtlinge.

*9. März/Mitternacht:* Die Balkan-Route wird geschlossen. Mazedonien lässt keine Flüchtlinge mehr durch. Auch keine Syrer und Iraker mehr mit ordentlichen Pässen. In Passau an der Grenze ist große Stille. Noch nicht zu glauben, war man doch auf Monate hinaus eingerichtet auf täglich 500 bis 1000 Menschen. Die hängen jetzt alle im kleinen griechischen Grenzort Idomeni fest. (Siehe Buch 6: Lesbos)

Im *März 2016* schreibt der Stern von der »gespaltenen Republik« und berichtet von den jüngsten Umfrageergebnissen, vor allem vor den Wahlen am 13. März in drei Bundesländern: in Rheinland-Pfalz, Sachsen-Anhalt und Baden-Württemberg. Demnach sagen 57 Prozent der Deutschen jetzt, dass keine Partei ein gutes Konzept zur Lösung der Flüchtlingskrise habe. Die Zahl der Angriffe auf Asylbewerberheime nimmt im ganzen Land zu. Das besorgt 83 Prozent der Bürger. Dazu haben 77 Prozent Angst vor einem großen Zulauf der rechtsextremen Gruppen. Pegida folgen Montag für Montag in Dresden Tausende von Bürgern und grölen rechtsextreme Parolen.

Aber es wird auch deutlich, dass sich die Einstellung vieler Deutscher zu den Flüchtlingen wandelt: Waren im August 2015 noch 36 Prozent der Meinung, dass die Zahl der Ausländer und Flüchtlinge hoch genug sei und keine weiteren mehr zuziehen sollten, sind es im Februar 2016 bereits 49 Prozent, also fast die Hälfte der Deutschen.[52]

*13. März:* Die Wahlen in den drei Bundesländern bringen der AfD große Gewinne. Vor allem wegen der klaren Linie gegen die Flüchtlingspolitik der Bundesregierung. Aber Malu Dreyer (SPD) siegt in Rheinland-Pfalz vor ihrer Konkurrentin Julia Klöckner (CDU), auch, weil sie ganz klar die Flüchtlingspolitik der Kanzlerin unterstützt hat. Das Gleiche gilt in Baden-Württemberg für den grünen Gewinner und amtierenden Ministerpräsidenten Winfried Kretschmann. Sein CDU-Kontrahent hat sich von der Kanzlerin abgesetzt, im Gegensatz zum grünen Kretschmann, der auch deshalb wohl so überlegen einen Sieg einfahren konnte. Die AfD erringt in Sachsen-Anhalt 27 Prozent. Der CDU-Ministerpräsident kann nur mit Müh und Not eine Koalition aus Schwarz, Rot und Grün basteln. Er hat als einziger CDU-Politiker gegen das Votum der Kanzlerin im Wahlkampf eine Obergrenze des Flüchtlingszuzugs gefordert. Alles in allem: Wie nie zuvor bewegt eine Krise derart die Menschen im Land, alle Gesellschaftsschichten, alle Familien. Diese Wahlen waren ein Stimmungstest in einer Zeit, in der vielen Deutschen ihr Land fremd geworden ist.

*18. März in Brüssel:* Ein denkwürdiger Tag, die Europäer einigen sich und schließen mit der Türkei einen Vertrag. Alle Flüchtlinge, die ab 20. März auf den griechischen Inseln ankommen, sollen zurück in die Türkei geschickt werden. Beginnen sollen diese Rückführungen am 4. April. Für jeden Syrer, der auf diese Weise abgeschoben wird, soll ein anderer syrischer Flüchtling auf legalem Wege aus der Türkei in die EU gelangen. Im nächsten Schritt sollen der Türkei größere Kontingente von Flüchtlingen abgenommen werden. Das ganze Verfahren werde »in vollem Einklang mit EU- und internationalem Recht ablaufen«, heißt es in dem Abkommen, das die Staats- und Regierungschefs der EU und der türkische Ministerpräsident Ahmet Davutoğlu besiegelten. Das Jahr 2016 wird zeigen, ob das Abkommen umsetzbar ist und vor allem: ob es hält.

Politische Forderungen für die Flüchtlingskinder in Deutschland[53]

1. Alle Flüchtlingskinder müssen immer in erster Linie als Kinder mit eigenen Rechten angesehen und behandelt werden, wie in der UN-Kinderrechtskonvention festgeschrieben.
2. Bestehendes Recht und Richtlinien zum Schutz von Flüchtlingskindern müssen konsequent angewendet werden. Dazu gehört auch die Überwachung und Durchsetzung einer konsequenten Anwendung der EU-Menschenhandelsrichtlinie und -strategie. Ein besonderer

Schwerpunkt muss dabei auf der Vorbeugung sowie der Verfolgung von Menschenhändlern liegen, die Kinder ausbeuten und missbrauchen.
3. Alle Behörden sollen bei allen Entscheidungen von dem Grundsatz der UN-Kinderrechtskonvention geleitet werden, das beste Interesse des Kindes vorrangig zu berücksichtigen. Hierzu gehören insbesondere die Entscheidungen über einen internationalen Schutzstatus, über einen Aufenthaltsstatus oder über eine Abschiebung.
4. Nationale Kinderschutzsysteme müssen gestärkt und EU-weite Schutzstandards vorangetrieben werden.
5. Kinder dürfen nicht in Haft genommen werden und sollen nicht von ihren Familien getrennt werden.
6. Bei Such- und Rettungsaktionen auf dem Meer müssen internationales Seerecht und lange gehegte Grundregeln zum Schutz und zur Rettung von Leben aufrechterhalten werden.
7. Kinder und schwangere Frauen brauchen zu jeder Zeit besondere Fürsorge und Aufmerksamkeit, während und auch nach Schutz- und Rettungsmissionen.
8. Alle Kinder haben das Recht auf gleichberechtigten Zugang zu Bildung, Gesundheitsfürsorge, einschließlich der psychischen Gesundheit, soziale Sicherheit und Justiz – unabhängig vom rechtlichen Status ihrer Eltern.
9. Alle Kinder sollen gleich und konsequent geschützt werden, ohne Diskriminierung wegen ihrer Nationalität, Aufenthaltsstatus oder Rasse oder der ihrer Eltern.
10. Die Ursachen der Flucht müssen umfassend bekämpft werden, durch Risikoreduzierung, Nothilfe und Entwicklung.

## *Diese Frau schließt keine Grenze: Alle kennen Angela*

Noch nie hat eine Kanzlerin Deutschlands das Land so gespalten wie Angela Merkel. Der Graben verläuft zwischen Männern und Frauen. Egal welcher Partei. Er trennt die gesamte Gesellschaft, Familien, Ehen. Hitzige Debatten entbrennen an der Frage, wie wir deutschen Christen mit den überwiegend muslimischen Flüchtlingen umgehen. Sie entzünden sich an dem von Kanzlerin Angela Merkel stoisch wiederholten Satz: »Wir schaffen das.« Damit hält sie ihre schützende Hand über alle Flüchtlinge, die es nach Deutschland treibt. In einem Buch über Frauen und Kinder auf der Flucht darf deshalb die Rolle dieser deutschen Frau nicht fehlen, ohne die der Blick auf die Flüchtlingstragödie im Nahen Osten und in Europa nicht denkbar ist.

So schreibt der britische *Economist* im November 2015 von der »unverzichtbaren Europäerin«, das Forbes Magazine hält sie seit Jahren für die mächtigste Frau der Welt. Aber in Deutschland titelt der *Stern* im Januar 2016: »Angela gegen den Rest der Welt«. *Der Spiegel* will dann feststellen: »Die Uhr tickt«. Damit ist ihre Kanzlerschaft gemeint. In der Bundeshauptstadt Berlin raunen die Auguren schon seit dem Herbst von einer »Merkeldämmerung«.[54]

Was ist da passiert? Wie kann eine einzige Politikerin ein Land derart entzweien? Noch dazu eine CDU-Frau.

Hier noch einmal die Stationen Angela Merkels in den denkwürdigen Monaten der Jahre 2015 und 2016:

*Mai 2015:* Angela Merkel, SPD-Chef Sigmar Gabriel und Innenminister Thomas de Maizière treffen sich im Kanzleramt zum ersten Flüchtlingsgipfeltreffen mit den Ministerpräsidenten der Länder. Die Kanzlerin sagt danach: »Wir sind gewillt, eine Lösung zu finden.«

*25. August 2015:* Die Bundesregierung prognostiziert neue Flüchtlingszahlen, spricht von 800000. In einer Mitteilung des Bundesamtes für Migration und Flüchtlinge ist zu lesen, dass das Dublin-Verfahren für syrische Flüchtlinge ausgesetzt wird. Die Folge: Angela Merkel wird mit Liebesbotschaften syrischer Flüchtlinge überschwemmt.

*26. August 2015:* Die Kanzlerin will ein Zeichen setzen und spricht in der Notunterkunft Heidenau mit Flüchtlingen und Helfern. Dort war es einige Tage zuvor zu fremdenfeindlichen Ausschreitungen gekommen.

*31. August 2015:* Auf der Sommerpressekonferenz sagt die Kanzlerin in Berlin den Satz, der wohl Geschichte machen wird: »Wir schaffen das.« Sie spricht von einer großen nationalen Aufgabe. Im Fernsehen sehen die Deutschen Tag für Tag Tausende von Flüchtlingen auf der Balkan-Route. Sie gehen in der Sommerhitze, oft barfuß oder nur noch auf Socken. Die Augustsonne brennt gnadenlos.

*3. September 2015:* Angela Merkel wehrt sich gegen die Vorwürfe des ungarischen Ministerpräsidenten Viktor Orbán zur deutschen Flüchtlingspolitik. Er hatte behauptet, das Flüchtlingsproblem sei ein deutsches Problem, und als Folge davon errichtet er Grenzzäune zu Serbien. Aber Angela Merkel erwidert: »Deutschland tut das, was moralisch und was rechtlich geboten ist. Nicht mehr und nicht weniger, und Abschottung ist im 21. Jahrhundert keine Lösung.«

*4. September 2015:* Tausende von Flüchtlingen sitzen in Ungarn fest, übernachten auf dem Budapester Bahnhof, auf den Straßen und neben den Bahngleisen. Für einige Tage beschließen darum Angela Merkel und ihr österreichischer Kollege Werner

Faymann, die Flüchtlinge aus Ungarn ohne Registrierung einreisen zu lassen.

*10. September 2015:* In Berlin-Spandau besucht Angela Merkel eine Erstaufnahmeeinrichtung. Es gibt ein Foto mit einem Flüchtling, ein Selfie, Wange an Wange. Das Bild geht um die Welt. Dafür wird sie noch Monate danach von der wachsenden Zahl ihrer politischen Gegner gescholten. Aber in den Flüchtlingslagern, vor allem im Nahen Osten, ist dieses Bild ein Renner.

*15. September 2015:* Die CSU in Bayern in Gestalt ihres Vorsitzenden Horst Seehofer geht auf Konfrontation zu Angela Merkel. Er will eine Obergrenze für die Zahl der Flüchtlinge benannt haben und die Grenzen der Balkan-Route schließen. Angela Merkel kontert klar und deutlich: »Wenn wir jetzt anfangen, uns noch dafür entschuldigen zu müssen, dass wir in Notsituationen ein freundliches Gesicht zeigen, dann ist das nicht mein Land.« Unglaublich viel Elan sieht sie bei den Flüchtlingen, es »lohne sich, sich um jedes einzelne Kind zu kümmern«, sagt sie in diesem Monat in einer Willkommensklasse, in der die Flüchtlingskinder Deutsch lernen. Aber da zweifelt schon die Mehrheit der Deutschen am Krisenmanagement der Kanzlerin.

*7. Oktober 2015:* Die Kanzlerin entscheidet, das Flüchtlingsthema sei Chefsache, und zieht die Koordinierung der Flüchtlingspolitik an sich. Kanzleramtschef Peter Altmaier wird als Gesamtkoordinator diese Aufgabe bündeln. Viele munkeln von einer Entmachtung des Innenministers de Maizière. In der *Süddeutschen Zeitung* bemerkt Heribert Prantl die »Angst vor der Courage der Kanzlerin«.[55] Das in eiliger erster Lesung beschlossene neue Asylpaket sei der Auftakt für eine Kaskade von Abwehrforderungen. Vor allem die Männer in der CSU, der CDU und in der SPD hätten Angst vor ihrer Kanzlerin – und die wiederum habe Angst vor ihren Wählern.

*15. Oktober 2015:* Der Druck auf die Kanzlerin nimmt zu. Vor allem die männlichen Kolumnisten in den Zeitungen und Zeitschriften schreiben von einem »Ende dieser Kanzlerschaft«. Die geplanten Hotspots zur Aufnahme der Flüchtlinge an den EU-Außengrenzen funktionieren noch nicht. In den Flüchtlingslagern in Jordanien und im Libanon wird eine steigende Zahl an Migranten in Richtung Europa festgestellt. Hamburgs Alt-Bürgermeister Klaus von Dohnanyi, SPD, verteidigt die Kanzlerin: »Die Menschen wollen nach Deutschland, weil es hier Arbeitsplätze gibt. Was sollte sie denn machen? Die Menschen in Österreich stehen lassen?«[56] Und er glaubt auch, dass Deutschland durch ein hohes Maß an Engagement und Dezentralisierung die Flüchtlingsfrage bewältigen könne.

*5. November 2015:* Die Vorsitzenden von CDU, CSU und SPD einigen sich auf die Einrichtung von grenznahen Registrierungszentren und auf beschleunigte Verfahren für Flüchtlinge mit geringer Bleibeperspektive. Der Streit zwischen den Schwesterparteien CDU und CSU und ihren Vorsitzenden Angela Merkel und Horst Seehofer scheint vorerst entschärft.

*13. November 2015:* Die Unsicherheit wächst in der Bevölkerung. Die Kanzlerin behauptet im ZDF-Interview mit Bettina Schausten und Peter Frey, dass sie »die Lage im Griff« habe. Sie halte an ihrem Kurs fest. Aber die CDU/CSU gibt ein konfuses Bild ab. Nichts von Einheit, gemeinsamen Erklärungen, wie einst bei der Bankenkrise 2008, als die CDU-Kanzlerin Merkel und der SPD-Finanzminister Steinbrück eine Garantie zur Sicherheit der Spareinlagen abgaben. Eine solche beruhigende Erklärung vom Vierer-Club Merkel, Seehofer, Schäuble und Gabriel ist nicht in Sicht.

*15. November 2015:* Nach den erschreckenden Terroranschlägen in Paris entbrennt die Flüchtlingsdebatte in Deutschland von Neuem und mit anderen Argumenten. Sind die Terroristen womöglich über Deutschland nach Belgien gereist? Ohne dabei registriert zu werden? Die Verfechter einer »kontrollierten und legalen Zuwanderung« bekommen Oberwasser. Erst einmal aber versichert Angela Merkel nach den Anschlägen von Paris dem französischen Ministerpräsidenten François Hollande europäische Solidarität. Sie willigt in die Beteiligung Deutschlands am Kampf gegen den »Islamischen Staat« ein. Es ist ihr erster Krieg. Bisher konnte sie das für sich und Deutschland vermeiden. Der Ausgang ist ungewiss.

*29. November 2015:* Zusätzlich zur Diskussion in Deutschland muss Angela Merkel auch in der EU ihre Positionen vertreten. Es gibt nur noch wenige »willige« Mitstreiter. So entscheidet die EU, dass die Türkei rund drei Milliarden Euro zur Versorgung der Flüchtlinge im Land erhalten soll.

Inzwischen heißt es in der deutschen Presse, die Kanzlerin verliere die Kontrolle über die Flüchtlingspolitik. Die große Koalition habe längst ihren Kurs geändert. Das erste Paket zur drastischen Verschärfung des Asylrechtes ist bereits in Kraft, das zweite wird jetzt gerade von den drei Parteichefs beschlossen. Die Kommunikation unter den Ministern funktioniert nicht mehr. Merkel muss ihrem Innenminister das Vertrauen aussprechen, obwohl sie es sichtbar nicht mehr hat.

Ihr herzlicher Optimismus und ihre standhafte Weigerung, von einer Obergrenze bei der Flüchtlingszahl zu sprechen, verflüchtigen sich in den Niederungen der täglichen Herkulesaufgabe »Flüchtlingspolitik«.

*1. Januar 2016:* Die Übergriffe in Köln. Die Kanzlerin ist »entsetzt« und verspricht schnellste Aufklärung.

*28. Januar 2016:* »Angela gegen den Rest der Welt«, schreibt der *Stern*. Die Kanzlerin gerät immer mehr unter Druck. Schließlich stehen im März drei Landtagswahlen an: in Baden-Württemberg, Sachsen-Anhalt und Rheinland-Pfalz. Dazu gewinnt die AfD, einst aufgrund der Griechenland-Krise entstanden, jetzt mit Anti-Flüchtlingskampagnen Stimmen. Die Ereignisse in Köln tun das ihre zum Stimmungswandel in Deutschland dazu. Denn jetzt ist klar: Die Täter waren nachweislich Asylbewerber und Illegale aus den nordafrikanischen Staaten. Im Januar kommen unverändert täglich rund 2000 Flüchtlinge auf griechischen Inseln aus der Türkei an. Sie machen sich auf der Balkan-Route nach Deutschland auf.

*31. Januar 2016:* Jetzt weht Angela Merkel endgültig ein kalter Wind entgegen. Die letzten europäischen Verbündeten machen im Januar die Grenzen dicht. Erst Schweden, dann Österreich. Die CSU führt die Kanzlerin auf ihrer jährlichen Januar-Klausurtagung im bayerischen Wildbad Kreuth richtig vor. Der Graben zwischen den beiden Parteiführern ist sichtbar, fühlbar. Aber die Kanzlerin schwankt nicht und spricht nur »von unterschiedlichen Meinungen in einer Partei«, das sei normal. Sie redet mit der türkischen Regierung, geht zum Neujahrsempfang ihres Wahlkreises nach Greifswald, verhandelt weiter mit den Europäern in Brüssel. »Heroische Gelassenheit« attestieren ihr Politologen.[57] Immer wieder ertönt dabei von ihren Gegnern: »Wir müssen die Grenzen zumachen.« Der frühere CDU-Generalsekretär Heiner Geißler hält dagegen: »Wer vorschlägt, die Grenzen dichtzumachen, ist selber nicht richtig dicht.«[58] Die Kanzlerin wird dieser Satz gefreut haben.

*4. Februar 2016:* In London beschließt eine Geberkonferenz endlich Gelder für die Länder, in denen die meisten Flüchtlinge untergekommen sind: für Jordanien und den Libanon. Rund 16 Milliarden Euro sollen da helfen. Deutschland ist mit 3,2 Milliarden Euro dabei. Vor allem das UNHCR ist froh. Denn das Welternährungsprogramm der Vereinten Nationen musste im vergangenen Sommer wegen fehlender Gelder die monatlichen Zahlungen an die Flüchtlinge in diesen Ländern von 26 Dollar im Monat auf 13 Dollar kürzen. Das war der Start der großen Flüchtlingsbewegung.

*13. Februar 2016:* Die Vorwürfe in Deutschland gegen die Kanzlerin häufen sich: Sie habe eine Million Flüchtlinge ins Land gelassen, die Demokratie ausgehebelt, den Bundestag nicht befragt und das Volk schon gar nicht. So habe sie Europa überrumpelt und gespalten, die Schwesterpartei vergrätzt und das Recht gebrochen. Aber Angela Merkel scheint das alles wegzustecken. Man merkt ihr nichts an, und von der CSU und Horst Seehofer ist sie nur »ein bisschen« enttäuscht. Ihre Popularitätswerte sinken. Die AfD gewinnt unaufhörlich weiter Stimmen bei den Umfragen vor den drei Landtagswahlen.

*28. Februar 2016:* Ein erneuter EU-Gipfel steht in Brüssel an. Angela Merkel will dort eine »Zwischenbilanz ihrer Flüchtlingspolitik« ziehen. Vorher geht sie noch in die ARD-Sendung »Anne Will«. Es ist ihr dritter Auftritt in fünf Jahren. »Wann steuern Sie um, Frau Merkel?«, fragt Anne Will, und schnell wird klar, dass die Kanzlerin nie vorhatte, einen Kurswechsel zu verkünden. Es sei schließlich »ihre verdammte Pflicht und Schuldigkeit«, alles zu tun, damit Europa einen gemeinsamen Weg finde. Einseitige Grenzschließungen würden dabei nicht helfen. Wenn einer eine Grenze schließe, dann müsse ein anderer leiden. Das sei nicht ihr Europa. Auch hält Angela Merkel dem Vorwurf, sie habe im September letzten Jahres die Grenzen geöffnet, entgegen, die Grenzen seien damals offen gewesen. Sie habe sie lediglich nicht geschlossen.

*7. März 2016:* Die Mazedonier machen die Grenze zu Griechenland endgültig dicht. Konnten bisher wenigstens noch Syrer und Iraker mit Ausweispapieren passieren, ist das jetzt vorbei.

In Idomeni, der letzten griechischen Grenzstation, lagern mindestens 14 000 Flüchtlinge bei Regen und Kälte unter dünnen Zelten. Angela Merkel hat in Brüssel bei den EU-Verhandlungen mit der Türkei keine guten Karten. Ihr Versprechen, die Flüchtlingszahlen 2016 zu reduzieren, stimmt zwar im Augenblick wegen der geschlossenen Balkan-Route. Aber eine Gesamtlösung der Flüchtlingskrise ist vor den drei Landtagswahlen nicht in Sicht.

*11. März 2016:* Täglich flimmern die Bilder der gestrandeten Flüchtlinge aus Idomeni über die deutschen Fernsehschirme, die Kanzlerin kritisiert auf allen Wahlveranstaltungen die Schließung der Balkan-Route. »Wir können es uns in 27 Ländern nicht nett machen und ein Land, Griechenland, mit der Lösung des Problems alleine lassen«, sagt sie immer wieder. Aber: Da jetzt weniger Flüchtlinge in Deutschland ankommen, nützt ihr das auch vor den Landtagswahlen. Aber Europa mit einer halben Milliarde Einwohner bietet politisch und moralisch ein erbärmliches Bild – so ist das auch in der internationalen Presse zu lesen.

*13. März 2016:* Wahlsonntag in Deutschland. Die CDU verliert in allen drei Bundesländern gewaltig Stimmen, SPD-Ministerpräsidentin Malu Dreyer gewinnt vor allem auch deshalb, weil sie sich hinter die Flüchtlingspolitik der Kanzlerin stellt. Ebenso wie in Baden-Württemberg der Grüne Winfried Kretschmann. Angela Merkel aber hat vor allem die EU im Visier und die Entscheidung der Staaten zur Flüchtlingsverteilung. Denn sie hat langsam, aber deutlich ihre Positionen verändert: Stand vormals noch die Verteilung der Flüchtlinge im Vordergrund, so setzt sie jetzt verstärkt auf den Grenzschutz Europas.

*15. März 2016:* Nach den Landtagswahlen behaupten die Zeitungen und Zeitschriften vehement, dass Angela Merkel endgültig politisch isoliert sei. Zu dieser Zeit hatte sich die Überzeugung weit verbreitet, Merkels politisches Ende stehe unmittelbar bevor. *Der Spiegel* kündigte bereits im letzten Jahr das totale Scheitern ihrer Kanzlerschaft an (mit dem Scheitern des Euros) und machte sie immer wieder in verschiedenen Ausgaben für das angeblich bevorstehende Ende Europas verantwortlich. Neben diesen beiden Motiven von Isolation und Untergang wird in der Berichterstattung noch ein dritter Grund für das vermeintliche Ende von Angela Merkel genannt: die ständige Ankündigung von Kniefällen und Kurswechseln in Bezug auf ihre Flüchtlingspolitik, die angeblich kurz bevorstehen – zuletzt noch kurz vor dem EU-Treffen am 18. März in Brüssel.

*17. März, Brüssel:* Merkel will den EU-Deal zur Flüchtlingspolitik, sie braucht ihn unbedingt. Monatelang hat sie auf die Vereinbarung mit den Türken hingearbeitet. Nach dem gescheiterten Plan, Flüchtlinge im großen Stil europaweit zu verteilen, ist nun die Absprache und Vereinbarung mit den Türken das, was Merkel die »europäische Lösung« nennt.

In ihrer Pressekonferenz nach dem ersten Verhandlungstag nur mit den Vertretern aller EU-Länder spricht Merkel erst einmal über den Tod ihres früheren Außenministers Guido Westerwelle. »Für mich persönlich ist dies ein richtig trauriger Tag«, sagt sie. Dann macht die Kanzlerin eine kurze Pause und formuliert ihr Fazit des Tages in Brüssel: »Europa wird es schaffen, auch diese schwere Bewährungsprobe zu bestehen.« An solch einem Tag mit einer Todesnachricht kann sie sicherlich nicht strahlen, aber ihre Zufriedenheit über den Abschluss verbirgt Merkel nicht ganz. Schließlich war es ihr Plan, der jetzt auf dem Weg ist. Er muss nur noch funktionieren.

Fazit: Angela Merkel ist alles andere als isoliert in Europa. Sie hat das scheinbar Unmögliche möglich gemacht und am *18. März 2016* eine Übereinkunft mit Ankara erreicht. Damit ist das Ziel näher, dass in Europa wieder geordnete Verhältnisse einkehren, vor allem, dass das Schengen-Abkommen funktioniert. Es waren ihre Unbeirrbarkeit, ihre Beharrlichkeit, die das ermöglichten. Sicher, die Transitstaaten der West-Balkan-Route haben unter der Führung Österreichs durch die Schließung der Route den Druck auf die Europäische Union erhöht. Das ist unbestritten. Vielleicht war es auch dadurch leichter, diese Vereinbarung zu erreichen. Am erstaunlichsten jedoch war für alle, die die Kanzlerin in diesen Tagen und Stunden vor den Fernsehkameras erlebt haben, wie ruhig, gelassen und souverän Angela Merkel diese Krisenzeiten überstanden hat. Einige sagen: Jetzt haben wir sie erst richtig kennengelernt. Die *Frankfurter Allgemeine Sonntagszeitung* schreibt: »Offenbar entfaltete Merkel in dieser stürmischen Zeit erst, was in ihr steckte. Diese Kanzlerin ist seefest, sie ist schwindelfrei.«[59]

# MEIN GANZ PERSÖNLICHES SCHLUSSWORT:

Europa muss die syrischen Nachbarländer unterstützen, und wir Deutschen sollten nicht so viel Angst haben

Wenn dieses Buch erscheint, werden unverändert 60 Millionen Menschen auf der Flucht sein. Weltweit. Die Hälfte davon Frauen und Kinder. 2015 waren es allerdings 75 Prozent männliche Flüchtlinge, die bei uns in Deutschland angekommen sind. Erst 2016 haben sich mehr Frauen und Kinder als Väter, Ehemänner, Brüder auf die Flucht nach Europa begeben. Bevor sie sich auf den Weg machten, habe ich sie gesucht, in den Flüchtlingslagern in der Türkei, im Libanon, habe über Jordanien recherchiert. Überall saßen sie fest, die Frauen und Kinder, weil sich erst die »starken« Männer auf den gefährlichen Weg gemacht hatten. Ganz zum Schluss, bevor die Balkan-Route endgültig geschlossen wurde, stand ich noch auf Lesbos am Strand und habe die Mütter, die jungen Frauen und ihre Kinder in den kleinen Gummibooten ankommen sehen. Alle voller Hoffnung auf eine gute Zukunft in Europa. Auf Frieden und ein menschenwürdiges Leben. Wer nicht spätestens dort Tränen in den Augen hat, der hat kein Mitgefühl.

So hoffe ich nach all diesen Reisen, Recherchen und bewegenden Erfahrungen von Herzen, dass sich die Willkommenskultur in Deutschland nicht ändern möge. Dass die Mehrheit der Menschen in meinem Land offen bleibt für die Flüchtlinge aus den Kriegsgebieten, aus den politisch unsicheren Ländern, aus den Diktaturen, wo ein Mensch nichts gilt. Dass die Hetzkampagnen rechter Gesinnungsgenossen nicht Früchte tragen und die Menschen sich deshalb nicht verschanzen in ihren Herzen und Häusern. Ich fordere von den Kirchen, gerade auch von meiner katholischen Kirche, klare Positionen, wie wir mit flüchtenden Menschen, mit Asylsuchenden und Geflohenen umgehen sollen. Nämlich mitmenschlich, fürsorglich, helfend. Die Enzyklika »Laudato si« des Papstes Franziskus sollte uns gerade auch in dieser Krise stärken und tragen. Und die Tatsache, dass dieser Papst bei seinem Besuch auf Lesbos im April 2016 kurzerhand zwölf syrische Flüchtlinge mit in den Vatikan genommen hat, ist wahrlich eine Botschaft. »Ecce homo«, seht her, ein Mensch. Der Vatikan hat 800 Bürger. Deutschland um die 80 Millionen. Die zwölf syrischen Flüchtlinge sind, rechnet man dies hoch, so viel wie die 1,3 Millionen Flüchtlinge, die 2015 nach Deutschland kamen.

Wir brauchen aber auch alle Mut. Wir, die wir so oft als »Gutmenschen« beschimpft werden, sollten uns wehren gegen solche Diffamierungen. Der ehemalige Bundeskanzler Gerhard Schröder hat einst einen »Aufstand der Anständigen« gefordert. Der ist auch jetzt im zweiten Jahr der Flüchtlingsströme dringend nötig. Es kann einfach nicht sein, dass landauf, landab Asylbewerberheime angezündet werden, dass Sprengkörper in Fenster fliegen, hinter denen Menschen Zuflucht gefunden haben. Nur wenn wir »aufstehen«, entsteht auch der nötige Druck auf die Regierungen. Nur dann schielen sie nicht nach dem »rechten Rand«, vor lauter Angst, Wählerstimmen zu verlieren.

Als überzeugte öffentlich-rechtliche Journalistin und Publizistin bin ich überzeugt davon, dass die Mehrheit der Menschen nicht dumm ist. Und dass sie ein Herz hat. Die Wahlergebnisse für die SPD-Kandidatin Malu Dreyer in Rheinland-Pfalz und für den grünen Ministerpräsidenten Winfried Kretschmann sind für mich der aktuelle Beweis. Sie haben sich hinter die Flüchtlingspolitik der christdemokratischen Kanzlerin gestellt, im Gegensatz zu deren Parteifreunden in diesen Ländern. Die haben verloren. Das macht Mut. Mut zur klaren Position, zu einer mitmenschlichen Haltung.

Aufgrund meiner Erlebnisse und Gespräche mit den geflüchteten Frauen fordere ich aber auch dringend politisches Handeln und ein klares »Ja« zu mehr Geld. Es kann einfach nicht angehen, dass wir die kleinen Nachbarländer Syriens, also den Libanon und Jordanien, am langen Arm verhungern lassen. Diese Länder brauchen unbedingt finanzielle Hilfe. Und nicht zu knapp. Der Libanon hat mit seinen 5,8 Millionen Einwohnern zwei Millionen Flüchtlinge aufgenommen. Das ist über ein Drittel. Jordanien mit seinen 6,7 Millionen Einwohnern 1,6 Millionen – das sind 22 Prozent. Und Europa mit seinen 500 Millionen Einwohnern? Diskutiert über die Verteilung von 160 000 Menschen. Es ist eine Schande.

Immerhin konnte Deutschland 2015 rund 1,3 Millionen Menschen Schutz bieten. Nicht alle werden bleiben können, bleiben dürfen. Dafür gibt es das Asylrecht mit seinen klaren Regeln. Die auch eingehalten werden müssen. Aber alle, die unter das Asylgesetz fallen, müssen menschenwürdig behandelt und, wenn sie bleiben wollen, auch integriert werden. Das sagt unser Grundgesetz, und darauf sollten wir stolz sein.

Aber auch die Türkei bedarf der Hilfe. In dem Land mit seinen 79,5 Millionen Bürgern leben 2,8 Millionen überwiegend syrische Flüchtlinge. 80 Prozent nicht in den 25 Lagern entlang der Grenzen. Sicher, die EU will jetzt sechs Milliarden Euro an die Türkei überweisen, wenn es denn funktioniert mit der Rückführung all der Flüchtlinge aus Griechenland, die dort nicht Asyl beantragen. Aber richtig ist auf alle Fälle: In der Flüchtlingsfrage kommt der Türkei eine entscheidende Rolle zu. Jetzt geht es erst mal um die flüchtenden Menschen. Der Umgang der türkischen Regierung mit den Kurden und mit der Pressefreiheit darf darüber allerdings auch nicht beiseitegelegt und womöglich vergessen werden.

Was ich allerdings nicht begreife: warum die arabischen Ölländer ihren muslimischen Brüdern und Schwestern in dieser Notsituation nicht mehr helfen? Die Länder am Persischen Golf verzeichnen das höchste Pro-Kopf-Einkommen der Welt. Sie aber verweigern die Aufnahme auch nur von einer kleinen Zahl an Flüchtlingen aus Syrien. Dazu schicken weder die Saudis noch die Emirate oder die Katharis einen ordentlichen Scheck. Auch wenn dieses Missverhältnis von Human Rights Watch sehr deutlich in der *New York Times* angeprangert wurde, scheint das wenig bei den Regierungen der arabischen Staaten zu bewirken.[60]

Aber noch einmal zu uns Deutschen. Was wir aus meiner Sicht gerade vor dem Hintergrund der Flüchtlingsströme dringend benötigen, ist ein Einwanderungsgesetz. Wie das der verstorbene ehemalige Bundespräsident Richard von Weizsäcker einst gefordert hat. Damit wir denen Schutz geben können, die ihn benötigen, und die aufnehmen können, die wir brauchen. So einfach ist das. Warum sich damit die christlichen Parteien so schwertun, ist mir ein Rätsel. Es funktioniert schließlich in anderen Ländern ganz hervorragend ...

Wenn jetzt immer mehr Frauen und Kinder den Männern, Vätern, Brüdern folgen, dann ist Deutschland auch gefordert, speziell auf deren Bedürfnisse einzugehen. Vor allem die Hunderttausende von freiwilligen Helfern, die Kommunen, aber auch die Länder, Institutionen und die Politik müssen handeln. Gerade auch auf die Nöte und Sorgen der Frauen und Kinder bezogen. Damit es zum Beispiel in den Erstaufnahmestellen getrennte, abschließbare Sanitäranlagen für Frauen und Mädchen gibt. Damit die Frauen verstehen lernen, dass in Deutschland sexuelle Gewalt eine Straftat ist und angezeigt werden muss. Dass genügend weibliche Dolmetscher zur Verfügung stehen, damit Frauen auch offen sprechen können und nicht schweigen. Es muss den Frauen klargemacht werden, dass es in Deutschland zumindest laut Grundgesetz eine Gleichberechtigung der Geschlechter gibt und dass bei uns Übergriffe auf Frauen und Kinder rasch und konsequent geahndet werden. Da ist viel zu tun, das ist mir klar. Aber es ist möglich, mit der nötigen Haltung, dass das Glas »halb voll« ist.

Zum »halb leeren Glas« aber noch eines: »Angst essen Seele auf«. Vor allem den Ängstlichen, den Zweiflern, den Pessimisten möchte ich den Titel des Theaterstückes und Films von Rainer Werner Fassbinder entgegenhalten. Angst bringt uns nicht weiter. Gerade jetzt nicht. Wovor haben wir denn Angst? Wir sind eindeutig die Wirtschaftsmacht Nummer eins in Europa. Niemand hat von den ökonomischen und politischen Machtverschiebungen der letzten Jahre so profitiert wie wir Deutschen. Das hiesige Bruttoinlandsprodukt pro Kopf lag trotz eines innerdeutschen Wohlstandsgefälles um 22 Prozent über dem europäischen Durchschnitt. Die öffentlichen Haushalte weisen zum ersten Mal seit Jahrzehnten einen Einnahmenüberschuss aus.

Da wundert es mich schon, wenn die Flüchtlinge der letzten beiden Jahre auch bei den Eliten den Eindruck erwecken, als sei ganz Deutschland nur noch ein einziges Flüchtlingslager. Dazu dann auch noch auf die »Belastungsgrenzen« hinzuweisen, auf das »Ende der Geduld der Bevölkerung«. Was soll denn das bitte?

Übrigens, und das kann ich mir auch nicht verkneifen: Deutschland ist schon lange ein Land der Migranten. 16,5 Millionen Menschen mit »Migrationshintergrund« leben hier.

Ziemlich genau ein Fünftel der Bevölkerung. In München, Nürnberg und Stuttgart sind es fast 40 Prozent. Was soll denn dann bitte die Angstmache wegen der 1,3 Millionen Menschen in einem Jahr?

Sie werden das Land bunter machen, uns alle auch aufwecken aus einer gewissen Wohlstandslethargie. Wir haben eine Herkulesaufgabe vor uns. Aber: eben eine Aufgabe. Ganz zu schweigen davon, wenn wir Christen sind. Die wir immer an Weihnachten voller Mitgefühl unseren Lieben unter dem Christbaum von Josef und der hochschwangeren Maria vorlesen: »... und sie fanden keinen Platz in der Herberge.« So wollen wir doch nicht sein, so wie die reichen Menschen damals in Bethlehem, oder?

# DANKE!

Ohne die große Hilfe und Unterstützung von vielen Menschen ist so ein Buch nicht zu schreiben. Sie haben mich beraten, mich aktuell informiert. Mir einen Einblick erlaubt, in ihre Länder, ihre Kulturen. Mich mit klugen Hinweisen davor bewahrt, dass ich in Fettnäpfchen treten könnte. Womöglich damit die Gefühle der geflüchteten Frauen und Kinder verletzen würde. Ich danke aber vor allem auch den vielen Frauen in den Flüchtlingslagern, die trotz ihrer wirklich bitteren Lebensumstände gerne mit mir gesprochen haben. Die mich mit offenen Armen in ihren kleinen Zelten und Behausungen aufgenommen haben und mir bereitwillig aus ihrem Leben erzählten. Sie alle haben mir immer wieder versichert, dass sie froh sind, dass jemand ihre Geschichten aufschreibt. Die Geschichten der Schutzlosen, oft Wehrlosen, Zurückgelassenen. Mein großer Dank geht im Besonderen:

### İn der Türkei

An Feray Olcer, die Lehrerin, die klug und sensibel fünf verschiedene kurdische Dialekte übersetzte und mir die Probleme ihres kurdischen Volkes gerade in dieser dramatischen Zeit so nahegebracht hat.

An Mansur, der uns immer ruhig, gelassen und sicher durch das »wilde Kurdistan« kutschiert hat. Erfahren die Checkpoints der türkischen Polizei und des Militärs umging und uns auch am Abend nicht gerne alleine und ohne seinen Schutz zurücklassen wollte.

An Peter Müller, den mir der frühere *BILD*-Chefredakteur Kai Diekmann wieder zur Seite gestellt hat. Seine stets gute Laune, seine Kreativität und die Einfühlsamkeit den geflüchteten Frauen und Kindern gegenüber haben mich immer wieder beeindruckt. Auch das Titelfoto dieses Buches ist von ihm, wie schon das Titelfoto des Vorgängerbuches *Wo Frauen nichts wert sind*.

An Mechtild Buchholz von »medica mondiale«, der Organisation von Monika Hauser, die mir die ersten Kontakte zu den Frauenorganisationen in der Osttürkei möglich gemacht hat.

Im Libanon

Vor allem an Berta Travieso, die UNICEF-Leiterin in Zahlé im Bekaa-Tal. Seit den Recherchen im Ost-Kongo weiß ich ihre zupackende Art, ihr Organisationstalent und ihre Herzlichkeit zu schätzen. Ohne sie hätte ich nicht so viele Gespräche in den Settlements führen können. Vor allem am Abend nach all den Recherchen hat mich Berta noch mit dem nötigen Hintergrundwissen versorgt.

An Cecilia Dirani, die gebürtige Libanesin, die in den USA aufgewachsen ist und die äußerst hilfreich war bei den Übersetzungen und der Auswahl der richtigen Settlements.

An Mohammed Mansour aus der kleinen Stadt Zahlé. Er hat uns die ganzen Tage kenntnisreich und fröhlich durch sein Land gefahren. Wir fühlten uns immer sicher, auch weil er mit jedem Polizisten an den Checkpoints ein paar freundliche Sätze gewechselt hat.

## AUF LESBOS

An Angela Marda, die mich als Übersetzerin und Englischlehrerin freundlich »an die Hand« genommen hat und mich überall dorthin begleitete, wo sich auf der kleinen griechischen Insel derzeit das Flüchtlingsdrama abspielt.

An die hilfsbereite Stella im hübschen Hotel Paradise Theofilos in Mitilini, die mir auch den kundigen Fahrer Vangelis Vangelakis empfohlen hat. Der seine Insel wie seine Westentasche kennt und auch zu nachtschlafender Zeit bereit war, mich an alle wichtigen Orte zu fahren.

## IN DEUTSCHLAND

An Beate Jung in der Geschäftsstelle von UNICEF in Köln, die wie immer eine große Hilfe bei den ersten Recherchen war.

An Condrobs in München, die Hilfsorganisation für Flüchtlinge. Vor allem die Pressesprecherin Beate Zornig half mir stets mit Informationen, wenn es um weitere Gesprächspartnerinnen ging.

An Lila Grunow in Hamburg von der Organisation »Fördern und Wohnen«. Sie stand mir immer zur Seite, auch um die oft nicht einfachen Termine mit den Flüchtlingsfrauen zu organisieren.

An Kristina Rezkalla, die einfühlsam und engagiert die Gespräche mit »meiner« syrischen Flüchtlingsfrau Miryam und den Kindern übersetzt hat.

An Angelica Ammar, die mir bis Ende 2015 alle wichtigen Informationen, Fakten und Quellen kenntnisreich und engagiert zusammengestellt hat.

An meinen nun schon langjährigen Agenten Thomas Montasser, der auch diesmal nicht nur bei den Verträgen, sondern vor allem auch in manch nachdenklichen Phasen der Autorin eine große Stütze war.

An die Lektorin Angela Stangl. Sie hat kenntnisreich, engagiert und sehr dem Thema verbunden die Texte bearbeitet und manch hilfreiche Kommentare abgegeben.

Last but not least: Auch diesmal hat mich mein Mann Klaus Häusler von der ersten Idee bis zur Fertigstellung wieder liebevoll und tatkräftig unterstützt. Er kochte Kaffee und Tee bis zum Abwinken, hat eingekauft, wenn ich nicht wegkam vom Schreibtisch, und machte mir immer wieder Mut und gab mir Kraft bei diesem schwierigen und oft belastenden Thema.

# ANMERKUNGEN

1 Thomas Gutschker: »Wie der Hunger die Syrer in die Flucht trieb«, http://www.faz.net/aktuell/politik/fluechtlingskrise/wie-der-fluechtlingsandrang-aus-syrien-ausgeloest-wurde-13900101.html
2 ZEIT Online: » Flüchtlinge sind nicht krimineller als Deutsche«, http://www.zeit.de/politik/deutschland/2015-11/bundeskriminalamt-fluechtlinge-deutsche-straftaten-vergleich
3 Jonas Ulrich: »Verschwundene Kinder«, in: Hinz und Kuntz März/2016, S. 17
4 Welt online: »5835 minderjährige Flüchtlinge in Deutschland verschwunden«, http://www.welt.de/politik/deutschland/article154195736/5835-minderjaehrige-Fluechtlinge-in-Deutschland-verschwunden.html
5 Christian Böhme: »»Kinder müssen Gras essen««, http://www.tagesspiegel.de/politik/krieg-in-syrien-kinder-muessen-gras-essen/12627202.html
6 Steffen Gassel: »»Der Islamische Staat ist nicht das Hauptproblem, sondern Assad««, http://www.stern.de/politik/ausland/syrien--assad-ist-das-hauptproblem-nicht-der-islamische-staat-6465738.html
7 Mike Szymanski: »In Kilis zeigt sich das Versagen der Weltpolitik«, http://www.sueddeutsche.de/politik/tuerkei-wir-teilen-gerne-aber-es-reicht-nicht-1.2857660-2
8 Ebd.
9 Benjamin Bidder u.a.: »Von allen verlassen«, in: Der Spiegel 7/2016

10 Stand: Juli 2015; UNHCR: »Zahl der Syrien-Flüchtlinge übersteigt 4 Millionen«, http://www.unhcr.ch/presse/nachrichten/artikel/ab59d3b3184f9e2b113b72bd0125c06d/zahl-der-syrien-fluechtlinge-uebersteigt-4-millionen-2.html
11 UNICEF: »Gemeinsame Erklärung von UNHCR und UNICEF«, https://www.unicef.de/presse/2013/syrien-eine-million-fluechtlingskinder/18626
12 Mac McClelland: »How to Build a Perfect Refugee Camp«, http://www.nytimes.com/2014/02/16/magazine/how-to-build-a-perfect-refugee-camp.html?_r=0
13 Luisa Seeling: »Überfordert und enttäuscht«, http://www.sueddeutsche.de/politik/tuerkei-ueberfordert-und-enttaeuscht-1.2664713
14 Ebd.
15 Luisa Seeling: »Überfordert und enttäuscht«, http://www.sueddeutsche.de/politik/tuerkei-ueberfordert-und-enttaeuscht-1.2664713-2
16 Dietrich Alexander: »›Darf ich eine schwangere Sklavin verschenken?‹«, http://www.welt.de/politik/ausland/article146734207/Darf-ich-eine-schwangere-Sklavin-verschenken.html
17 Luisa Seeling: »Amnesty: Türkei schickt Flüchtlinge zurück nach Syrien«, http://www.sueddeutsche.de/politik/buergerkrieg-amnesty-tuerkei-schickt-fluechtlinge-zurueck-nach-syrien-1.2785413
18 Luisa Seeling: »Überfordert und enttäuscht«, http://www.sueddeutsche.de/politik/tuerkei-ueberfordert-und-enttaeuscht-1.2664713-2
19 Die Umstände dort beschreibt Garance Le Caisne in seinem Buch *Codename Caesar – Im Herzen der syrischen Todesmaschinerie,* München 2016
20 BBC: »Syria conflict: Jordanians ›at boiling point‹ over

refugees«, http://www.bbc.com/news/world-middle-east-35462698

21 Christa Minkin: »Vizebürgermeister von Amman: ›Zahlen sind jenseits von Moral‹«, http://derstandard.at/2000029658758/Ammans-Vizebuergermeister-Jenseits-jeglicher-Moral-Zahlen-festzulegen

22 Terre des Femmes: »Aktuelle Eindrücke über die Situation von Frauen in Jordanien«, https://www.frauenrechte.de/online/index.php/themen-und-aktionen/eine-welt/aktuelles/archiv-iz/1183-aktuelle-eindruecke-ueber-die-situation-von-frauen-in-jordanien

23 Emma (Januar/Februar 2015): »Frauen im Exil in Jordanien«

24 Daniela Schröder: »Tochter zu verkaufen«, http://derstandard.at/2000004716939/Tochter-zu-verkaufen

25 Ebd.

26 Spiegel Online berichtete: »Jordanien, Libanon, Türkei: Flüchtlinge kehren nach Syrien zurück«, http://www.spiegel.de/politik/ausland/syrische-fluechtlinge-kehren-zurueck-nach-syrien-a-1056163.html

27 Die FAZ berichtete; Thomas Gutschker: »Geschäfte hinter Mauern«, http://www.faz.net/aktuell/politik/ausland/naher-osten/fluechtlingslager-zaatari-in-jordanien-mit-geschaeften-von-syrern-13950585.html

28 Thomas Gutschker: »Geschäfte hinter Mauern«, http://www.faz.net/aktuell/politik/ausland/naher-osten/fluechtlingslager-zaatari-in-jordanien-mit-geschaeften-von-syrern-13950585-p2.html

29 Thomas Gutschker: »Geschäfte hinter Mauern«, http://www.faz.net/aktuell/politik/ausland/naher-osten/fluechtlingslager-zaatari-in-jordanien-mit-geschaeften-von-syrern-13950585-p3.html

30 Thomas Gutschker: »Geschäfte hinter Mauern«, http://

www.faz.net/aktuell/politik/ausland/naher-osten/fluechtlingslager-zaatari-in-jordanien-mit-geschaeften-von-syrern-13950585.html

31  Tobias Zick: »Im Griff der Angst«, http://www.sueddeutsche.de/politik/eritrea-im-griff-der-angst-1.2615907

32  Leonie Feuerbach: »Ein Bericht aus der Hölle«, http://www.faz.net/aktuell/politik/fluechtlingskrise/massenflucht-nach-europa-das-elend-in-eritrea-13850121.html

33  Tobias Zick: »Im Griff der Angst«, http://www.sueddeutsche.de/politik/eritrea-im-griff-der-angst-1.2615907

34  Oliver Meiler: »Die Verlorenen«, in: Süddeutsche Zeitung vom 21.04.2015; Paul-Anton Krüger: »Auf den Wellen des Todes«, in: Süddeutsche Zeitung vom 11.04.2015

35  Filippo Grandi: Rede vor dem Europäischen Parlament am 08.03.2016 anlässlich des Weltfrauentages, http://www.unhcr.org/56dec2e99.html

36  Bernd Dörries: »Zwischengeparkte Menschen«, in: Süddeutsche Zeitung vom 08.09.2014

37  Miguel Sanches: »De Maizière schließt Obergrenze für Menge an Asylbewerbern aus«, http://www.derwesten.de/politik/es-gibt-keine-obergrenze-fuer-asylbewerber-id9790852.html

38  Yvonne Weiß: »Darum helfen so viele Hamburger Flüchtlingen«, http://www.abendblatt.de/hamburg/article206008395/Darum-helfen-so-viele-Hamburger-Fluechtlingen.html

39  Wikipedia: »Dubliner Übereinkommen«, https://de.wikipedia.org/wiki/Dubliner_%C3%9Cbereinkommen

40  Jörg Thomann: » Das Ende der kleinen, heilen Welt«, http://www.faz.net/aktuell/politik/fluechtlingskrise/fluchtziel-deutschland-das-ende-der-kleinen-heilen-welt-13810727.html

41 Joachim Gaucks Rede zum Tag der Deutschen Einheit 2015 im Wortlaut abrufbar unter: http://www.spiegel.de/politik/deutschland/joachim-gauck-rede-zum-tag-der-deutschen-einheit-im-wortlaut-a-1056019.html
42 Markus Becker: »EU-Türkei-Flüchtlingsdeal: Ein unmoralisches Geschäft«, http://www.spiegel.de/politik/ausland/europaeische-union-und-tuerkei-ein-unmoralisches-geschaeft-a-1082743.html
43 Jochen Gaugele u. a.: »Militanz in der bürgerlichen Mitte««, http://www.derwesten.de/panorama/militanz-in-der-buergerlichen-mitte-id11284759.html
44 Gaucks Rede im Wortlaut: http://www.spiegel.de/politik/deutschland/joachim-gauck-rede-zum-tag-der-deutschen-einheit-im-wortlaut-a-1056019.html
45 Spiegel Online: »Flüchtlingspolitik: AfD-Vize will doch nicht auf Kinder schießen lassen«, http://www.spiegel.de/politik/deutschland/afd-vize-beatrix-von-storch-will-doch-nicht-auf-kinder-schiessen-lassen-a-1074950.html
46 Heribert Prantl: »AfD-Vorschläge: Auf einmal darf gesagt werden, was unsäglich ist«, http://www.sueddeutsche.de/politik/fluechtlinge-afd-vorschlaege-auf-einmal-darf-gesagt-werden-was-unsaeglich-ist-1.2842762
47 Carolin Buchheim und Joachim Röderer: »Kein Zutritt mehr für Flüchtlinge in Freiburgs Clubs und Diskotheken«, http://www.badische-zeitung.de/kein-zutritt-mehr-fuer-fluechtlinge-in-freiburgs-clubs-und-diskotheken
48 Holger Bonin: »Der Beitrag von Ausländern und künftiger Zuwanderung zum deutschen Staatshaushalt«, https://www.bertelsmann-stiftung.de/fileadmin/files/user_upload/Bonin_Beitrag_Zuwanderung_zum_dt_Staatshaushalt_141204_nm.pdf
49 Thomas Öchsner: »»Wir sind gut vorbereitet««, http://

www.sueddeutsche.de/wirtschaft/montagsinterview-wir-sindgut-vorbereitet-1.2842348?reduced=true

50 Der Westen berichtete; Christian Unger: »Wie die Stadt Passau den Ausnahmezustand organisiert«, http://www.derwesten.de/politik/wie-die-stadt-passau-den-ausnahmezustand-organisiert-id11513667.html

51 Cerstin Gammelin: » Regierung erwartet 3,6 Millionen Flüchtlinge bis 2020«, http://www.sueddeutsche.de/politik/haushaltsueberschuss-schaeuble-hat-schon-alles-ausgegeben-1.2878192

52 Jan Rosenkranz: »Die gespaltene Republik«, in: Stern 11/2016

53 UNICEF: »EU-Flüchtlingsagenda: UNICEF-Eckpunkte für Kinder«; https://www.unicef.de/presse/2015/schutz-fuer-fluechtlingskinder/77360

54 Andreas Hoidn-Borchers und Axel Vornbäumen: »Angela gegen den Rest der Welt«, in: Stern 5/2016, S. 32–40; Melanie Amann u.a.: »Die Uhr tickt«, in: Der Spiegel vom 3/2016

55 Heribert Prantl: »Angst vor Merkels Courage«, http://www.sueddeutsche.de/politik/fluechtlinge-angst-vor-merkels-courage-1.2676009?reduced=true

56 Matthias Iken: »»Wer eine Grenze schützen will, braucht einen Zaun««, http://www.abendblatt.de/hamburg/article206300617/Wer-eine-Grenze-schuetzen-will-braucht-einen-Zaun.html

57 Frankfurter Allgemeine Sonntagszeitung vom 20.03.2016: »Das EU-Abkommen«

58 Laura Himmelreich: »»Wer Grenzen dichtmachen will, ist selber nicht dicht««, http://www.stern.de/politik/deutschland/heiner-geissler-haelt-grenzschliessung-fuer-irre-6669382.html

59 Volker Zastrow: »Merkel muss noch immer nicht weg«, http://www.faz.net/aktuell/politik/fluechtlingskrise/merkel-erntet-erfolg-im-tuerkei-gipfel-14134852.html

60 Ben Hubbard: »Wealthy Gulf Nations Are Criticized for Tepid Response to Syrian Refugee Crisis«, http://www.nytimes.com/2015/09/06/world/gulf-monarchies-bristle-at-criticism-over-response-to-syrian-refugee-crisis.html

# QUELLEN- UND LITERATURVERZEICHNIS

»Aleppo«, https://de.wikipedia.org/wiki/Aleppo (20.04.2016).
»Dubliner Übereinkommen«, https://de.wikipedia.org/wiki/Dubliner_%C3%9Cbereinkommen (20.04.2016).
»Jordanien«, https://de.wikipedia.org/wiki/Jordanien (20.04.2016).
Alexander, Dietrich: »›Darf ich eine schwangere Sklavin verschenken?‹«, http://www.welt.de/politik/ausland/article146734207/Darf-ich-eine-schwangere-Sklavin-verschenken.html (20.04.2016).
Akyol, Cigdem: »Exil im Staub. Kurdische Flüchtlinge in der Türkei«, http://www.taz.de/!5032299/ (20.04.2016).
Amann, Melanie u.a.: »Die Uhr tickt«, in: Der Spiegel vom 3/2016.
Amnesty International: »Amnesty Report 2015. Türkei«, https://www.amnesty.de/jahresbericht/2015/tuerkei#fluechtlingeundasylsuchende (20.04.2016).
Amnesty International: »Struggling to Survive. Refugees from Syria in Turkey«, https://www.amnesty.org/en/documents/EUR44/017/2014/en/(20.04.2016).
Auswärtiges Amt: »Länderinformationen: Türkei«, http://www.auswaertiges-amt.de/DE/Aussenpolitik/Laender/Laenderinfos/Tuerkei/Wirtschaft_node.html (20.04.2016).
Avenarius, Tomas/Hans, Julian/Krüger, Paul-Anton/Schlötzer, Christiane: »Alle gegen alle«, http://www.

sueddeutsche.de/politik/syrien-alle-gegen-alle-1.2866621 (20.04.2016).

Backfisch, Michael: »Griechenland am Abgrund«, http://www.abendblatt.de/politik/article207171359/Griechenland-am-Abgrund.html (20.04.2016).

Barnard, Anne: »A Refugee Crisis in Lebanon Hides in Plain Sight«, http://www.nytimes.com/2015/11/13/world/iddleeast/a-refugee-crisis-in-lebanon-hides-in-plain-sight.html?_r=0 (20.04.2016).

Baumgarten, Reinhard: »Eine Ohrfeige für Erdogan«, https://www.tagesschau.de/kommentar/kommentar-wahl-tuerkei-101.html (20.04.2016).

BBC: »Syria conflict: Jordanians ›at boiling point‹ over refugees«, http://www.bbc.com/news/world-middle-east-35462698 (20.04.2016).

Becker, Markus: »EU-Türkei-Flüchtlingsdeal: Ein unmoralisches Geschäft«, http://www.spiegel.de/politik/ausland/europaeische-union-und-tuerkei-ein-unmoralisches-geschaeft-a-1082743.html (20.04.2016).

Bidder, Benjamin u. a.: »Von allen verlassen«, in: Der Spiegel 7/2016, S. 10–16.

BILD vom 10.02.2016: »300 000 in Aleppo von Hunger bedroht«.

BMI: »De Maizière schließt Obergrenze für Menge an Asylbewerbern aus«, http://www.bmi.bund.de/SharedDocs/Interviews/DE/2014/09/interview-waz.html (20.04.2016).

Böhm, Andrea: »Mit Bomben und Chlorgas«, http://www.zeit.de/2015/37/buergerkrieg-in-syrien-islamischer-staat-baschar-al-assad-fluechtlinge (20.04.2016).

Böhmer, Christian: »Kinder essen Gras«, http://www.

tagesspiegel.de/politik/krieg-in-syrien-kinder-muessen-gras-essen/12627202.html (20.04.2016).

Bollmann, Ralph: »Milliarden für die Flüchtlinge«, in: Frankfurter Allgemeine Sonntagszeitung vom 06.09.2015.

Bonin, Holger: »Der Beitrag von Ausländern und künftiger Zuwanderung zum deutschen Staatshaushalt«, https://www.bertelsmann-stiftung.de/fileadmin/files/user_upload/Bonin_Beitrag_Zuwanderung_zum_dt_Staatshaushalt_141204_nm.pdf (20.04.2016).

bpb: Türkei (Informationen zur Politischen Bildung 313), Bonn 2012.

Braun, Stefan: »2000 Asyl-Entscheidungen pro Tag«, in: Süddeutsche Zeitung vom 06.02.2016.

Breuer, Theresa/Ritter, Andrea: »Am Leben«, in: Stern 42/2015, S. 45–52.

Buchheim, Carolin/Röderer, Joachim: »Kein Zutritt mehr für Flüchtlinge in Freiburgs Clubs und Diskotheken«, http://www.badische-zeitung.de/kein-zutritt-mehr-fuer-fluechtlinge-in-freiburgs-clubs-und-diskotheken (20.04.2016).

Butter, David: »Syria and its Neighbours Policy Initiative«, S. 31, https://www.chathamhouse.org/sites/files/chathamhouse/field/field_document/20150623Syria EconomyButter.pdf (20.04.2016).

Christides, Giorgos u. a.: »Festung Europa«, in: Der Spiegel 10/2016, S. 14–21.

Dietz, Lena: »Kinder im Schatten des Ausländerrechts«, https://www.unicef.de/informieren/blog/2016/fluechtlingskinder-deutschland-auslaenderrecht/106514 (20.04.2016).

Dörries, Bernd: »Zwischengeparkte Menschen«, in: Süddeutsche Zeitung vom 08.09.2014.

Emma (Januar/Februar 2015): »Frauen im Exil in Jordanien«, S. 24–28.

Emma (März/April 2016): »Flüchtlingsfrauen doppelt ausgeliefert«, S. 33.

Emma (November/Dezember 2015): »Die Flüchtlinge sind zu 80 Prozent Männer«, S. 21.

Emmrich, Julia/Sanches, Miguel/Unger, Christian: »Wie viele Flüchtlinge kommen wirklich?«, http://www.abendblatt.de/politik/article205971977/Wie-viele-Fluechtlinge-kommen-wirklich.html (20.04.2016).

Ernst, Oliver: »Die Türkei hält die Kurden für die größte Gefahr – nicht den IS«, Konrad-Adenauer-Stiftung, http://www.kas.de/wf/de/33.42131/(20.04.2016).

Europäische Kommission: Erklärung von EU-Kommissarin Malmström zum Inkrafttreten des Rückübernahmeabkommens zwischen der Türkei und der EU, http://europa.eu/rapid/press-release_STATEMENT-14-285_de.htm (20.04.2016).

Ferman, Leyla,: »Zur Situation der ezidischen Flüchtlinge in Nordkurdistan/Türkei«, Civaka Azad. Kurdisches Zentrum für Öffentlichkeitsarbeit, http://civaka-azad.org/zur-situation-der-ezidischen-fluechtlinge-in-nordkurdistantuerkei/(20.04.2016).

Feuerbach, Leonie: »Das Elend in Eritrea«, http://www.faz.net/aktuell/politik/fluechtlingskrise/massenflucht-nach-europa-das-elend-in-eritrea-13850121.html (20.04.2016).

Frankenfeld, Thomas: »Darum sind so viele syrische Flüchtlinge gebildet«, http://www.abendblatt.de/politik/ausland/article205638663/Darum-sind-so-viele-syrische-Fluechtlinge-gebildet.html (20.04.2016).

Frankfurter Allgemeine Sonntagszeitung vom 20.03.2016: »Das EU-Abkommen«.

Frankfurter Allgemeine Sonntagszeitung vom 06.03.2016: »Die Türkei bewegt sich«.

Frankfurter Allgemeine Zeitung: »Allgemeine Infos über Türkei«, http://www.faz.net/aktuell/politik/thema/tuerkei (20.04.2016).

Frankfurter Allgemeine Zeitung: »Erdogan verkündet Neuwahlen für den 1. November«, http://www.faz.net/aktuell/politik/ausland/erdogan-verkuendet-neuwahlen-in-tuerkei-fuer-1-november-13761928.html (20.04.2016).

Frehse, Lea: »50 Cent pro Tag fürs Essen«, http://www.sueddeutsche.de/politik/jordanien-cent-pro-tag-fuers-essen-1.2697208 (20.04.2016).

Fried, Nico: »Merkels privilegierte Partnerschaft«, in: Süddeutsche Zeitung vom 09.02.2016.

Friedel, Morten: »Letzte Station: Europa«, in: Frankfurter Allgemeine Sonntagszeitung vom 07.09.2015.

Gammelin, Cerstin: »Eng geschnürtes Paket«, in: Süddeutsche Zeitung vom 03.02.2016.

Gammelin, Cerstin: »Regierung erwartet 3,6 Millionen Flüchtlinge bis 2020«, http://www.sueddeutsche.de/politik/haushaltsueberschuss-schaeuble-hat-schon-alles-ausgegeben-1.2878192 (20.04.2016).

Gärtner-Engel, Monika: »Bericht vom Besuch im Flüchtlingscamp der Yeziden bei Diyarbakir«, http://conferenciamundialdemujeres.org/bericht-vom-besuch-im-fluechtlingscamp-der-yeziden-bei-diyarbakir/ (20.04.2016).

Gassel, Steffen: »Der Islamische Staat ist nicht das Hauptproblem, sondern Assad«, http://www.stern.de/politik/ausland/syrien--assad-ist-das-hauptproblem-nicht-der-islamische-staat-6465738.html (20.04.2016).

Gassel, Steffen: »Von aller Welt verlassen«, in: Stern 39/2015, S. 38–46.

Gaugele, Jochen u. a.: »»Militanz in der bürgerlichen Mitte‹«, http://www.derwesten.de/panorama/militanz-in-der-buergerlichen-mitte-id11284759.html (20.04.2016).

Gehlen, Martin: »Rebellen-Hochburg Aleppo vor dem Fall«, http://www.abendblatt.de/politik/article207017755/Rebellen-Hochburg-Aleppo-vor-dem-Fall.html (20.04.2016).

Grandi, Filippo: Rede vor dem Europäischen Parlament am 08.03.2016 anlässlich des Weltfrauentages, http://www.unhcr.org/56dec2e99.html (20.04.2016).

Gutschker, Thomas: »Geschäfte hinter Mauern«, http://www.faz.net/aktuell/politik/ausland/naher-osten/fluechtlingslager-zaatari-in-jordanien-mit-geschaeften-von-syrern-13950585.html (20.04.2016).

Gutschker, Thomas: »Wie der Hunger die Syrer in die Flucht trieb«, http://www.faz.net/aktuell/politik/fluechtlingskrise/wie-der-fluechtlingsandrang-aus-syrien-ausgeloest-wurde-13900101.html (20.04.2016).

Hamburger Abendblatt vom 07.10.2015: »Hilfe!«.

Heinemann, Christoph: »Holzhütten ersetzen Zelte«, http://www.abendblatt.de/hamburg/hamburg-mitte/article206317529/Holzhuetten-ersetzen-Zelte-in-Wilhelmsburg.html (20.04.2016).

Helberg, Kristin: »Syrien-Strategie der gleichzeitigen Schritte«, in: Blätter 11/2015, S. 9–14, https://www.blaetter.de/archiv/jahrgaenge/2015/november/syrien-strategie-der-gleichzeitigen-schritte (20.04.2016).

Hénin, Nicolas: Der IS und die Fehler des Westens: Warum wir den Terror militärisch nicht besiegen können, Zürich 2016.

Hickmann, Christoph: »Den Tränen nahe«, in: Süddeutsche Zeitung vom 23.09.2015.

Himmelreich, Laura: »›Wer Grenzen dichtmachen will, ist selber nicht dicht‹«, http://www.stern.de/politik/deutschland/heiner-geissler-haelt-grenzschliessung-fuer-irre-6669382.html (20.04.2016).

Hoidn-Borchers, Andreas/Vornbäumen, Axel: »Angela gegen den Rest der Welt«, in: Stern 5/2016, S. 32–40.

Horsch, Sebastian: »Brennendes Land«, https://www.ovb-online.de/politik/brennendes-land-6049687.html (20.04.2016).

Hubbard, Ben: »Wealthy Gulf Nations Are Criticized for Tepid Response to Syrian Refugee Crisis«, http://www.nytimes.com/2015/09/06/world/gulf-monarchies-bristle-at-criticism-over-response-to-syrian-refugee-crisis.html (20.04.2016).

humanrights.ch: »Länderinformation: Menschenrechte in der Türkei«, http://www.humanrights.ch/de/service/laenderinfos/tuerkei/?glid=CPrQqdDLwccCFQTwwodCvMKFA (20.04.2016).

Iken, Matthias: »Wer eine Grenze schützen will, braucht einen Zaun«, http://www.abendblatt.de/hamburg/article206300617/Wer-eine-Grenze-schuetzen-will-braucht-einen-Zaun.html (20.04.2016).

Jones, Dorian: »Yazidi Refugees at Center of Political Fight Between Turkey, Kurds«, Voice of America, http://www.voanews.com/content/yazidi-refugees-center-fight-turkey-kurds/2607002.html (20.04.2016).

Kazim, Hasnain: »Militärschläge gegen PKK und IS: Der türkische Weg«, http://www.spiegel.de/politik/ausland/warum-die-tuerkei-die-kurden-und-is-angreift-a-1045385.html (20.04.2016).

Kerl, Christian/Sanches, Miguel: »Immer mehr Frauen und Kinder fliehen«, http://www.abendblatt.de/politik/article206971133/Immer-mehr-Frauen-und-Kinder-fliehen.html (20.04.2016).

Kirchner, Thomas/Szymanski, Mike: »Geschundenes Griechenland«, http://www.sueddeutsche.de/politik/griechenland-geschundenes-land-1.2881496 (20.04.2016).

Klingholz, Reiner/Sievert, Stephan: »Deutschland braucht qualifizierte Einwanderer«, in: Frankfurter Allgemeine Sonntagszeitung vom 01.02.2016.

Knaup, Horand u. a.: »Der Riss«, in: Der Spiegel 7/2016, S. 18–20.

Krüger, Paul-Anton: »Auf den Wellen des Todes«, in: Süddeutsche Zeitung vom 11.04.2015.

Krüger, Paul-Anton/Seeling, Luisa: »In Syriens Nachbarländern kippt die Stimmung«, http://www.sueddeutsche.de/politik/hilfe-fuer-syrien-in-syriens-nachbarlaendern-kippt-die-stimmung-1.2847621 (20.04.2016).

Krüger, Paul-Anton: »Das Misstrauen sitzt mit am Tisch«, http://www.sueddeutsche.de/politik/syrien-gespraeche-das-misstrauen-sitzt-mit-am-tisch-1.2859552 (20.04.2016).

Krüger, Paul-Anton: »Hilferuf aus den Ruinen«, in: Süddeutsche Zeitung vom 06.02.2016.

Krüger, Paul-Anton: »Hunger, Folter, Mord«, http://www.sueddeutsche.de/politik/syrien-hunger-folter-mord-1.2856044 (20.04.2016).

Krüger, Paul-Anton: »Sorge um Libyen«, http://www.sueddeutsche.de/politik/is-sorge-um-libyen-1.2845724 (20.04.2016).

Krüger, Paul-Anton: »Sturmfahne auf dem Minarett«, in Süddeutsche Zeitung vom 08.02.2016.

Krüger, Paul-Anton: »Wer Kinder foltert«, in: Süddeutsche Zeitung vom 11.03.2016.

Kuhn, Philip: »Die freiwilligen Helfer sind die Helden von Lesbos«, http://www.welt.de/politik/ausland/article148107913/Die-freiwilligen-Helfer-sind-die-Helden-von-Lesbos.html (20.04.2016).

Lai, Alexis: »Education hangs in balance for refugee kids«, http://www.dailystar.com.lb/News/Lebanon-News/2015/Sep-24/316446-education-hangs-in-balance-for-refugee-kids.ashx (20.04.2016).

Le Caisne, Garance: Codename Caesar. Im Herzen der syrischen Todesmaschine. Aus dem Französischen von Stefan Lorenzer, München 2016.

Luther, Carsten: »Die Angst vor dem Kurdenstaat«, http://www.zeit.de/politik/ausland/2015-07/kurden-usa-tuerkei (20.04.2016).

Malige, Karsten: »Hilfe in Syrien«, in: Rotary Magazin 1/2016, http://rotary.de/gesellschaft/hilfe-in-syrien-a-8481.html (20.04.2016).

Martens, Michael: »Eine Woche Idomeni«, http://www.faz.net/aktuell/politik/fluechtlingskrise/griechenland-tausende-fluechtlinge-stranden-in-idomeni-14107591.html (20.04.2016).

Maxwill, Peter: »Geschlecht und Asyl: Frauen und Kinder zuletzt«, http://www.spiegel.de/kultur/gesellschaft/fluechtlinge-warum-vor-allem-maenner-nach-deutschland-kommen-a-1051755.html (20.04.2016).

McClelland, Mac: »How to Build a Perfect Refugee Camp«, http://www.nytimes.com/2014/02/16/magazine/how-to-build-a-perfect-refugee-camp.html?_r=1 (20.04.2016).

Meiler, Oliver: »Die Verlorenen«, in: Süddeutsche Zeitung vom 21.04.2015.

Merey, Can: Eine syrische Zweitfrau gibt es für 1800 Euro«, http://www.stern.de/politik/ausland/tuerkei--syrerinnen-sind-als-zweitfrauen-zur-ware-geworden-5928702.html (20.04.2016).

Metzker, Juliane: »Weg, bevor der Winter kommt«, http://jetzt.sueddeutsche.de/texte/anzeigen/595083/Weg-bevor-der-Winter-kommt (20.04.2016).

Mihatsch, Moritz A.: »Kurdenkonflikt«, in: Dossier Innerstaatliche Konflikte, http://www.bpb.de/internationales/weltweit/innerstaatliche-konflikte/

54641/kurdenkonflikt, zuletzt aktualisiert am 10.12.2014 (20.04.2016).

Mikuteit, Hanna-Lotte: »Wo man mit Flüchtlingen ins Gespräch kommt«, http://www.abendblatt.de/hamburg/altona/article207045277/Wo-man-mit-Fluechtlingen-ins-Gespraech-kommt.html (20.04.2016).

Minkin, Christa: »Vizebürgermeister von Amman: ›Zahlen sind jenseits von Moral‹«, http://derstandard.at/2000029658758/Ammans-Vizebuergermeister-Jenseits-jeglicher-Moral-Zahlen-festzulegen (20.04.2016).

Neufeld, Dialika: »Stiefvater Staat«, in: Der Spiegel 7/2016, S. 52–56.

Neumann, Philipp: »Merkels wichtigster Mann«, http://www.abendblatt.de/politik/article206999827/Merkels-wichtigster-Mann.html (20.04.2016).

Obert, Michael/Ziegler, Matthias: »Der Fluchtpunkt«, in: Süddeutsche Zeitung Magazin im Januar 2016.

Öchsner, Thomas: »»Wir sind gut vorbereitet«« , http://www.sueddeutsche.de/wirtschaft/montagsinterview-wir-sind-gut-vorbereitet-1.2842348 (20.04.2016).

Opresnik, Miriam: »30 Flüchtlinge beginnen Ausbildung«, http://www.abendblatt.de/hamburg/article206325481/30-Fluechtlinge-beginnen-Ausbildung-in-Hamburg.html (20.04.2016).

Pamuk, Abir: »Der Krieg im Kopf der Kinder«, http://www.sueddeutsche.de/politik/gastbeitrag-der-krieg-im-kopf-der-kinder-1.2607066 (20.04.2016).

Pantel, Nadia: »Die Weiterreise verzögert sich«, http://www.sueddeutsche.de/politik/griechenland-endstation-1.2891250 (20.04.2016).

Pfaff, Isabel/Krüger, Paul-Anton: »Nur noch weg«, http://www.sueddeutsche.de/politik/mittelmeerroute-nur-noch-weg-1.2443689 (20.04.2016).

Prantl, Heribert: »AfD-Vorschläge: Auf einmal darf gesagt

werden, was unsäglich ist«, http://www.sueddeutsche.de/politik/fluechtlinge-afd-vorschlaege-auf-einmal-darf-gesagt-werden-was-unsaeglich-ist-1.2842762 (20.04.2016).

Prantl, Heribert: »Angst vor Merkels Courage«, http://www.sueddeutsche.de/politik/fluechtlinge-angst-vor-merkels-courage-1.2676009 (20.04.2016).

Prantl, Heribert: »Was wirklich hilft, wird nicht getan«, http://www.sueddeutsche.de/politik/fluechtlingslager-sos-ohne-echo-1.2755546 (20.04.2016).

Prantl, Heribert: »Wer zu weit geht«, in: Süddeutsche Zeitung vom 01.02.2016.

Preuss, Roland: »Als Erstes spürt man die Angst«, http://www.sueddeutsche.de/politik/helferin-in-syrien-als-erstes-spuert-man-die-angst-1.2795164 (20.04.2016).

Richter, Michael: Fluchtpunkt Europa. Unsere humanitäre Verantwortung, Hamburg 2015.

Rosenkranz, Jan: »Die gespaltene Republik«, in: Stern 11/2016, S. 30–41.

Rotary Magazin 3/2016 »Der große Exodus«.

Roth, Kenneth: »Assads Krieg gegen Zivilisten« http://www.sueddeutsche.de/politik/aussenansicht-krieg-gegen-zivilisten-1.2659736 (20.04.2016).

Salloum, Raniah: »Krieg gegen ›Islamischen Staat‹. Jesidinnen sinnen auf Rache«, http://www.spiegel.de/politik/ausland/islamischer-staat-opfer-die-rache-der-jesidinnen-a-1057722.html (20.04.2016).

Salloum, Raniah: »Opfer des ›Islamischen Staats‹. Der Mann, der den Jesidinnen hilft«, http://www.spiegel.de/politik/ausland/islamischer-staat-opfer-baden-wuerttemberg-hilft-jesiden-a-1047752.html (20.04.2016).

Salloum, Raniah: »Syrische Flüchtlinge im Libanon. Von Behörden schikaniert, von Schleusern geködert«, http://www.spiegel.de/politik/ausland/syrische-fluechtlingeim-libanon-schikaniert-und-gekoedert-a-1050780.html (20.04.2016).

Sanches, Miguel: »De Maizière schließt Obergrenze für Menge an Asylbewerbern aus«, http://www.derwesten.de/politik/es-gibt-keine-obergrenze-fuer-asylbewerber-id9790852.html (20.04.2016).

Schippmann, Antje: »Exodus aus Syrien. Unfassbares Grauen treibt weiter Millionen zur Flucht«, http://www.bild.de/politik/ausland/flucht/millionen-fliehen-vor-assad-aus-syrien-42633550.bild.html (20.04.2016).

Schirg, Oliver/Balasko, Sascha: »Warum 40 000 Flüchtlingsplätze nötig sind«, http://www.abendblatt.de/hamburg/article207004657/Warum-40-000-Fluechtlingsplaetze-in-Hamburg-noetig-sind.html (20.04.2016).

Schlötzer, Christiane: »Im Sog des Krieges«, in: Süddeutsche Zeitung vom 19.02.2016.

Schmickler, Barbara: »Der Gewalt ausgesetzt – hier und dort«, https://www.tagesschau.de/inland/uebergriffe-fluechtlingsfrauen-101.html (20.04.2016).

Schmoock, Matthias: »Bestürzendes Bild: Flüchtlinge stranden am Hauptbahnhof« http://www.abendblatt.de/hamburg/hamburg-mitte/article205713129/Bestuerzendes-Bild-Fluechtlinge-stranden-im-Hauptbahnhof.html (20.04.2016).

Schröder, Daniela: »Tochter zu verkaufen«, http://derstandard.at/2000004716939/Tochter-zu-verkaufen (20.04.2016).

Seeling, Luisa: »Amnesty: Türkei schickt Flüchtlinge zurück nach Syrien«, http://www.sueddeutsche.de/politik/buergerkrieg-amnesty-tuerkei-schickt-fluechtlinge-zurueck-nach-syrien-1.2785413 (20.04.2016).

Seeling, Luisa: »Rosen auf Ruinen«, http://www.sueddeutsche.de/politik/tuerkei-rosen-auf-ruinen-1.2854625 (20.04.2016).

Seeling, Luisa: »Türkei in der Flüchtlingskrise: Überfordert und enttäuscht«, http://www.sueddeutsche.de/politik/tuerkei-ueberfordert-und-enttaeuscht-1.2664713 (20.04.2016).

Seibert, Thomas: »Die Türkei steht am Abgrund«, http://www.tagesspiegel.de/politik/kurden-is-liradie-tuerkei-steht-am-abgrund/12213922.html (20.04.2016).

Seidel, Ann-Kathrin: »Auf der Flucht«, in: Emma Januar/Februar 2015, S. 26.

Spiegel Online: »›Islamischer Staat‹ im Nordirak: Tausende Jesiden noch immer vermisst«, http://www.spiegel.de/politik/ausland/islamischer-staat-im-nordirak-tausende-jesiden-vermisst-a-1046737.html (20.04.2016).

Spiegel Online: »Flüchtlingspolitik: AfD-Vize will doch nicht auf Kinder schießen lassen«, http://www.spiegel.de/politik/deutschland/afd-vize-beatrix-von-storch-will-doch-nicht-auf-kinder-schiessen-lassen-a-1074950.html (20.04.2016).

Spiegel Online: »Jordanien, Libanon, Türkei: Flüchtlinge kehren nach Syrien zurück«, http://www.spiegel.de/politik/ausland/syrische-fluechtlinge-kehren-zurueck-nach-syrien-a-1056163.html (20.04.2016).

Spiegel Online: »Tag der Deutschen Einheit: Gaucks Rede im Wortlaut«, http://www.spiegel.de/politik/deutschland/joachim-gauck-rede-zum-tag-der-deutschen-einheit-im-wortlaut-a-1056019.html (20.04.2016).

Springer, Christian: »Tod durch Wegsehen«, in: Süddeutsche Zeitung vom 27./28.09.2014.

Stalinski, Sandra: »Dann lieber zurück nach Syrien«, https://www.tagesschau.de/ausland/fluechtlinge-jordanien-151.html (20.04.2016).

Steinke, Ronen: »Assad kämpft um sein Symbol der neuen Stärke«, http://www.sueddeutsche.de/politik/syrienassad-kaempft-um-sein-symbol-der-staerke-1.2700795 (20.04.2016).

Steinke, Ronen: »Der Markt der kleinen Hoffnungen«, in: Süddeutsche Zeitung vom 24.02.2015.

Stern vom 06.08.2015: »Ausländer rein!«.

Stiftung Pro Asyl: »Überleben im Transit. Zur Situation von Flüchtlingen in der Türkei«, https://www.proasyl.de/wp-content/uploads/2013/11/12_03_16_BHP_PA_Tuerkei__2__03.pdf (20.04.2016).

Strickland, Patrick: »Tripoli: Mikrokosmos des Syrien-Krieges«, http://www.dw.com/de/tripoli-mikrokosmos-des-syrien-krieges/a-18376780 (20.04.2016).

Süddeutsche Zeitung Online: »Frauen in Bedrängnis«, http://www.sueddeutsche.de/news/leben/familie-frauen-in-bedraengnis-die-situation-schnell-verlassen-dpa.urn-newsml-dpa-com-20090101-160105-99-715493 (20.04.2016).

Süddeutsche Zeitung vom 08.09.2014: »Zwischengeparkte Menschen«.

Süddeutsche Zeitung vom 09.02.2016: »Wieder viele Tote«.

Süddeutsche Zeitung vom 21.01.2016: »Viel Wut, wenig Wirkung«.

Süddeutsche Zeitung vom 24./25.10.2015: »Hoffnung«.

Süddeutsche Zeitung vom 5./6.12.2015: »Killing fields«.

Süddeutsche Zeitung: Der große Jahresrückblick 2015: »Flucht«, S. 22–51.

Szymanski, Mike: »Endstation Stacheldraht«, in: Süddeutsche Zeitung vom 08.02.2016.

Szymanski, Mike: »Grenzenloses Elend«, in: Süddeutsche Zeitung vom 29.02.2016.

Szymanski, Mike: »Hilfe und ihr Preis«, in: Süddeutsche Zeitung vom 11.02.2016.

Szymanski, Mike: »In Kilis zeigt sich das Versagen der Weltpolitik«, http://www.sueddeutsche.de/politik/

tuerkei-wir-teilen-gerne-aber-es-reicht-nicht-1.2857660 (20.04.2016).

Szymanski, Mike: »Kaum Abkühlung im Hotspot«, in: Süddeutsche Zeitung vom 22.02.2016.

taz: »Wir brauchen Europa nicht mehr«, http://www.taz.de/!5044542/ (20.04.2016).

Terre des Femmes: »Aktuelle Eindrücke über die Situation von Frauen in Jordanien«, https://www.frauenrechte.de/online/index.php/themen-und-aktionen/eine-welt/aktuelles/archiv-iz/1183-aktuelle-eindruecke-ueber-die-situation-von-frauen-in-jordanien (20.04.2016).

The Economist: »The indispensable European«, http://www.economist.com/news/leaders/21677643-angela-merkel-faces-her-most-serious-political-challenge-yet-europe-needs-her-more (20.04.2016).

Thiele, Marco: »Kein Einsatz im eigentlichen Sinne«, in: Die Bundeswehr 8/2015 (Magazin des Deutschen BundeswehrVerbandes), S. 10, http://www.erh-donau-iller.de/files/Die-Bundeswehr-08_2015.pdf (20.04.2016).

Thomann, Jörg: » Das Ende der kleinen, heilen Welt«, http://www.faz.net/aktuell/politik/fluechtlingskrise/fluchtziel-deutschland-das-ende-der-kleinen-heilen-welt-13810727.html (20.04.2016).

Ulrich, Jonas: »Verschwundene Kinder«, in: Hinz und Kuntz März 2016, S. 17.

Ulrich, Stefan: »Die Zeit läuft aus«, in: Süddeutsche Zeitung vom 11.03.2016.

Unger, Christian: »Das Lager der Hoffnung«, http://www.abendblatt.de/politik/article207035939/Das-Lager-der-Hoffnung.html (20.04.2016).

Unger, Christian: »Das Millionengeschäft mit Flüchtlingen«, http://www.abendblatt.de/politik/article207053677/

Das-Millionengeschaeft-mit-Fluechtlingen.html (20.04.2016).

Unger, Christian: »Die Insel der Flüchtlinge«, http://www.abendblatt.de/politik/article207091771/Die-Insel-der-Fluechtlinge.html (20.04.2016).

Unger, Christian: »Wie die Stadt Passau den Ausnahmezustand organisiert«, http://www.derwesten.de/politik/wie-die-stadt-passau-den-ausnahmezustand-organisiert-id11513667.html (20.04.2016).

UNHCR: »Zahl der Syrien-Flüchtlinge übersteigt 4 Millionen«, http://www.unhcr.ch/presse/nachrichten/artikel/ab59d3b3184f9e2b113b72bd0125c06d/zahl-der-syrien-fluechtlinge-uebersteigt-4-millionen-2.html (20.04.2016).

UNICEF Deutschland: »Wachsende Zahl von Todesfällen von Kindern im Meer«, https://www.unicef.de/presse/2016/fluechtlingskinder-mittelmeer/103342 (20.04.2016).

UNICEF Lebanon vom 30.07.2015: »Response in informal settlements« und Briefing 2015.

UNICEF: »EU-Flüchtlingsagenda: UNICEF-Eckpunkte für Kinder«; https://www.unicef.de/presse/2015/schutz-fuer-fluechtlingskinder/77360 (20.04.2016).

UNICEF: »Gemeinsame Erklärung von UNHCR und UNICEF«, https://www.unicef.de/presse/2013/syrien-eine-million-fluechtlingskinder/18626 (20.04.2016).

UNICEF: »Syria Crisis Flash update«, http://reliefweb.int/report/syrian-arab-republic/syria-crisis-flash-update-13-february-2016 (20.04.2016).

UNICEF: Flüchtlinge im Mittelmeer: UNICEF zum EU-Sondergipfel, https://www.unicef.de/presse/2015/fluechtlinge-mittelmeer-eu-sondergipfel/75668 (20.04.2016).

UNICEF: Syrien: »No Lost Generation!«, https://www.unicef.de/no-lost-generation (20.04.2016).

Wehner, Markus: »Sie wollen nicht mehr kämpfen«, http://www.faz.net/aktuell/politik/fluechtlingskrise/syrische-fluechtlinge-sie-wollen-nicht-mehr-kaempfen-13862432.html (20.04.2016).

Weiland, Severin: »Merkels Abschied von der Willkommenskultur«, http://www.spiegel.de/politik/deutschland/angela-merkel-und-ihr-abschied-von-der-willkommenskultur-a-1081785.html (20.04.2016).

Weiß, Yvonne: »Darum helfen so viele Hamburger Flüchtlingen«, http://www.abendblatt.de/hamburg/article206008395/Darum-helfen-so-viele-Hamburger-Fluechtlingen.html (20.04.2016).

Welt Online: »5835 minderjährige Flüchtlinge in Deutschland verschwunden«, http://www.welt.de/politik/deutschland/article154195736/5835-minderjaehrige-Fluechtlinge-in-Deutschland-verschwunden.html (20.04.2016).

Witsch, Kathrin: »Die Gesichter Kurdistans«, http://www.handelsblatt.com/politik/international/tuerkei-und-der-kurden-konflikt-die-gesichter-kurdistans/12123358.html (20.04.2016).

Zastrow, Volker: »Merkel muss noch immer nicht weg«, http://www.faz.net/aktuell/politik/fluechtlingskrise/merkel-erntet-erfolg-im-tuerkei-gipfel-14134852.html (20.04.2016).

ZEIT Online: » Flüchtlinge sind nicht krimineller als Deutsche«, http://www.zeit.de/politik/deutschland/2015-11/bundeskriminalamt-fluechtlinge-deutsche-straftaten-vergleich (20.04.2016).

Zeit Online: »Türkei fliegt Angriffe gegen PKK im eigenen Land«, http://www.zeit.de/politik/ausland/2015-07/tuerkei-pkk-kurden-recep-tayyip-erdogan-angriff-frieden (20.04.2016).

Zick, Tobias: »Im Griff der Angst«, http://www.sued deutsche.de/politik/eritrea-im-griff-der-angst-1.2615907 (20.04.2016).
Zick, Tobias: »Verlorene Illusionen«, in: Süddeutsche Zeitung vom 22.10.2015.